Estudos sobre
Negócios e Contratos

Estudos sobre Negócios e Contratos

UMA PERSPECTIVA INTERNACIONAL
A PARTIR DA ANÁLISE ECONÔMICA DO DIREITO

2017

Ivan Guimarães Pompeu
Lucas Fulanete Gonçalves Bento
Renata Guimarães Pompeu

ESTUDOS SOBRE NEGÓCIOS E CONTRATOS
UMA PERSPECTIVA INTERNACIONAL A PARTIR DA ANÁLISE ECONÔMICA DO DIREITO
© Almedina, 2017
Coordenadores: Ivan Guimarães Pompeu, Lucas Fulanete Gonçalves Bento, Renata Guimarães Pompeu
DIAGRAMAÇÃO: Almedina
DESIGN DE CAPA: FBA
ISBN: 978-858-49-3 228-3

Dados Internacionais de Catalogação na Publicação (CIP)
(Câmara Brasileira do Livro, SP, Brasil)

Estudos sobre negócios e contratos : uma
perspectiva internacional a partir da análise
econômica do direito / [coordenadores] Ivan
Guimarães Pompeu, Lucas Fulanete Gonçalves
Bento, Renata Guimarães Pompeu. -- São Paulo :
Almedina, 2017.
Vários autores.
Bibliografia.
ISBN: 978-85-8493-228-3

1. Contratos (Direito civil) 2. Direito comercial
3. Direito e economia 4. Direito societário
5. Negócios I. Pompeu, Ivan Guimarães. II. Bento,
Lucas Fulanete Gonçalves. III. Pompeu, Renata
Guimarães.

17-06756	CDU-347:33

Índices para catálogo sistemático:

1. Direito e economia : Direito civil 347:33)

Este livro segue as regras do novo Acordo Ortográfico da Língua Portuguesa (1990).

Todos os direitos reservados. Nenhuma parte deste livro, protegido por copyright, pode ser reproduzida, armazenada ou transmitida de alguma forma ou por algum meio, seja eletrônico ou mecânico, inclusive fotocópia, gravação ou qualquer sistema de armazenagem de informações, sem a permissão expressa e por escrito da editora.

Agosto, 2017

EDITORA: Almedina Brasil
Rua José Maria Lisboa, 860, Conj.131 e 132, Jardim Paulista | 01423-001 São Paulo | Brasil
editora@almedina.com.br
www.almedina.com.br

NOTA DOS COORDENADORES

Prezados Leitores,

Essa obra se explica no contexto histórico em que foi desenvolvida.

Anualmente o Instituto Coase-Sandor para Direito e Economia da Universidade de Chicago realiza uma série de seminários durante o verão para pesquisadores e profissionais previamente selecionados de diferentes instituições ao redor do mundo, com o objetivo de difundir e propagar o conhecimento produzido na tradicional escola de direito daquela universidade.

Em julho de 2015, o tema dos seminários era direito societário e comercial. Razão pela qual reuniram-se, dentre outros, os autores dos capítulos dessa obra.

Em verdade, essa obra surgiu da sintonia acadêmica e companheirismo que esses pesquisadores desenvolveram durante a estadia na Universidade de Chicago. Sintonia essa que efervescia nos debates formalmente organizados, nas mesas de almoço e mesmo nos bares e atividades noturnas do campus.

Tamanho compartilhamento de ideias em relevantes debates não poderia ser lembrado somente por aqueles que lá privilegiadamente estavam, era necessário o registro e celebração daquele momento.

Especialmente voltada ao endereçamento de questões relevantes ao direito societário e comercial dos países com disciplina jurídica fundada na *civil law*, a presente obra traz uma contribuição internacional, não comparatista, de pesquisadores que tratam seus temas com distinta qualidade no manejo de metodologias e ferramentais teóricos originários da chamada escola do Direito e Economia.

A pretensão coletiva dos autores aqui reunidos jamais se aproximaria ao tratamento exaustivo dos temas elaborados. Em verdade, muito mais especialmente, a organização da obra se postula no sentido de demonstrar que apesar das metodologias e ferramentais aplicados a seus textos terem sido desenvolvidos em sistema jurídico diverso, não deixam de serem verdadeiramente poderosos a tratativa de questões jurídicas que nos sãos familiares.

Com tal anseio, a obra se organiza inicialmente com textos que tentam balizar a aproximação institucional do Law & Economics e dos ordenamentos jurídicos da *civil law*, seguindo a contraexemplos do tratamento de atuais e relevantes temas de direito societário e comercial sob tal perspectiva.

Como Coordenadores dessa obra, agradecemos imensamente a todos os autores pela crença e engajamento no desenvolvimento de todo o projeto. Somos obrigados a partilhar qualquer sucesso que a organização do trabalho logre, assim como isolada e individualmente nos responsabilizar por quaisquer descréditos que mereça.

Coordenamos um grupo de amigos que se reuniram a tornar texto aquilo que partilharam na alegria de um encontro de verão. Espero que o sentimento que une os autores chegue junto das ideias e reflexões nos textos a seguir expressas.

Uma boa leitura a todos!!

PREFÁCIO

De louvar os autores e organizadores desta obra que demonstra a ineficiência de se privilegiar, de forma irrestrita, que o apego de alguns operadores do Direito à perspectiva de que a absoluta separação entre Direito e outros ramos do conhecimento, mesmo relacionadas a ciências sociais aplicadas, criando uma realidade ideal como se o Direito seja estático.

A dinâmica do Direito, fruto das instituições sociais, isto é, das "regras do jogo". Inovações adotadas socialmente são fruto de escolhas baseadas no processo de tentativa e erro em que se selecionam as melhores alternativas para facilitar as interações humanas.

Se o Direito tem como função promover a convivência entre pessoas e grupos, evidente que outros ramos do conhecimento, entre os quais, Economia que também se vale da análise de comportamentos do *homo economicus*, que busca satisfazer necessidades e desejos em ambiente no qual a escassez de recursos é real. Assim, as relações intersubjetivas, conquanto se presuma sejam racionais, nem sempre atendem, objetivamente, a esse pressuposto razão pela qual os incentivos (prêmios e punições) existem, servindo para evitar ou reduzir atritos.

Destarte, recorrer a conceitos econômicos para explicar questões jurídicas, ampliando o espaço para além de temas como direito de concorrência, incluindo-se, facilmente, matérias referente a contratos e responsabilidade civil, trazem à luz as teses de Norberto Bobbio e Ronald Coase relativas à importância das normas jurídicas para reduzir custos de transação, – função promocional do Direito e Teorema de Coase – *The Problem of Social Cost* –, assim como o texto de Calabresi e Melamed, conhecido como *The Cathedral*, que discute a atribuição de posições jurídicas e sua circulação, ou não, a inalienabilidade, a par da responsabilidade civil.

A recepção de instituições como propriedade privada e contrato, tem como função evitar a "tragédia dos comuns". A primeira confere, atribui, a alguém, monopólio – direito de usar, gozar, dispor e impedir que outrem se aproprie – sobre bens, materiais ou imateriais e a melhor explicação para esse direito é econômica: os bens têm valor e, para que gerem bem-estar (riqueza), ideal que possam ser voluntariamente transferidos de quem os valorize menos a quem lhes atribua maior valor.

A maximização da utilidade, modelo econômico, continua presente no processo decisório, alcançando até mesmo matéria criminal quando se comparam "benefícios" e punições.

A racionalidade dos seres humanos, na linha de Herbert Simon e Oliver Williamson, é viezada, isto é, moldada por fatores que afastam o modelo da racionalidade objetiva, sem que por isso deixem de ser racionais. Estudos sobre comportamentos sociais completam, se assim se pode dizer, o modelo da maximização de utilidade no processo decisório.

A presente coletânea de textos, dividida em duas partes, em que se apresentam conceitos introdutórios de economia aplicados ao Direito, analisa decisões judiciais, avança em matéria societária e contratual, demonstrando que, sem dúvida, no que concerne a direitos patrimoniais, o diálogo entre as duas áreas – direito e economia – tem nos pesquisadores de diversos países, operadores do Direito, força propulsora que ensejará ganhos para a sociedade. Melhor o diálogo do que a batalha que deixa sequelas, muitas vezes irreparáveis. Dialogar com outras áreas do conhecimento, compreender suas dificuldades e metas, foi o que se deu nos Estados Unidos da América, quando economistas, para melhor compreender comportamentos humanos, se debruçaram sobre normas jurídicas e decisões judiciais para explicar seu impacto sobre a economia. Esta obra se propõe introdutoriamente a mesma função, porém especialmente voltada ao direito brasileiro e de países com ordenamento jurídico fundado na *civil law*.

Rachel Sztajn

SUMÁRIO

PRIMEIRA PARTE – Método e Instituições 13

Direito e economia para todos 15
  Introdução 15
  1. Que nome dar a essa área? 20
  2. Esboço de uma trajetória de Direito e Economia 23
  3. Desenvolvendo uma nova disciplina jurídica 31
  4. Conclusão 36

Direito e Economia no Direito Civil – O Caso dos Tribunais Brasileiros 39
  1. Introdução 39
  2. O Pensamento Econômico nos Tribunais 44
  3. A Ascensão do Pensamento Econômico
    em Decisões Judiciais – As Motivações 49
  4. O Uso da Economia pelas Cortes Brasileiras 58
  5. Conclusão: As Perspectivas para o Direito e Economia no Direito Civil 72

Os Órgãos Especiais Fazem Diferença? Evidência dos Tribunais
de Justiça Estaduais Brasileiros 75
  1. Introdução 75
  2. Hipótese e Conjunto de Dados 80
  3. Análise de Regressão 95
  4. Conclusão 107
  Referências 115

ESTUDOS SOBRE NEGÓCIOS E CONTRATOS

SEGUNDA PARTE – Contratos e Sociedades 119

Direito e economia na proteção do investidor minoritário 121

O Acionista Minoritário em Assembleias de Empresas
de Capital Concentrado 133
    1. O diagrama de poder em uma empresa e suas variantes
       no direito comparado 133
    1.1. O poder nas mãos dos acionistas 133
    1.2 O poder nas mãos da Diretoria 135
    2. Problemas de agência em empresas de capital disperso 137
    Problemas de agência em empresas de capital concentrado 138
    Deliberação e tomada de decisões na Assembleia Geral 140
    O verdadeiro papel dos acionistas minoritários na Assembleia 142
    Conclusão 144
    Referências 146

"Eu posso te expulsar?"
Repensando o "abuso por parte de acionistas majoritários": um caso italiano 147
    1. A relação entre acionistas majoritários e minoritários
       sob a abordagem da Análise Econômica do Direito 147
    2. Empresas "fechadas" que estão "abertas" para o mercado 148
    3. Promovendo o melhor interesse da empresa 149
    4. Abuso por Acionistas Majoritários 151
    5. A vontade do acionista é importante durante a vida da empresa? 152
    6. Um estudo de caso italiano 155
    7. Conclusão 158

Teoria da Agência e Política de Dividendos 161
    Introdução 161
    1. Sobre a separação entre a propriedade e o controle 165
    2. Teoria da Agência 166
    3. Projeções da Teoria de Agência para o Mercado de Capitais 171
    4. Política de Dividendos 174
    5. Considerações Finais 184

Análise Econômica da Responsabilidade (Des)Limitada no Brasil 187
    1. Introdução 188
    2. Capital e patrimônio 188
    3. Funções do patrimônio e do capital social nominal 192

4. O Corolário dispersão dos riscos por pulverização dos investimentos	198
5. A (Des)Limitação de Responsabilidade na dispersão dos riscos por pulverização dos investimentos	200
6. Estímulos Gerados pela (Des)Limitação de Responsabilidade: o exemplo dos investimentos de capital empreendedor no Brasil.	201
Considerações Finais	206
Referências	207
Contratos Relacionais, Informação e Resolução de Litígios	209
Introdução	209
1. Resolução de controvérsias decorrentes de contratos relacionais	212
2. Informação e a precisão da adjudicação	214
3. Assimetrias informativas e contrato relacional	216
4. Compartilhamento de informações e mecanismos legais de revelação	219
5. Custos do aumento da precisão da adjudicação	223
6. Contratos relacionais e adjudicação – problemas e soluções	228
Mensagem final	234
A Teoria do Patrimônio Mínimo Versus o Superendividamento: análise jurídico-econômica sobre o acesso a bens e a serviços no mercado no Brasil	234
Considerações Iniciais	237
1. Contexto Histórico-Econômico da Teoria Sobre o Patrimônio Mínimo	240
2. O Pressuposto do Patrimônio Mínimo a Partir do Valor Constitucional da Dignidade Humana	244
3. O Acesso a Bens e Serviços como Expressão do Patrimônio Mínimo	247
4. A Tese do Patrimônio Mínimo e o Problema do Superendividamento	250
5. Considerações Finais	256
Referências	258

PRIMEIRA PARTE
Método e Instituições

Direito e Economia para Todos

Thomas S. Ulen [1]

Introdução

O título deste ensaio reflete a minha convicção e esperança de que *Direito e Economia* deva se tornar componente padrão das ferramentas de análise de todo jurista, juiz e praticante da Lei, em todos os países. Acredito que há razões suficientes para afirmar que a abordagem Direito e Economia já caminha em direção a esse objetivo. Por exemplo, é possível que esse objetivo já tenha sido alcançado nos Estados Unidos e em Israel. Em outros países e regiões, a difusão através da academia e da prática legal acabou de começar (como na Índia), chegou a uma fase intermédia confortável (como no Brasil, Argentina, Chile e Peru, na América do Sul, e em vários países da Europa Ocidental), ou ainda mal começou (como em grande parte do Oriente Médio e da África).

Não é exatamente meu interesse buscar explicar as razões do êxito da disseminação do Direito e Economia em alguns países, ou os motivos de seu início lento ou estagnação em outros países. Em vez disso, presumo que assim

---

[1] Presidente emérito "Swanlund" da Universidade de Illinois em Urbana-Champaign e professor emérito de Direito da Universidade de Illinois na Faculdade de Direito.

como o processo de crescimento e desenvolvimento econômico possui um caminho natural e universal, com alguns países ainda no meio desse trajeto e outros apenas começando, *Direito e Economia* também tem um caminho natural e universal de desenvolvimento ao longo do qual podemos posicionar vários países: os Estados Unidos e Israel em um extremo, em termos de vitalidade e aceitação de sua aplicação, e o Oriente Médio e a África no outro extremo, onde essa abordagem apenas começou a encontrar tal curso.

Uma implicação desse ponto de vista é que o processo de desenvolvimento de uma inovação acadêmica é praticamente o mesmo em qualquer ambiente. Assim, o futuro do Direito e Economia em outros países reproduzirá o caminho já traçado na América do Norte[2]. Talvez esse pressuposto não se concretize; por exemplo, pode ser que o curso do desenvolvimento acadêmico no Direito seja sensível a determinados fatores – as chamadas variáveis explicativas independentes, na linguagem da análise de regressão – que diferem entre países[3]. Na ausência de informações sobre esses elementos, prosseguiremos com o pressuposto de que o caminho de desenvolvimento será mais ou menos o mesmo.

Inevitavelmente, essa especulação será fortemente marcada pelas minhas experiências nos EUA. Minha esperança é que ao recorrer a minha própria experiência, eu possa orientar em alguma medida os profissionais de outros países, sobre o que esperar e como antecipar e lidar com questões que possam surgir ao longo do caminho. Naturalmente, meu conselho está condicionado à minha presunção da universalidade desse caminho. Tentarei atentar-me a possíveis diferenças importantes entre as minhas experiências e aquelas baseadas em outras circunstâncias.

---

[2] "A ontogenia recapitula a filogenia". Essa é uma frase da biologia que me marcou profundamente no colégio. Refere-se ao fato de que o desenvolvimento embrionário de uma forma de vida passa pelas mesmas etapas vividas pelas espécies em sua evolução. Essa afirmação capta exatamente o que eu acho que é provável que aconteça conforme o Direito e a Economia se desenvolvam em outros países: haverá a reprodução dos estágios de desenvolvimento que caracterizaram o desenvolvimento das "espécies" relativas ao conhecimento jurídico na América do Norte.

[3] Nuno Garoupa, meu então colega de trabalho, e eu, exploramos alguns desses fatores de diferenciação em Garoupa & Ulen, *The Market for Legal Innovation: Law and Economics in Europe and the United States*, 59 Ala. L. Rev. 1555 (2009).

É necessário me alongar mais sobre a razão pela qual acho que a propagação do *Direito e Economia* para todos seja algo positivo e, portanto, uma meta a ser ativamente alcançada. Creio que *Direito e Economia* tem constituído o método mais frutífero de se contemplar o Direito, ao longo de vários séculos. O mínimo que se pode dizer em defesa dessa área é que ela libertou a análise jurídica de um longo e restrito compromisso com a Filosofia como única fonte extralegal de conhecimento para discussão do Direito. A Filosofia é uma parte essencial do esforço acadêmico em praticamente qualquer atividade humana, mas não é a única ou mesmo a mais importante disciplina acadêmica para orientar a análise jurídica. Em primeiro lugar, ela não tem compromissos fundamentais (não obstante a Filosofia Experimental) com a observação empírica como parte essencial de sua análise. Além disso, não considera os seres humanos "tais como são", imaginando, pelo contrário, que estamos todos engajados na organização lógica de nossos assuntos e, portanto, abertos a mudar nossas mentes ao sermos apresentados com argumentos mais convincentes ou evidência persuasiva e pertinente[4].

Acredito que o Direito e Economia (o constrangimento de usar essa expressão resumida é algo que retomarei na próxima seção) seja a mais importante inovação acadêmica no Direito. Por quê? Porque, em suma, o uso da Economia (ela própria uma disciplina científica) trouxe o método científico para o estudo do Direito. A Economia oferece uma teoria sobre como as pessoas respondem a incentivos e fornece uma série de técnicas empíricas para avaliar o quanto essa teoria suficientemente esclarece se e até que ponto as pessoas reagem a esses incentivos. Entendemos que o Direito é um método de governança social que orienta aqueles sob sua jurisdição quanto a como se comportar (por exemplo, prestar atenção de modo a não prejudicar outrem) e não se comportar (por exemplo, não cometer os atos que a jurisdição tenha designado como crimes), induzindo as pessoas a cumprir essas regras e normas através da criação de incentivos (como a responsabilidade financeira

---

[4] Essa visão fantasiosa das capacidades humanas é algo que a Filosofia compartilha com a Teoria da Escolha Racional, que é a teoria central usada pela microeconômica como ponto de partida para discutir o comportamento humano ao fazer escolhas. Na Seção II argumentarei por que a Teoria da Escolha Racional não é um bom ponto de partida para a discussão de decisões sobre o Direito e apresentarei uma sugestão de ponto de partida alternativo para essa análise.

por danos ilicitamente causados a outra pessoa ou sua propriedade e punição pela violação de estatutos criminais)[5].

Ao longo dos últimos cinco séculos o Direto não criou – seja na prática, seja nas academias – seu próprio registro teórico, registros de tomada de decisão jurídica, ou um meio sistemático para investigar os efeitos reais das leis. A Economia foi a primeira disciplina moderna a ser importada para o estudo do Direito. Os *insights* resultantes são importantes e numerosos e, penso eu, refletem o significado dessa importação[6].

De forma mais ampla, a conquista do *Direito e Economia* foi ter colocado o estudo do Direito em uma base fundamentada – uma posição muito mais sólida do que antes do surgimento dessa área. Essa base pode ser chamada de "método científico" – estudo por meio da articulação de hipóteses coerentes e plausíveis sobre fenômenos reais, combinado com a coleta e análise sistemática de dados projetados para determinar a probabilidade estatística de que as hipóteses estejam corretas[7].

Uma característica marcante do uso do método científico é que as disciplinas que agregam conhecimento usando essa metodologia se desenvolvem ao longo do tempo (não apenas "se modificam"). Estudiosos testam hipóteses antigas contra novos dados e descobrem se essas hipóteses ainda são ou não válidas. Eles também enquadram novas hipóteses, testando-as em relação aos dados. Com o decorrer do tempo, a sabedoria antiga é fortalecida ou descartada e novos conhecimentos se aglomeram ou substituem a velha sabedoria.

Por outro lado, uma disciplina acadêmica que não segue o método científico tende a agarrar-se às mesmas ideias por muito tempo. Há, é claro, um lado positivo nesse conservadorismo: o esforço daqueles que propõem novos

---

[5]   Há, naturalmente, outros métodos de governança social – tradição ou costumes, códigos morais, religião e outros. Uma teoria plenamente fundamentada no Direito proporcionaria uma explicação da divisão adequada de autoridade e das interações entre esses vários métodos. Ver Ulen, *The Impending Train Wreck in Legal Education: How We Might Teach Law as the Scientific Study of Social Governance*, 6 U. St. Thomas L.J. 302 (2009).

[6]   Parto do pressuposto de que os leitores estejam familiarizados com o Teorema de Coase, análise econômica de propriedade física e intelectual, do Direito Contratual (incluindo recursos), do Direito Civil e de temas de Direito Público, Direito Penal e agências reguladoras administrativas.

[7]   Ver Ulen, *A Nobel Prize in Legal Science: Theory, Empirical Work, and the Scientific Method in the Study of Law*, 2002 U. Ill. L. Rev. 875.

DIREITO E ECONOMIA PARA TODOS

conhecimentos adquiridos através de formação de hipóteses e coleta de dados e análise é alto, como deveria ser. Mas não se trata de nada insuperável[8].

Tais disciplinas para as quais a formação de hipótese é normalmente o objetivo final do empreendimento acadêmico (a Filosofia vem à mente como um exemplo) tendem a não avançar visivelmente, mas a continuar ruminando os mesmos quebra-cabeças lógicos durante décadas, até mesmo séculos. Se a Economia fosse agarrar-se à Teoria da Escolha Racional em face da esmagadora evidência de que esse é um modelo inadequado de tomada de decisão humana, ela estaria claramente estagnada e em risco de se tornar o equivalente moderno da alquimia e da astrologia.

Também é importante ressaltar que o *Direito e Economia* não é uma inovação intelectual inerte. Essa área se desenvolveu de forma considerável e consistente desde seu início, na década de 1970. Na verdade, acredito que se fosse facilmente possível quantificar as conclusões estabelecidas no *Direito e Economia* e aqueles que foram derrubados por uma melhor teorização ou por fracasso de verificação empírica, esse estudo empírico demonstraria que os últimos 35 anos têm sido uma época de ouro em nossa compreensão mais aprofundada sobre o Direito.

Não desejo ser mal interpretado afirmando que não há no Direito outras inovações dignas de disseminação por toda parte, pois há – tais como Direito e Psicologia, Direito e Filosofia, Direito e Literatura, Direito e Escolha Pública, entre outros. Entretanto, argumento que por mais importantes que algumas das contribuições desses campos sejam e continuem sendo, elas não são tão significativas quanto o *Direito e Economia*. Ademais, como indico na próxima seção, alguns dos *insights* sobre a tomada de decisão humana estão sendo mesclados a *Direito e Economia*.

Na próxima seção considerarei brevemente o nome da área em que estamos envolvidos. Isso acaba sendo, creio eu, uma questão importante e não meramente um exercício de classificação. Na Seção III contarei minha própria jornada de descoberta do *Direito e Economia* até minha carreira de mais de trinta anos como professor e estudioso no campo, período em que a Economia

---

[8] A história de como isso acontece em importantes pontos de inflexão nas Ciências Naturais é memoravelmente relatada em Thomas S. Kuhn, *The Structure of Scientific Revolutions* (3a ed. 1996).

saiu de um nicho para se tornar questão central na doutrina jurídica norte-americana da contemporaneidade. Minha esperança é que haverá algumas lições em meu percurso que outros profissionais considerarão úteis em sua trajetória pessoal ou no percurso de sua nação, no sentido de que um dia todo professor de Direito tenha conhecimento e utilize os conceitos de *Direito e Economia*. A penúltima seção consiste de um conjunto de sugestões para promover o *Direito e Economia* como uma ferramenta analítica padrão para um público cético em relação a advogados, juízes, legisladores e professores de Direito. Finalmente, uma breve conclusão encerra este ensaio.

1. Que nome dar a essa área?

Desejo distinguir os dois sentidos em que utilizo os termos "Direito e Economia" ou "Análise Econômica do Direito". Em primeiro lugar, há o significado tradicional – a técnica de aplicação de análise microeconômica para a análise de regras e padrões jurídicos autônomos. Esse estilo tradicional de análise de Direito e Economia quase sempre se origina no pressuposto microeconômico de que os tomadores de decisões padrão são racionais, que eles têm preferências transicionais, reflexivas e completas, e que eles tomam as suas decisões de modo a maximizar sua utilidade ou bem-estar, a menos que sejam enganados pelas imperfeições do mercado – monopólio ou monopsônio, custos externos ou benefícios, bens públicos, ou graves assimetrias de informação.

Em grande parte, esse estilo tradicional de *Direito e Economia* consiste em identificar as imperfeições do mercado, indo além das mais óbvias, na regulação e defesa da concorrência, e também mostrar como uma análise economicamente informada pode coordenar as ações individuais de melhoria social. Por exemplo, esse estilo de análise avançou bastante nossa compreensão do Direito Contratual, mostrando como as regras desse segmento podem orientar as partes contratantes no sentido de melhorar a colaboração, de trocar informações pertinentes de forma mais eficaz, e para contar com a possibilidade de tomar medidas legais e equitativas ao firmarem o laço contratual.

Em segundo lugar, há um significado mais moderno de "Direito e Economia" que inclui desenvolvimentos na área nos últimos 25 anos, os quais ampliaram a disciplina, indo além da Economia e incluindo aprendizagens da Psicologia Social e Cognitiva, bem como ultrapassando a teoria microeconômica para incluir técnicas empíricas de Economia, Psicologia e outras ciências sociais[9].

Acredito que esses desenvolvimentos fazem com que o uso do termo "Direito e Economia" ou "Análise Econômica do Direito" seja ainda menos descritivo do ponto em que essa área se encontra no momento. Por exemplo, tem sido grande o impacto dos estudos comportamentais (da Psicologia Social e Cognitiva) sobre *Direito e Economia* no âmbito das escolhas de cunho racional. Na verdade, e como já argumentei anteriormente, a reação mínima da profissão sobre as descobertas da literatura comportamental deve ser um profundo ceticismo quanto ao uso continuado da Teoria da Escolha Racional na análise jurídica[10].

Essas descobertas resultaram em alterações significativas na nossa tradicional análise jurídica e econômica da Lei. Por exemplo, recentemente aprendemos que quando as partes determinam a indenização em caso de não cumprimento [de um contrato, por exemplo], elas se dão o privilégio de considerar a decisão sobre a quebra de desempenho com base na forma convencional defendida pela Economia, em vez de considerar tal violação como um erro moral[11].

O outro avanço significativo em *Direito e Economia* nos últimos 25 anos foi a expansão da pesquisa jurídica empírica. O campo da Economia tem tido já há muito tempo – pelo menos desde a década de 1950 e possivelmente antes disso – um compromisso em confrontar suas previsões e políticas, fundamentadas em teoria, com um cuidadoso trabalho empírico. Considerando que o *Direito e Economia* foi simplesmente uma importação dos métodos acadêmicos da profissão de economista ao estudo do Direito, é surpreendente o tempo que se levou para que os primeiros *insights* teóricos do *Direito e Economia* produzissem trabalho empírico sério. Talvez esse atraso se deva à escassez de dados sobre o sistema jurídico, associado a uma baixa demanda por resultados empíricos

---

[9] Ver, por exemplo, Russell B. Korobkin & Thomas S. Ulen, *Law and Behavioral Science: Removing the Rationality Assumption from Law and Economics*, 88 Cal. L. Rev. 1051 (2000).

[10] Ver Ulen, *The Importance of Behavioral Law, in The Oxford Handbook of Behavioral Law and Economics* (Doron Teichman & Eyal Zamir eds., 2014).

[11] Ver Tess Wilkinson-Ryan, *Do Liquidated Damages Encourage Breach?: A Psychological Experiment*, 108 Mich. L. Rev. 633 (2010).

na comunidade jurídica (ainda que compromissada com os fatos) e a pouca ou nenhuma experiência sobre técnicas empíricas entre os acadêmicos da área jurídica.

Quaisquer que tenham sido as razões para esse atraso, a questão foi sanada. Houve uma onda de pesquisa jurídica empírica nos últimos 25 anos. Grande parte desse trabalho empírico usou dados de arquivos e registros para realizar análises de regressão (técnica empírica central na Economia). Um exemplo famoso é a controversa, mas fascinante afirmação de que a legalização do aborto nos Estados Unidos no início da década de 1970 pode representar até cinquenta por cento do declínio da criminalidade entre o início de 1990 e agora[12]. Curiosamente, e também importante: uma grande parte desse estudo fez uso de outras técnicas empíricas, tais como pesquisas, experimentos e entrevistas, de outras disciplinas das ciências comportamentais e sociais, contíguas com a Economia[13].

O fato de que outras disciplinas além da Economia e de que técnicas empíricas não econômicas tornaram-se aspectos importantes da investigação jurídica faz o uso contínuo do termo "Direito e Economia" algo problemático.[14] Suponho ser possível concordar em usar "Direito e Economia" para descrever o uso da Teoria Microeconômica na análise da Lei e para distinguir outras ramificações, tais como "Direito Comportamental", "Direito Comportamental e Economia" e "Estudos Jurídicos Empíricos". No entanto, embora não haja nada censurável nessas distinções, há uma falsa sensação de compartimentação implícita nesses três diferentes termos. Por exemplo, Direito Comportamental e Economia e Estudos Jurídicos Empíricos são fundamentalmente o que hoje se entende como Direito e Economia. Raras análises econômicas jurídicas (pelo menos entre os juristas) se baseiam na suposição de que os tomadores de decisão jurídicos são totalmente racionais (embora possa haver situações e pessoas dentro do sistema legal que lucrem com essa caracterização). A descoberta de

[12] Ver John J. Donohue III & Steven D. Levitt, *The Impact of Legalized Abortion on Crime*, 116 Q.J. Econ. 379 (2001).

[13] Ver, por exemplo, Wilkinson-Ryan, nota supra 11.

[14] Quando me aposentei da Faculdade de Direito da Universidade de Illinois, a Faculdade nomeou novos diretores para o Programa de Direito e Economia, que foi renomeado "Programa de Direito, Ciências Comportamentais e Sociais" (LBASS Program), em reconhecimento aos desenvolvimentos observados nesse campo.

Kahneman, Tversky e outros, que nós, seres humanos, individualmente e em grupos, estamos propensos a fazer desvios previsíveis dos comportamentos previstos pela Teoria da Escolha Racional é um dos resultados mais sólidos das investigações do final dos séculos 20 e 21. E muito poucos estudos ficam somente em uma análise econômica teórica de uma questão jurídica. Mesmo que um estudo não contenha análise empírica explícita, a maioria dos estudos teóricos atuais aponta explicitamente para o trabalho empírico que pode ser feito para confirmar ou refutar a teoria em estudo. Esse reconhecimento de trabalho adicional – usando qualquer técnica que melhor teste a hipótese ou hipóteses em questão (não apenas a análise de regressão que a Economia até então favorecera) – é agora uma parte integrante de praticamente todas as análises jurídicas. Seja como for, e apesar das razões alegadas para o meu desconforto quanto a essa questão, continuarei referindo-me ao campo mais amplo que utiliza ferramentas de ciências comportamentais e sociais para analisar o Direito como "Direito e Economia".

2. Esboço de uma trajetória de Direito e Economia

Estou envolvido com o campo de *Direito e Economia* por mais tempo do que a maioria dos outros contribuintes deste volume tem de vida. Minha associação com o campo começou logo após o início da área, depois que eu concluí a pós-graduação,[15] e ocorreu por acaso.

Ingressei no corpo docente do Departamento de Economia da Universidade de Illinois em Urbana-Champaign em agosto de 1977, como especialista em História e Regulação Econômica dos Estados Unidos. Vários meses antes, eu havia defendido minha dissertação (sobre as causas da estabilidade e instabilidade dos cartéis de ferrovias no final do século 19 nos Estados Unidos) na Universidade de Stanford e deveria passar o próximo ano me acostumando com a vida de lecionar duas novas disciplinas por semestre, terminar as revisões da dissertação e preparar partes dela para publicação.

---

[15] Não havia cursos de Direito e Economia (exceto as aulas de regulação e lei antitruste) na pós-graduação. Eu tinha um bom amigo na pós-graduação que foi um dos primeiros estudantes da Universidade de Stanford a fazer Direito e um doutorado em Economia, mas sua especialização foi (e tem sido) em Economia e lei antitruste.

Na recepção dos novos docentes, logo depois que cheguei a Illinois, conheci um jovem e recém-chegado participante do corpo docente da Faculdade de Direito. Perguntamos um ao outro o que ensinávamos na faculdade e sobre o que escrevíamos, e no decorrer de nossa conversa ele me pediu que consultasse um novo livro escrito por um professor da Faculdade de Direito da Universidade de Chicago – Richard Posner, "Análise Econômica do Direito" – pois ali eu acharia algumas ideias sobre as origens e os efeitos econômicos da Comissão Interestadual de Comércio. (Uma seção do meu trabalho sobre os cartéis das ferrovias demonstrara que a visão, então em voga, que o Congresso tinha dessa situação, não era correta – a mando das ferrovias – o que acabou resultando no CIC, a primeira comissão de regulamentação federal, para atuar como um agente estabilizador de cartel[16]).

Peguei o livro na biblioteca e li o capítulo sobre a CIC com bastante interesse e muito em benefício de minha formação acadêmica. Na verdade, eu fiquei tão impressionado com o uso da Economia para explicar um assunto jurídico que li o livro inteiro. Fiquei cativado. Meu pai era advogado, assim como muitos outros no lado paterno da nossa família, e embora eu nunca tivesse pensado seriamente sobre a faculdade de Direito e, assim, nunca tivesse

---

[16] A visão dominante na teoria de microeconomia via os cartéis como inerentemente instáveis porque é do interesse de cada membro da firma aderir e manter o preço supracompetitivo do cartel, mas também é do interesse de cada membro da firma cobrar um preço abaixo do preço do cartel. Assim, se um membro do cartel trapaceia, todos irão trapacear. Essa visão dos cartéis foi a base para a contenção de Paul MacAvoy (em *The Economic Effects of Regulation: The Trunk Line Railroad Cartels and the Interstate Commerce Commission before 1900* (1965), pois antes da criação da CIC (Comissão Interestadual de Comércio) em 1887, os cartéis ferroviários eram instáveis. Entretanto, após a criação da comissão, os mesmos se tornaram estáveis. Uma das inovações da minha dissertação foi demonstrar que os membros dos cartéis estavam cientes do incentivo à trapaça e buscaram reduzi-lo ou eliminá-lo mediante um arcabouço complexo de regras administrativas. Demonstrei que aquelas regras funcionaram para garantir longos períodos de estabilidade do cartel (só havia instabilidade nos cartéis ferroviários quando uma nova ferrovia entrava no mercado). Como resultado, a premissa do relato de MacAvoy sobre a criação e os efeitos da CIC estava incorreta. Os cartéis ferroviários haviam criado mecanismos para punir e, portanto, para impedir trapaças nos contratos do cartel. Em outras palavras, eles não precisaram da ajuda do governo federal para fazer com que seu próprio contrato anticompetição funcionasse. Eles apreciavam a ajuda da nova agência reguladora fiscalizando a entrada no setor de fretes por reboque, porém, conforme dito pelo Senador Shelby Cullom do Illinois, um dos primeiros defensores do Ato para Regulamentação do Comércio, o Congresso não poderia tomar essa medida.

DIREITO E ECONOMIA PARA TODOS

perguntado meu pai muito sobre o que ele fazia a cada dia de trabalho,[17] achei interessantíssimo o material do livro do então professor e agora juiz Posner.

Assumi um novo curso no Departamento de Economia, em *Direito e Economia*, e comecei a pensar em realizar pesquisas nessa área; acabei sendo convidado, em 1983, a migrar três quarteirões ao sul da universidade para ministrar o curso na Faculdade de Direito. Permaneci ali pelo o resto da minha carreira, até me aposentar em 2010.

Embora eu tivesse formação e experiência profissional muito diferente dos meus colegas da Faculdade de Direito, devo dizer que eles foram acolhedores e solidários de imediato. E o calor dessa recepção só aumentou ao longo das décadas em que lecionei naquela Faculdade. Na verdade, não consigo imaginar um grupo mais estimulante, simpático e querido do que esses colegas de trabalho.

A vantagem de um economista ter passado sua trajetória acadêmica fora de um Departamento de Economia foi notar o grande talento acadêmico dos alunos e professores da Faculdade de Direito. Os melhores estudantes de Direito certamente estavam entre os alunos mais brilhantes e mais interessantes que já tive o prazer de ensinar. Esforçavam-se muito; faziam perguntas extremamente perspicazes; e me ensinaram bastante – essa é uma das maravilhas do ensino superior.

Da mesma forma, meus colegas da faculdade estão entre as pessoas mais inteligentes, bem lidas e bem-humoradas que já conheci. Não se repara muito que as Faculdades de Direito estão repletas de humor da mais alta qualidade. Eu estava, de fato, tão tomado por ter descoberto isso que por muitos anos quis tirar um tempo de minhas atividades mais eruditas para montar uma antologia de humor relacionada ao Direito[18]. Mesmo que eu chegue a fazê-la, creio que ainda assim eu não conseguiria capturar com precisão o humor

---

[17] Na verdade, meu pai não gostou do exercício da advocacia e quando declarei que a minha intenção era fazer pós-graduação em Economia, ele aplaudiu tal decisão e me disse que se ele tivesse tido a oportunidade de fazer tudo de novo, ele "não chegaria perto de uma escola de Direito". O que sei é que após sua formatura na Faculdade de Direito da Universidade de Indiana, meu pai recebeu uma oferta de emprego como professor assistente na Faculdade de Direito da Universidade de Virginia, mas não aceitou porque temia que o salário de um professor não fosse suficiente para sustentar uma família. Isso é uma pena, pois meu pai teria sido um excelente professor.

[18] Ver Marc Galanter, *Lowering the Bar: Lawyer Jokes and Legal Culture* (2006).

espontâneo e extremamente inteligente do dia-a-dia que caracteriza a vida entre os docentes e estudantes de Direito.

A desvantagem de eu ter passado tanto tempo longe de um Departamento de Economia é que perdi o contato com a evolução técnica nessa área. Naturalmente, eu sabia muito mais sobre Economia do que meus alunos e colegas da Faculdade de Direito, de modo geral, mas não estava completamente ciente, por exemplo, das novas técnicas empíricas – tais como o cada vez mais sofisticado projeto experimental – e das novas ferramentas teóricas – como a evolução da teoria dos jogos e da aprendizagem no planejamento de mecanismos. Afirmei a mim mesmo (e continuo afirmando) que meu investimento principal deveria ser aprender sobre o Direito e as instituições jurídicas, mas não me manter atualizado sobre a Economia. No entanto, eu gostaria que tivesse havido uma maneira de manter uma presença sólida em ambas as disciplinas, mas realmente não acho que isso seja possível. É preciso colocar todos os seus esforços em uma ou outra disciplina. Minha intuição me dizia que, naquele momento da vida do *Direito e Economia*, era muito mais importante fazer o possível para levar a Economia para a profissão jurídica do que trazer o Direito para os economistas[19].

No decorrer desse caminho, eu me tornei algo diferente de um economista e também de um advogado, nem totalmente um nem outro, o que foi algo um pouco estranho de se explicar às pessoas fora da área jurídica. Quando mudei meu lar acadêmico para o curso de Direito e mantive um compromisso no Departamento de Economia, houve um custo profissional que eu não havia previsto. Meus colegas economistas não compreendiam ou valorizavam publicações em periódicos universitários de Direito. Na verdade, o que todos os não advogados parecem saber sobre essas publicações de Direito é que são editadas por estudantes de Direito do segundo e terceiro ano, e não por professores da Faculdade. Assim, há uma desconfiança quase universal entre os colegas da universidade (ou, possivelmente, um desprezo) quanto aos antecedentes dos estudiosos de Direito. Tentei argumentar com colegas da faculdade e gestores ao longo dos anos que essa suspeita era essencialmente injustificada

---

[19] Há uma diferença curiosa entre a recepção do Direito e Economia nos EUA e na Europa Ocidental. Nos EUA, são os advogados que acham essa área mais intrigante, enquanto na Europa Ocidental são os economistas que têm sido o público principal de Direito e Economia.

que há objetividade tanto em avaliar a qualidade das produções acadêmicas de membros da Faculdade de Direito, quanto em qualquer disciplina estritamente avaliada por profissionais em nível de paridade. Ademais, como eu normalmente acrescentava, a semente produtiva intelectual produtiva na academia jurídica – em grande parte composta por advogados, antropólogos, cientistas políticos, economistas, filósofos, psicólogos, engenheiros e outros que escrevem sobre a lei de forma transdisciplinar, e não dentro das fronteiras disciplinares – foi tão importante que ao julgar a qualidade desses escritos como algo menos expressivo criou-se o risco de jovens estudiosos tornarem-se receosos de se envolver em uma das grandes aventuras intelectuais dos nossos tempos.

Em um nível mais pessoal, a ascensão de *Direito e Economia* criou problemas quanto a minha apresentação profissional para aqueles que estão fora da escola de direito. Estou bastante certo de que a maioria dos meus colegas mais velhos do Departamento de Economia não tinha ideia dos motivos pelos quais eu me mudara para a Faculdade de Direito (a maioria deles acreditava que fora por salários altos) ou mesmo o que eu estava fazendo ali. Quando me encontrava com colegas acadêmicos de outras disciplinas ou com pessoas externas à comunidade universitária, eu não sabia qual era a melhor forma de me apresentar. Já havia tentado e abandonado dizer ser "um economista que leciona na Faculdade de Direito". Essa perplexidade abria espaço para uma série de perguntas e explicações que pareciam, a meu ver, um teste de paciência para meus ouvintes. Então, em vez disso, comecei a me apresentar como uma pessoa que "leciona na Faculdade de Direito". Se depois, na conversa, fosse equivocadamente inferido pelo meu interlocutor que eu era um advogado, eu tinha de iniciar uma longa explicação: eu era um economista, não um advogado, que estava lecionando em uma Faculdade de Direito, porque uma área notável conhecida como "Direito e Economia" havia surgido.

Ao longo dos anos, entre as muitas conversas que tive em que tentei explicar meu trabalho para pessoas de fora da comunidade jurídica, tenho certa convicção de ter melhorado muito minha explicação sobre as razões pelas quais eu dava aulas na Faculdade de Direito e escrevia para leitores da área jurídica. Porém, é importante destacar que eu demorei muito para consolidar uma narrativa que explicasse bem minhas atividades profissionais. De fato, lembro-me que a última conversa desse tipo foi com um pastor presbiteriano aposentado que minha esposa e eu visitamos frequentemente por vários anos. Apesar de ele nos conhecer como membros da congregação por, no mínimo, 25 anos, o entendimento dele sobre minha vida profissional se resumia ao que mencionei anteriormente: "Eu dou aulas na Faculdade de Direito." Quando, já bem idoso, ele me perguntou mais sobre minha carreira, tivemos uma série de conversas maravilhosas que eu adoraria ter tido com ele anos antes. Portanto, vivemos e aprendemos (ainda que somente no fim das contas).

Gostaria de comentar sobre dois aspectos da minha vida profissional na Faculdade de Direito da Universidade de Illinois, os quais fundamentarão os conselhos oferecidos na próxima seção. Primeiramente, gostaria de falar sobre a faixa etária dos docentes da Faculdade de Direito e o impacto disso na minha vida profissional.

Quando fui admitido ao corpo docente da Faculdade de Direito no início da década de 1980, eu já atuava como acadêmico há seis anos. Já estava ciente das tensões e conflitos entre meus colegas do Departamento de Economia (desavenças por motivos pessoais ou profissionais) e entendia qual poderia ser o destino da minha carreira. Assumir a cadeira de uma nova disciplina significava ter que passar por um processo de aprendizado associado às dificuldades de adaptação à nova cultura disciplinar. Parti do pressuposto que a Faculdade de Direito seria como o Departamento de Economia ao menos em um aspecto – os mais jovens estariam muito mais interessados em inovações acadêmicas do que as pessoas mais velhas. Portanto, os novos pares da Faculdade de Direito com quem eu teria mais contato seriam, obviamente, seriam os professores assistentes e substitutos. Por um lado, isso correspondeu à realidade quanto às interações sociais. No entanto, foi uma ótima surpresa perceber que as coisas foram diferentes com relação a assuntos profissionais.

Quando entrei para a Faculdade de Direito, ela era muito conhecida por seus estudiosos doutrinadores. De fato, a Faculdade tinha um grupo estelar de estudiosos mais velhos, entre os quais estavam John Cribbet, Wayne LaFave, Jeff O'Connell, Marion Benfield, Harry Krause, Peter Hay, Ron Rotunda e John Nowak. Quando finalmente aprendi o suficiente para entender o que esses homens haviam realizado, fiquei espantado com sua originalidade e produtividade. Nenhum deles sabia muito sobre *Direito e Economia*, e eu tinha receio de que eles fossem o público mais cético eu iria enfrentar na Faculdade de Direito. Eu estava redondamente enganado.

DIREITO E ECONOMIA PARA TODOS

Há uma lição nesse fato. O ponto de início é que eu respeitava muito esses estudiosos mais velhos. Eles tinham a idade do meu pai; eram conhecidos; e ficava claro, com apenas alguns momentos com qualquer um desses homens, que eram tremendamente inteligentes, dedicados a excelência, e estavam no auge de suas carreiras. Isso criava intimidação.

Eles foram colegas por décadas e construíram um corpo docente de primeira linha ao longo desse tempo. Eles eram tão próximos que se reuniam todos na sala dos professores da Faculdade de Direito todas as manhãs, de segunda a sexta, para o café das 10 horas da manhã[20]. Um dia, no início de meu tempo no da Faculdade de Direito, fui para a sala dos professores para pegar uma xícara de café no momento em que o grupo estava reunido. Eles me convidaram para me juntar a eles, e assim o fiz. Eu continuei participando daquele grupo muitas manhãs depois. Mas durante esses meses iniciais eles nunca uma vez me perguntaram sobre meu trabalho. Em vez disso, conversávamos sobre esportes, assuntos públicos, a universidade, e muitas outras questões. Minha lembrança é de foram seis meses após o convite inicial para me juntar ao grupo até alguém me fizesse uma pergunta direta sobre *Direito e Economia* – algo como "O que é a eficiência de Pareto?" Eu, aparentemente, respondi a essa pergunta dentro dos padrões esperados. Mas rapidamente retornamos à política e aos esportes.

Eu tinha a sensação de que com essa troca eu havia passado em um teste ou vencido um obstáculo. Quando souberam logo depois que eu tinha um artigo saindo na *Michigan Law Review*, eles perguntaram sobre isso, e eu fiz o meu melhor para explicar do que se tratava o artigo. Estou bastante certo de que eles decidiram que, embora não compreendessem exatamente o que eu fazia, tinham a sensação de que eu estava tão interessado no Direito quanto eles próprios e que meus padrões eram tão altos quanto os deles. E esses fatos foram suficientes para estabelecer um forte vínculo entre nós, algo que eu valorizava muitíssimo.

A segunda questão digna de observação envolve o fluxo e refluxo de apoio profissional do corpo docente e administração a *Direito e Economia* na

---

[20] Reza a lenda que Wayne LaFave começava (e na verdade ainda começa) seu dia de trabalho ao chegar às 5 horas da manhã. A reunião das 10 fora escolhido, como vim a saber mais tarde, para coincidir com a "pausa do meio-dia do Wayne.

Faculdade de Direito da Universidade de Illinois. Dediquei meus primeiros 10 anos ou mais ali a aprender o máximo possível, ser o melhor colega possível e desenvolver a máxima produção acadêmica. Nunca me ocorreu que haveria algum retorno para a construção de um grupo de estudiosos do *Direito e Economia* dentro daquela faculdade, ou que eu deveria fazer ficar longe das controversas questões políticas do corpo docente.

Ao mesmo tempo, achei ter notado uma tensão se desenvolvendo dentro da Faculdade de Direito quanto às decisões sobre contratações. Muitos dos jovens estudiosos que entrevistamos para posições no corpo docente tinham uma sólida compreensão de *Direito e Economia*, independentemente de suas áreas de especialização. Encarei isso como um sinal de que esses jovens estudantes tinham ingressado nas melhores faculdades de Direito do país e tinham aprendido com alguns dos juristas mais importantes daquelas universidades, muitos deles destacados no campo do Direito e Economia. Esse parecia ser o caso até mesmo para aqueles que não tinham a intenção de ensinar um curso de *Direito e Economia*. Em resumo, no início da década de 1990, a maioria dos candidatos a cargos na nossa faculdade haviam incorporado muitas das ferramentas de *Direito e Economia* em seu trabalho, mesmo que não fossem defensores ou profissionais de *Direito e Economia*.

O que me surpreendeu em relação a isso foi a diferença de atitude dos teóricos mais jovens e dos estudiosos mais velhos do corpo docente da Faculdade de Direito. O principal critério empregado pelos docentes mais velhos durante o recrutamento de docentes mais jovens era a inteligência dos candidatos (principalmente com relação à classe social a qual eles pertenciam e ao cargo administrativo ocupado por eles na área jurídica) e o comprometimento do candidato no desenvolvimento de pesquisas jurídicas relevantes. Os membros mais velhos do corpo docente não se importavam com ferramentas específicas usadas pelos candidatos. Eles estavam mais preocupados com a originalidade e o peso das ideias com as quais cada candidato estava lidando.

Em contrapartida, os docentes mais jovens demonstravam desconfiar cada vez mais de qualquer candidato que falasse de forma afetuosa sobre *Direito e Economia* ou que pretendesse usar a Economia como parte importante de sua análise.

Penso que a explicação para essa diferença – caso ela seja tão real quanto creio que foi – é bastante complexa. A devoção por parte dos mais docentes mais velhos à excelência em conhecimento jurídico, não importa como fosse alcançado, era autêntica e louvável. A desconfiança quanto a *Direito e Economia* entre os professores mais jovens foi em parte uma reação ao tom messiânico de alguns defensores dessa área; um medo de que o *Direito e Economia* levasse para o estudo do Direito uma filosofia política conservadora que não agradava aos professores e uma sensação de que se houvesse muitas pessoas do campo de *Direito e Economia* no corpo docente, haveria uma desvalorização da formação acadêmica tradicional doutrinária que eles praticavam, entre outras questões. Foi algo intrigante e desanimador. De qualquer forma, isso mostrou que uma suspeita quanto a *Direito e Economia* levou a uma oposição a essa abordagem. Lamento dizer que essa oposição persiste. A Faculdade de Direito da Universidade de Illinois já teve um dos grupos mais fortes de estudiosos de *Direito e Economia* do planeta, mas esse grupo desapareceu completamente. Quatro de seus membros debandaram para a Faculdade de Direito da Universidade de Chicago; um morreu repentinamente; um se aposentou; uma pessoa deixou o grupo para dirigir uma grande fundação de assuntos públicos na Europa Ocidental; e outra se tornou reitor de uma nova Faculdade de Direito. Apenas um curso de *Direito e Economia* foi oferecido na Faculdade desde 2010.

3. Desenvolvendo uma nova disciplina jurídica

Dadas essas observações sobre *Direito e Economia*, que lições podemos tirar quanto à promoção dessa inovação acadêmica? O que aprendi com os meus 35 anos na profissão sobre qual a melhor forma de cultivar *Direito e Economia* para que ela floresça, cresça e alcance a quase todos? Como já mencionei, essa é uma questão complexa. E, ainda assim, quero me concentrar em quatro lições que aprendi com a minha experiência.

A primeira lição é a boa notícia de que *Direito e Economia* parece ser um tema que interessa e atraia alguns dos mais brilhantes jovens do planeta. Acredito que uma das razões para *Direito e Economia* ser tão bem sucedido nos Estados Unidos, Israel e em outros lugares, é que essa área atraiu alguns dos jovens mais talentosos a ingressar na profissão jurídica. Já mencionei a extraordinária alta qualidade intelectual de *todos* os professores de Direito. Mas mesmo dentro desse grupo talentoso, acredito que são aqueles que têm

Direito e Economia como uma de suas ferramentas analíticas mais importantes que estão no topo desse grupo de jovens professores.

Esse fato tem um efeito indireto ou secundário *(the knock-on effect,* como os britânicos diriam) de autorreforço. Os melhores e mais brilhantes jovens da academia jurídica tendem a escrever e lecionar com a mais alta qualidade e isso atrai outras pessoas brilhantes, que passam a seguir os primeiros.

Um efeito colateral desse primeiro ponto é que uma das mais efetivas estratégias de promoção de qualquer inovação acadêmica é realizar o melhor trabalho possível – o mais original, o mais bem escrito, embasado por argumentação persuasiva e, onde seja aplicável, por dados. Mas também é importante não se fechar às próprias afirmações e mostrar genuína humildade ao reconhecer a contingência do que afirmarmos (que, por exemplo, mais dados poderiam revelar uma conclusão mais elaborada).

Qualidade de ensino e generosidade dos colegas são questões relativas ao valor que uma boa formação acadêmica oferece. Os alunos de um professor podem se tornar seus mais fortes defensores e embaixadores. A minha experiência com meus alunos é que muitos consideraram o curso de *Direito e Economia* (ou um seminário avançado) como o grande destaque intelectual da sua educação na Faculdade de Direito.

A segunda lição é que você receberá objeções para as quais deve estar preparado. As fontes de oposição são inúmeras e variadas, mas me concentrarei em duas. A principal contestação é a visão de que *Direito e Economia* é uma filosofia política conservadora (ou neoliberal) posando de inovação científica. Há alguma base para essa alegação já que alguns estudiosos da área têm abraçado opiniões políticas menos liberais (não sei dizer se são poucos ou muitos) [21]. Mas o fato de alguns professores de Direito serem politicamente conservadores não torna uma disciplina acadêmica conservadora[22]. Não há

---

[21] Digo "menos liberal" por uma razão. Jim Lindgren, o ilustre estudioso empírico da Faculdade de Direito da Universidade Northwestern, aplicou certa vez um teste aos participantes da conferência anual da Associação de Direito e Economia do Centro-Oeste. O teste era uma variante de uma parte da Pesquisa Social Geral (http://gss.norc.org/) concebida para testar atitudes políticas. A média dos participantes ficou bem à esquerda do centro, mas, segundo Jim nos disse, não se mostrou tão liberal quanto a pontuação média de todos os professores de Direito.

[22] Pode ser, evidentemente, que, se de alguma maneira uma disciplina favorece as políticas conservadoras, então a mesma atrairá aqueles que são conservadores e repelir aqueles que

nada inerentemente conservador (ou neoliberal) sobre a Economia em si. A Economia é um empreendimento intelectual que não começa com uma conclusão e, em seguida, retrocede o raciocínio para justificar essa conclusão (o que é chamado de "raciocínio motivado"). Vale lembrar que a Economia, como a maioria das ciências comportamentais e sociais, é dedicada ao trabalho empírico como verificação de quaisquer hipóteses propostas por economistas. Uma hipótese logicamente consistente – por exemplo, que os mercados livres, com suas imperfeições devidamente corrigidas, maximizam o bem-estar social e individual – não é verdade simplesmente porque é logicamente consistente e atraente. Cada hipótese deve sobreviver a um confronto com os dados – na verdade, repetidos confrontos com os dados – antes de passar de conjectura para resultado mantido por contingência.

Vários, se não muitos, dos meus colegas não acreditavam em meus protestos sobre a inadequada confusão entre pontos de vista políticos com a profissão de *Direito e Economia*. Eles também não estavam abertos a evidências empíricas sobre o assunto. Certa vez, ofereci levar qualquer um dos meus colegas a uma conferência ALEA anual, por minha conta, para que eles pudessem assistir às apresentações de trabalhos e ouvir as discussões nessas sessões ou em partes informais da conferência, e então me reportassem honestamente sobre o teor político *versus* o conteúdo acadêmico da conferência. Surpreendentemente, ninguém se pronunciou.

Uma segunda e diferente razão para a oposição a *Direito e Economia* é que me parece haver uma opinião tácita entre muitos dos meus colegas que uma Faculdade de Direito saudável é aquela em que há uma especialização para cada segmento concebível do Direito, e que é errado, portanto, procurar ter vários membros do corpo docente voltados para uma especialidade jurídica antes que todas as outras especialidades estejam representadas, a menos que exigências curriculares assim determinem. Na minha percepção, essa é uma forma absurda de construir a força do corpo docente. Se você tem um erudito renomado em Direito Penal e Processual, como Wayne LaFave, na sua faculdade, você deve seriamente considerar a construção de um grupo de

---

são mais liberais. No entanto, em minha experiência com essas disciplinas que podem ser candidatas a tal conservadorismo – economia e negócios, por exemplo – é que há, no máximo, alguns conservadores e muitos centristas ou liberais.

jovens e especialistas em torno desse profissional. Os efeitos positivos dessa interação melhoram a formação acadêmica individual e conjunta, atraem excelentes alunos, tornam mais fácil recrutar outros promissores estudiosos para Illinois, animam o financiamento de conferências sobre Direito Penal e Processual, trazendo alguns dos maiores estudiosos do mundo ao campus, e melhoram a reputação do campus (agradando, assim, aos administradores do ensino superior).

Então, o que fazer com a oposição? Tudo o que se pode fazer realisticamente é defender a inovação acadêmica em questão, na esperança de que o entusiasmo intelectual atraia atenção favorável e ânimo geral. Isso pode incluir que se faça o melhor possível para alcançar públicos externos à academia, por exemplo, oferecendo *workshops* para profissionais, legisladores e juízes. Tentar alcançar esses públicos enfraquece outra crítica a *Direito e Economia*: a de que essa área não oferece nada de valor aos praticantes e (usando a famosa expressão do Juiz Harry Edwards) promove uma "crescente dissociação" entre a formação acadêmica e a prática jurídica[23].

Aqui não é local para defender a tese da grande viabilidade de *Direito e Economia*, embora eu esteja profundamente convencido de sua aplicabilidade a problemas reais. Em deferência a alguns críticos, não há argumentos suficientes a alegação de que *Direito e Economia* (e outras especialidades do tipo "Direito e...") sejam indulgências de um corpo docente com pouco a oferecer ou ajudar aqueles que praticam a Lei. Seja como for, acho que essa defesa é normalmente feita implicitamente em todas as aulas de *Direito e Economia* ministradas aos estudantes ou praticantes da Lei[24].

A terceira lição é que há um meio melhor para tentar atrair o interesse de seus alunos, colegas e do público em geral para *Direito e Economia*. Todos os que defendem *Direito e Economia* assim o fazem porque acreditam, em diferentes graus, que essa é a melhor maneira (ou uma das melhores maneiras) de analisar o Direito. Mas, ao se dirigir àqueles que não compartilham de

---

[23] Ver Harry Edwards, *The Growing Disjunction Between Legal Scholarship and the Legal Profession*, 91 Mich. L. Rev. 34 (1992).

[24] Considerar o que o Direito e a Economia contribuiu para nossa compreensão da legislação e política penal. Ver Steven D. Levitt, *Understanding Why Crime Fell in the 1990s: Four Factors That Explain the Decline and Six That Do Not*, 18 J. Econ. Persp. 163 (2004). Ver, também, Ulen, *Skepticism About Deterrence*, 46 Loy. U. Chi. L.J. 361 (2014).

sua opinião, lembre-se de que você não está pregando para os convertidos que compartilham de sua crença. Ao contrário, você está falando a um grupo cético, que não está convencido de que suas almas imortais serão salvas se eles simplesmente renunciarem os estudos doutrinários e abraçarem as perspectivas das ciências sociais e comportamentais para o Direito.

A melhor maneira de abordar esse grupo não é pedir a eles que admitam seus pecados e se juntem ao campo de *Direito e Economia*. Como pude perceber, é melhor mostrar a eles que *Direito e Economia* é um conjunto de ferramentas analíticas que podem *complementar*, e não substituir, as ferramentas com as quais eles já estão familiarizados.

Algumas das ferramentas e conceitos que considero cruciais são: a hipótese principal de *Direito e Economia* afirma que o Direito cria normas e padrões (uma distinção que vale a pena ensinar como ferramenta central) que são concebidos para influenciar o comportamento das pessoas, a fim de as coisas funcionem melhor na sociedade. Pode-se chamar esse conceito de *ex ante*, pois se concentra no aspecto que influencia o aspecto jurídico do comportamento antes que algo ruim aconteça. Por exemplo, o Direito Civil procura influenciar o comportamento de precaução e de ação daqueles (quem quer que seja vítima ou agressor) que podem acidentalmente causar ou sofrer danos. Ao sustentar a possibilidade de responsabilidade financeira por falta de cuidado, o Direito Civil busca induzir as partes a tomar todas as precauções, justificadas em custos (isto é, a precaução cujo custo é inferior à amortização em perdas esperadas, provenientes de acidentes)[25].

Outro exemplo é a introdução da categoria de custos de transação como um fenômeno geral e não simplesmente como uma construção fundamental para ajudar a explicar o Teorema de Coase. Teorias relativamente simples de jogos são mais uma ferramenta de *Direito e Economia*. A maioria dos advogados entende (não importa o quanto afirmam não compreender matemática)

---

[25] Essa é uma questão perfeita para lembrar o público da diferença entre uma hipótese coerente e atraente e de uma hipótese apoiada por dados. Acho a consideração econômica sobre como o Direito Civil induz as pessoas a tomar precauções de modo a minimizar a sua responsabilidade uma hipótese agradável. Mas não estou convencido de que é assim que as pessoas, na verdade, se comportam. O falecido Gary Schwartz foi um dos poucos que procurou medir se a exposição à responsabilidade extracontratual realmente afeta decisões pessoais em nível de ação e precaução. Ver Schwartz, *Reality in the Economic Analysis of Tort Law: Does Tort Law Really Deter?*, 42 UCLA L. Rev. 377 (1994).

o aspecto estratégico de muitas situações legais e de situações que a lei visa afetar (tais como a relação entre as partes contratantes ou entre credores e devedores).

Finalmente, acho que você pode fazer um verdadeiro serviço a seus estudantes e profissionais ao oferecer uma breve introdução ao poder dos estudos empíricos e uma cartilha sobre como ler criticamente os resultados empíricos[26].

A quarta e última lição é que você deve encontrar uma forma de tornar as descobertas em *Direito e Economia* estimulantes e pertinentes aos juízes e profissionais jurídicos. Se você está lecionando *Direito e Economia* na faculdade, então você está lidando com futuros profissionais, juízes e legisladores. Eles levarão consigo algumas de suas lições por toda a carreira.

Mas também é importante chegar àqueles que já estão na profissão – profissionais formados em Direito há muitos anos – para ensiná-los sobre essa inovação científica. Em muitos casos, você vai perceber que aqueles que estão na prática há algum tempo acham as ferramentas de *Direito e Economia* muito mais interessantes do que os alunos mais jovens, que ainda não têm prática profissional.

Eu poderia acrescentar outras a essas quatro lições, mas a virtude dessas quatro é, penso eu, o fato de que se aplicam universalmente, havendo muito pouca variação. Demais lições podem ser aplicadas a alguns países e situações, mas não a outros.

4. Conclusão

Diz-se que Edward Gibbon, em *A História do Declínio e Queda do Império Romano* (seis vols. 1776-1788), afirmou que o cristianismo finalmente triunfou no Império Romano porque era a religião "correta". Sabemos que não é o caso. Há outros fatores que explicam por que, depois de séculos de perseguição aos cristãos, o Imperador Constantino converteu-se à religião em 312 d.C. e parou as perseguições nas partes orientais de seu império.

---

[26] Ver Robert M. Lawless, Jennifer K. Robbennolt, & Thomas S. Ulen, *Empirical Methods in Law* (2º ed. 2016).

Seguindo Gibbon, estou inclinado a dizer que *Direito e Economia* triunfará em todos os países do mundo, porque essa é a associação "certa". Apesar de ser otimista sobre o crescimento e a propagação dessa área, não sofro da "síndrome de Pollyanna". Haverá reveses e objeções, tal como observei nas duas seções anteriores. No entanto, se tomarmos "Direito e Economia" como a aplicação do método científico ao estudo do Direito – a aquisição de novos conhecimentos por elaboração de hipóteses, bem como a coleta e análise de dados destinados a confirmar ou refutar tais hipóteses – então eu talvez *tenha* de fato "a síndrome de Pollyanna", no que tange o triunfo dessa área.

Acredito que o método científico de investigação seja poderoso para tornar nossa legislação mais eficaz e mais humana, fundamentada na análise filosófica, resultando em uma sociedade melhor e mais feliz. É imenso o papel que os acadêmicos jurídicos, habilitados pelo Direito e Economia (em seu sentido mais amplo), podem desempenhar nessa melhoria. Vejo a ampliação e disseminação dessa área em todo o mundo e estou extremamente animado com as perspectivas de *Direito e da Economia* para todos.

Direito e Economia no Direito Civil – O Caso dos Tribunais Brasileiros[1]

Mariana Pargendler [2] *e Bruno Salama* [3]

1. Introdução

É difícil negar a influência do Direito e Economia na legislação dos EUA.[4] No entanto, em contraste com os numerosos exemplos do imperialismo

[1] Artigo a publicado em inglês na Tulane Law Review, vol. 90 (2015), sob o nome: "Law and Economics in the Civil Law World: The Case of Brazilian Courts"

[2] Doutora e Bacharel em Direito pela Universidade Federal do Rio Grande do Sul. Doutora (J.S.D.) e Mestre (LL.M.) em Direito pela Yale Law School. Professora da FGV DIREITO SP. Global Associate Professor of Law da New York University (NYU) School of Law. Professora Visitante da Stanford Law School (2014-2015).

[3] Doutor em direito (J.S.D.) pela Universidade da Califórnia em Berkeley. Mestre em direito (LL.M) pela Universidade da Califórnia em Berkeley. Bacharel em direito pela Universidade de São Paulo. Professor da FGV DIREITO SP. Professor Honorário da Universidade de San Martin de Porres em Lima, Peru. Advogado.

[4] Tanto os apoiadores quanto os detratores reconhecem amplamente a proeminência do Direito e Economia nos Estados Unidos. Ver, e.g., Robert Cooter & Thomas Ulen, Law and Economics 2 (Denise Clinton et al. eds., 5th ed. 2008) ("A Economia mudou a natureza dos estudos jurídicos, o entendimento comum de regras e instituições jurídicas, e até mesmo a prática do Direito."); Anthony T. Kronman, Dean, Yale Law Sch., Remarks at the Second Driker Forum for Excellence in the Law (Sept. 29, 1994), 42 Wayne L. Rev. 115, 160 (1995) ("[Direito e Economia] continua, e continua a ser a escola de jurisprudência mais influente

jurídico dos EUA durante o século XX[5] – culminando no que é muitas vezes referido como a "americanização do Direito"[6] no mundo – a difusão do Direito e Economia em outros lugares, aparentemente, avançou em um ritmo muito mais lento.[7] Tanto juristas comuns quanto civis repetidamente retratam as jurisdições do Direito Civil como a província do pensamento abstrato e doutrinador, sendo que os estudantes de Direito são instruídos desde cedo a pensar sobre o Direito exclusivamente em termos dos princípios gerais que o mesmo pressupõe, em vez de pensar sobre as consequências que o mesmo implica.[8]

Uma grande parte da literatura documenta a rejeição ao Direito e Economia no mundo do direito civil e oferece uma extensa lista de razões possíveis para esta aparente incompatibilidade.[9] O catálogo de possíveis culpados inclui a suposta singularidade da ideologia americana,[10] as "atitudes divergentes em relação à ciência jurídica" e a prática no mundo civil,[11] a falta de habilidade

---

no país."). A importância do Direito e Economia também foi documentada quantitativamente. Ver, e.g., William M. Landes & Richard A. Posner, The Influence of Economics on Law: A Quantitative Study, 36 J.L. & Econ. 385 (1993); Fred R. Shapiro, The Most-Cited Law Review Articles Revisited, 71 Chi.-Kent L. Rev. 751, 759-63 (1996).

[5] Ugo Mattei, Why the Wind Changed: Intellectual Leadership in Western Law, 42 Am. J. Comp. L. 195 (1994).

[6] A prestigiosa publicação francesa "Archives de philosophie du droit" dedicou inteiramente seu quadragésimo quinto volume a esse tema em 2001, em vista que de se trata de um fenômeno tão robusto. Ver 45 Archives de philosophie du droit (R. Sève et al. eds., 2001) (tradução dos autores).

[7] Ejan Mackaay, Law and Economics for Civil Law Systems 26 (2013) ("Na Europa continental, a recepção [do Direito e Economia] veio mais tarde, sem dúvida devido às diferenças de linguagem e sistema jurídico."). Para uma pesquisa anterior sobre a lentidão da difusão do Direito e Economia fora dos Estados Unidos, ver 1 Encyclopedia of Law and Economics 65 (Boudewijn Bouckaert & Gerrit De Geest eds., 2000).

[8] Ver John Henry Merryman & Rogelio Pérez-Perdomo, The Civil Law Tradition: An Introduction to the Legal Systems of Europe and Latin America 67 (3a ed. 2007).

[9] Nuno Garoupa, The Law and Economics of Legal Parochialism, 2011 U. Ill. L. Rev. 1517, 1519.

[10] Ver Catherine Valcke, The French Response to the World Bank's Doing Business Reports, 60 U. Toronto L.J. 197, 200 (2010).

[11] Ver Juan Javier del Granado & M.C. Mirow, The Future of the Economic Analysis of Law in Latin America: A Proposal for Model Codes, 83 Chi.-Kent L. Rev. 293, 293 (2008); Christian Kirchner, The Difficult Reception of Law and Economics in Germany, 11 Int'l Rev. L. & Econ. 277, 277-79 (1991) (descrevendo a recepção variada do Direito e da análise econômica na Alemanha).

matemática e econômica entre estudiosos do direito civil,[12] as barreiras linguísticas e a "inércia do ensino jurídico tradicional",[13] o poder comparativamente maior dos tribunais norte-americanos,[14] os diferentes incentivos enfrentados pelos professores de Direito,[15] o grau de protecionismo dentro da profissão jurídica,[16] concepções erradas sobre o método comparativo,[17] a influência do realismo jurídico,[18] outras diferenças culturais,[19] e até mesmo a dominação marxista nas faculdades de economia.[20] Embora os trabalhos existentes concentrem-se na resistência ao Direito e Economia por parte dos estudiosos do direito civil (em oposição aos juízes), a possível influência da Economia em tribunais civis tem sido negligenciada como ainda mais improvável. Mesmo que o progresso do conhecimento acadêmico sobre Direito e Economia em alguns países cíveis tenha sido reconhecido ocasionalmente,[21]

[12] Dennis W.K. Khong, On Training Law and Economics Scholarship in the Legal Academia, 1 Asian J.L. & Econ. 1 (2010).

[13] R. Cooter & J. Gordley, Economic Analysis in Civil Law Countries: Past, Present, Future, 11 Int'l Rev. L. & Econ. 261, 262 (1991).

[14] Richard A. Posner, The Future of the Law and Economics Movement in Europe, 17 Int'l Rev. L. & Econ. 3, 3 (1997).

[15] Nuno Garoupa & Thomas S. Ulen, The Market for Legal Innovation: Law and Economics in Europe and the United States, 59 Ala. L. Rev. 1555, 1568-1607 (2008); Oren Gazal-Ayal, Economic Analysis of Law in North America, Europe and Israel, 3 Rev. L. & Econ. 485, 486-87 (2007); J. Mark Ramseyer, Law and Economics in Japan, 2011 U. Ill. L. Rev. 1455, 1455.

[16] Garoupa, nota supra 6, p. 1517.

[17] Ver Ugo Mattei & Roberto Pardolesi, Law and Economics in Civil Law Countries: A Comparative Approach, 11 Int'l Rev. L. & Econ. 265, 266-70 (1991); ver também Roberto Pardolesi & Giuseppe Bellantuono, Law and Economics in Italy, in Encyclopedia of Law and Economics, nota supra 4, p. 244 ("Os obstáculos encontrados pela análise econômica do direito derivaram, sobretudo, de um equívoco tanto no método econômico quanto no comparativo.").

[18] Ver Garoupa & Ulen, nota supra 12, p. 1557-1610 (afirmando a hipótese de que o Direito e Economia é "atraente apenas para aqueles que experimentaram [...] o realismo jurídico"); Kristoffel Grechenig & Martin Gelter, The Transatlantic Divergence in Legal Thought: American Law and Economics vs. German Doctrinalism, 31 Hastings Int'l & Comp. L. Rev. 295 (2008) (descrevendo como a falta de realismo jurídico na Alemanha influenciou negativamente a receptividade ao Direito e Economia).

[19] Kenneth G. Dau-Schmidt & Carmen L. Brun, Essay, Lost in Translation: The Economic Analysis of Law in the United States and Europe, 44 Colum. J. Transnat'l L. 602, 616 (2006).

[20] Ramseyer, nota supra 12, p. 1456.

[21] Ver, e.g., Erich Schanze, What Is Law and Economics Today? A European View, in New Frontiers of Law and Economics 99, 107 (Peter Nobel ed., 2006) (afirmando que na Europa de língua alemã, "há centenas de dissertações [...] contendo os principais capítulos sobre

a sabedoria convencional ainda sustenta que a profissão jurídica em jurisdições cíveis é impermeável ao pensamento econômico.

Pelo menos no Brasil, no entanto, o isolamento assumido da prática jurídica em relação ao pensamento econômico é claramente equivocado. Embora o conhecimento acadêmico sobre Direito e Economia no Brasil esteja ganhando terreno rapidamente, o mesmo permanece reconhecidamente longe de ser dominante. Talvez surpreendentemente, a maioria das ações para a integração entre o pensamento econômico e jurídico não ocorreu dentro da torre de marfim, mas fora dela. À revelia até mesmo dos observadores mais instruídos,[22] as cortes brasileiras estão cada vez mais receptivas aos argumentos econômicos. Estas tomaram a iniciativa de empregar os conceitos econômicos para

Direito e Economia"); Carole M. Billiet, Formats for Law and Economics in Legal Scholarship: Views and Wishes from Europe, 2011 U. Ill. L. Rev. 1485, 1485-86 ("a produção europeia sobre Direito e Economia internacionalmente visível não dá a medida completa da sua produção global sobre Direito e Economia [...]"); Ben Depoorter & Jef Demot, The Cross-Atlantic Law and Economics Divide: A Dissent, 2011 U. Ill. L. Rev. 1593, 1593 ("O fosso entre os Estados Unidos e na Europa em relação ao desenvolvimento do Direito e Economia é bastante exagerado."); Hans-Bernd Schäfer, Law and Economics in Germany, Eur. Ass'n L. & Econ. (30 de maio de 2009), http://ealeorg.blogspot.com/2009/05/third-in-series-on-development--of-law.html ("Os autores escrevem em seu idioma nacional e publicam em periódicos nacionais sobre Direito.").

[22] Ver, e.g., Armando Castelar Pinheiro & Jairo Saddi, Direito, Economia e Mercados, em xxv (2006) ("O movimento de Direito e Economia, estabelecido nos Estados Unidos e na Europa, sempre sofreu grande resistência no Brasil, especialmente devido à falta de compreensão de alguns paradigmas e por ser visto como uma 'coisa de gringo', dado que se trata de um regime de direito comum, perpetuando o básico mas frequente erro de que apenas os países com este tipo de sistema legal poderia levar a cabo o Direito e Economia."; Decio Zylbersztajn & Rachel Sztajn, Direito & Economia, em vii (2005) ("O campo do Direito e Economia, cujo escopo foi ampliado para incluir o campo das Organizações, é pouco desenvolvido no Brasil. Exceto para o domínio da concorrência, outros tópicos [...] são em sua maioria ignorados."; Luciano Benetti Timm, Lições do Nobel de Economia para o direito, Valor Econômico (27 de novembro de 2009), http://www.valor.com/br/arquivo/796383/licoes-do-nobel-de-economia-para-o-direito ("É sabido que os nossos juristas [no Brasil], bem versados em latim e francês, solenemente se recusaram a adotar as sugestões provenientes do sistema jurídico anglo-americano ("direito comum"), bem como as teorias jurídicas e econômicas originárias no idioma inglês." (tradução dos autores); ver também Jose R. Rodriguez, The Persistence of Formalism: Towards a Situated Critique Beyond the Classic Separation of Powers, 3 L. & Dev. Rev. 39, 41 (2010) ("O formalismo persiste em todos os lugares, a despeito de 100 anos de teoria jurídica crítica [...] Embora este seja um fenômeno generalizado, ele parece ser especialmente acentuado no Brasil [...]").

iluminar a aplicação da lei e têm repetidamente demonstrado preocupação com os incentivos, análises de custo-benefício, e consequências agregadas de diferentes regimes jurídicos. Aqueles que menosprezam a resistência à análise econômica no Brasil talvez tenham estado simplesmente procurando nos lugares errados.

Além disso, argumentamos que o uso crescente do pensamento econômico por tribunais brasileiros não é produto da imitação cega de modismos estrangeiros. Ao invés disso, ele é o resultado de uma profunda transformação no caráter e funcionamento do sistema jurídico brasileiro – no sentido de que os tribunais estão cada vez mais empenhados na elaboração e implementação de políticas públicas essenciais. Em outras palavras, nossa hipótese é que, condicionada a níveis mínimos de alfabetização econômica, a intervenção judicial na formulação de políticas é a variável relevante para explicar o surgimento de análise econômica na prática do Direito.[23] Isto sugere que, ao contrário das suposições vigentes na literatura, a propagação do pensamento econômico na prática jurídico brasileira não é impulsionada por um empurrão pelo lado da oferta por acadêmicos, mas por uma atração pelo lado da demanda, motivada pelas mudanças na estrutura do Direito. Enquanto outros têm refletido sobre o novo papel para o Direito comum na "era dos estatutos",[24] abordamos as implicações do que chamamos de "Direito Civil na Era do Empoderamento

---

[23] Garoupa e Ulen associam a ascensão do Direito e Economia à ascensão do realismo jurídico como "um ceticismo formalista e uma preocupação com os efeitos reais do Direito sobre o comportamento visado." Garoupa & Ulen, nota supra 12, p. 1562. Para uma articulação anterior de um ponto similar, ver Edmund W. Kitch, The Intellectual Foundations of "Law and Economics," 33 J. Legal Educ. 184, 184 (1983) ("O Direito e Economia evoluiu a partir da agenda do realismo jurídico."). Contudo, ver Richard A. Posner, The Problems of Jurisprudence 441-42 (1990) ("A relação entre Direito e Economia e realismo jurídico [...] é equívoca [...] A análise econômica do direito se assemelha ao realismo jurídico, principalmente, ao afirmar que as regras e instituições jurídicas possuem explicações funcionais e sociais, e não apenas uma lógica interna dos juristas; neste aspecto, a mesma é profundamente antiformalista. No entanto, em sua ênfase na funcionalidade do Direito, o movimento do Direito e Economia está mais próximo do criador do realismo jurídico, Holmes, do que dos próprios realistas jurídicos com sua ênfase na melhorismo liberal."). Embora concordemos que a preocupação com os efeitos reais do Direito explicar o interesse crescente em Direito e Economia, não percebemos essa preocupação como sinônimo de uma rejeição completa do formalismo, mas sim como resultado da estrutura mutável do Direito. Ver infra Parte III.C.

[24] Ver Guido Calabresi, A Common Law for the Age of Statutes (1982).

Jurídico".[25] Deixamos para futuros trabalhos a tarefa de determinar a medida que a experiência brasileira é representativa da evolução em outras jurisdições de direito civil.

Esse artigo está organizado da seguinte maneira: A Parte II define o que queremos dizer pelo uso do pensamento econômico nos tribunais brasileiros. A Parte III delineia os fatores ideológicos, políticos e legais que estimulam a demanda jurídica por insights econômicos na decisão de disputas judiciais. A Parte IV documenta e analisa o uso do pensamento econômico em decisões judiciais paradigmáticas pelas instâncias superiores brasileiras. A Parte V conclui sugerindo as possíveis implicações desses desenvolvimentos para o ensino do Direito e a pesquisa acadêmica sobre jurisdições do direito civil.

2. O Pensamento Econômico nos Tribunais

Antes de prosseguir para fundamentar nossa afirmação de que os juízes brasileiros têm empregado cada vez mais o pensamento econômico em suas opiniões, devemos esclarecer o que entendemos pelo uso do raciocínio econômico pelos tribunais brasileiros. Para estes fins, é útil começar por esclarecer o que ele não é.

Em primeiro lugar, o uso do pensamento econômico no tribunal não deve ser confundido com o reconhecimento de que certos desenvolvimentos jurídicos são ao menos parcialmente influenciados pelas considerações de ordem econômica.[26] Essa deve ser uma proposição bastante controversa, mesmo em jurisdições cíveis. Há muito tempo proeminentes estudiosos do direito civil têm explicado a evolução das instituições jurídicas fundamentais e normas

---

[25] A tendência recente de uma autonomia judicial cada vez maior no mundo é bem documentada. Ver, e.g., Ran Hirschl, The Political Origins of the New Constitutionalism, 11 Ind. J. Global Legal Stud. 71, 71 (2004) ("Em inúmeros países e em diversas entidades supranacionais, a reforma constitucional fundamental transferiu uma quantidade sem precedentes de poder das instituições representativas para as magistraturas.").

[26] 1 Max Weber, Economy and Society 654-55, 883 (Guenther Roth & Clauss Wittich eds., Ephraim Fischoff et al., trad. 1978). "Portanto, pode-se dizer que os fatores econômicos tiveram apenas influência indireta." Id. p. 654-55. "As condições econômicas [...] em todos os lugares desempenharam um papel importante, mas em nenhum deles essas foram decisivas por si mesmas." Id. p. 883.

como respostas práticas para mudanças nas necessidades econômicas.[27] Também não é segredo que uma série de normas legais (tais como as restrições legais à autocontratação e autonegociação de direito civil e empresarial do Brasil, entre muitas outras) baseia-se implicitamente na presunção comportamental que os indivíduos agem como maximizadores autointeressados de sua própria utilidade (i.e., como um *homo economicus*) – uma propensão que pode, por vezes, entrar em conflito com os objetivos da sociedade. Além disso, conceitos econômicos tais como monopólio, mercados e concorrência são conhecidos por serem partes integrantes da lei antitruste.[28]

Ainda assim, o simples fato de uma norma legal ser inspirada por considerações de ordem econômica não implica necessariamente o uso do pensamento econômico pelos tribunais. Quando um juiz aplica o Código Civil Brasileiro para anular um contrato não autorizado de vendas celebrado entre um advogado (que representa o principal) e o mesmo advogado (agindo por si mesmo), o pensamento econômico provavelmente irá estar ausente de sua decisão[29] – e assim adequadamente. Na maioria dos casos em que as considerações econômicas estejam incorporadas às normas legais, os princípios habituais de raciocínio jurídico e interpretação ainda serão suficientes em sua aplicação.

Em segundo lugar, também é importante distinguir o uso do pensamento econômico pelos tribunais brasileiros a partir das aspirações originais do movimento de Direito e Economia da linhagem norte-americana.[30] Como

---

[27] Ver, e.g., Tullio Ascarelli, Panorama do Direito Comercial 22 (1947) (explicando o surgimento de um corpo separado de direito comercial em termos da inadequação do direito romano-canônico às exigências econômicas de um sistema capitalista).

[28] Ver Posner, nota supra 11, p. 4 (atribuindo o desenvolvimento do campo de Direito e Economia nos Estados Unidos, em grande parte ao "curioso fascínio americano pelo monopólio"). O próprio campo da lei antitruste, no entanto, era comparativamente atrasado em jurisdições cíveis.

[29] Código Civil [C.C.] art. 117 (Brasil) ("Salvo se o permitir a lei ou o representado, é anulável o negócio jurídico que o representante, no seu interesse ou por conta de outrem, celebrar consigo mesmo."). A justificativa econômica para tal disposição é simples: A suposição subjacente é que um advogado autointeressado favoreceria seus próprios interesses sobre os do principal; como resultado, a lei oferece como regra padrão o regime que as partes teriam presumivelmente desejado — aquela que proíbe o advogado de atuar em uma transação em conflito.

[30] Enfatiza-se que isso não sugere que o uso do pensamento econômico nos tribunais como descrevemos aqui não existe nos Estados Unidos. O mesmo certamente existe, tendo de fato

ESTUDOS SOBRE NEGÓCIOS E CONTRATOS

Richard Posner afirma, "a análise econômica pode iluminar, revelar como coerente e em certos aspectos melhorar [o Direito]".[31] Essas são ambições acadêmicas de caráter tanto descritivo como normativo – a ideia central é que a economia pode ser usada tanto para explicar a lógica subjacente do Direito quanto para avaliar se o regime jurídico em vigor é desejável do ponto de vista do custo-benefício. Assim, tal projeto tem sido amplamente criticado como algo que subordina ou subsume o Direito à economia.[32]

Por outro lado, o uso do pensamento econômico pelos tribunais brasileiros é a apropriação de princípios-chave e lições de Economia (especialmente microeconomia) como instrumentos para a aplicação de normas ou princípios legais.[33] Os insights econômicos iluminam a interpretação jurídica não só quando a lei implica conceitos econômicos (como é frequentemente o caso nos campos de Direito antitruste e monetário), mas também quando as normas ou princípios legais em questão pedem por uma **previsão** das consequências prováveis de certos regimes ou eventos legais. Assim, a Economia está a serviço do Direito, e não o contrário. Neste contexto, o uso da Economia

precedido o movimento de Direito e Economia. Ver, e.g., United States v. Carroll Towing Co., 159 F.2d 169, 173 (2d Cir. 1947) (explicando a famosa fórmula do Juiz Learned Hand que utiliza considerações sobre custos para estabelecer a negligência); ver também Paul H. Rubin, Business Firms and the Common Law: The Evolution of Efficient Rules (1983) (analisando o uso da Economia pelos juízes de Direito comum). Desde o início do movimento de Direito e Economia, o uso de argumentos econômicos no tribunal floresceu, dando forma ao desenvolvimento de diversas áreas do direito de modo decisivo. Veja, e.g., Landes & Posner, nota supra 1, p. 386 ("A marca da Economia é forte no cálculo de danos em delitos civis, contratos, garantias e outros tipos de casos e até mesmo na compensação monetária em casos de divórcio [...] Os juízes estão cada vez mais receptivos aos argumentos econômicos [...]"); Roberta Romano, After the Revolution in Corporate Law, 55 J. Legal Educ. 342 (2005) (descrevendo o impacto das finanças e teoria econômica sobre o desenvolvimento do direito societário e títulos nos EUA).

[31] Richard A. Posner, Economic Analysis of Law, em xix (6a ed. 2003).

[32] Veja, e.g., Kronman, nota supra 1, p. 161 (denunciando o "instinto imperial embutido" no Direito e Economia, em que "[o] caso está lá para servir a teoria, e não o contrário").

[33] Essa é uma definição mais ampla da prática de Direito e Economia do que aquela normalmente empregada pelos estudiosos que investigam a recepção de Direito e Economia fora dos Estados Unidos. Por exemplo, em um artigo amplamente citado, Garoupa e Ulen consideram Direito e Economia como a aplicação da Economia a áreas pouco óbvias do Direito. Garoupa & Ulen, nota supra 12, p. 1567 ("Para nossos propósitos, adotamos uma definição sugerida para nós informalmente pelo professor Louis Kaplow: 'Direito e Economia' é a aplicação da análise econômica a qualquer área do Direito, exceto àquelas áreas onde sua aplicação seria óbvia.").

46

para prever as consequências concretas de normas legais (Direito positivo e Economia) importa, mas considerações de eficiência (Direito normativo e Economia) carregam comparativamente pouco peso.[34]

Para uma simples ilustração, consideremos a regra bem estabelecida de que a vítima de um ato ilícito tem o direito de recuperar os lucros perdidos (*lucrum cessans*).[35] A norma exige que os danos monetários sejam reparados de modo a colocar o lesado na posição que teria sido, não fosse pelo ato ilícito.[36] A aplicação concreta dessa norma exige, portanto, uma previsão do que os lucros da vítima teriam sido caso o ato ilícito não tivesse sido cometido.[37] E ainda assim a lei não prevê nenhuma teoria do comportamento humano que possa servir de base a tal previsão. Seja considerado como uma ciência, uma arte ou uma prática social, o pensamento jurídico é essencialmente normativo: ele fala sobre o que deveria ser, mas tem relativamente pouco a dizer sobre como o mundo social funciona, algo que é precisamente a alçada da Economia, bem como de outras ciências sociais.

No Recurso Especial 771.787, a questão perante o **Superior Tribunal de Justiça do Brasil** (STJ)[38] era se a imposição do governo sobre os preços máximos dos derivados de cana-de-açúcar abaixo do custo real de produção era ilegal e, em caso afirmativo, qual deveria ser a medida adequada de danos a pagar aos produtores lesados.[39] Ao abordar estas questões, o Ministro Herman Benjamin, em sua opinião divergente, se baseou diretamente em lições econômicas.[40] Especificamente, a opinião rejeitou o valor da indenização pedida pelos autores, que foi calculada apenas com base na diferença entre o preço

---

[34] A respeito desse tema, ver Mattei & Pardolesi, nota supra 14, p. 274 (prevendo, corretamente, que a eficiência alocativa não seria necessariamente a "estrela polar" da prática e do estudo do Direito e Economia na tradição do direito civil).

[35] 6 Ronald J. Scalise Jr., Louisiana Civil Law Treatise, Law of Obligations § 4.5 (2a ed. 2014).

[36] Para sua formulação atual segundo a lei brasileira, consulte os artigos 402, 403 e 927 do Código Civil Brasileiro. C.C. artigos 402-403, 927 (Brasil).

[37] John Y. Gotanda, Recovering Lost Profits in International Disputes, 36 Geo. J. Int'l. L. 61, 62 (2004).

[38] S.T.J., Resp. No. 771.787, Relator: Ministro João Otávio de Noronha, 15.04.2008 (Brasil). O STJ é o tribunal brasileiro de última instância sobre a interpretação da lei federal que não o Direito constitucional. A lei federal, por sua vez, corresponde à maior parte do sistema jurídico no Brasil.

[39] Id.

[40] Id. (Benjamin, J., ao divergir).

do teto imposto pelo governo e o preço que teria sido caso este tivesse sido devidamente fixado de acordo com os custos reais de produção.[41]

Citando lições elementares de um livro português de Direito e Economia sobre conceito de elasticidade da demanda, o Ministro concluiu que a fórmula proposta provavelmente superestimava a quantidade de danos, porque o preço artificialmente baixo provavelmente aumentou a quantidade de produto vendido.[42] Como o próprio Ministrou destacou, a utilização de insights econômicos foi fundamental para a aplicação da lei.[43] Em suas palavras, embora sua análise "tenha recorrido a instrumentos econômicos e conceitos em seu esforço interpretativo", a mesma era "puramente jurídica" em essência.[44]

Esse exemplo simples, quase trivial, é, no entanto, a ilustração de uma tendência mais ampla.[45] Neste caso, como em outros, o uso da Economia substitui explicitamente formas mais intuitivas de raciocínio ou "regras de ouro". Um importante – e como argumentamos, crescente – número de normas legais no Brasil exige que juízes reflitam sobre as consequências factuais prováveis de diferentes eventos ou regimes jurídicos. Embora a tendência seja impulsionada, em parte, pelos avanços na teoria econômica vis-à-vis ao passado distante (como é o caso na aplicação mais matizada do conceito jurídico antigo de lucros cessantes), ela foi significativamente reforçada por uma transformação na estrutura subjacente do sistema legal, à qual nos voltamos agora.

---

[41] Id.

[42] Id. (citando Vasco Rodrigues, Análise Econômica do Direito 24 (2007)).

[43] S.T.J., Resp. No. 771.787, Relator: Ministro João Otávio de Noronha, 15.04.2008 (Brasil).

[44] Id. (tradução dos autores).

[45] As tendências que identificamos ao longo do artigo referem-se ao maior grau de envolvimento judicial na elaboração de políticas e, portanto, uma maior demanda por ferramentas (incluindo as proporcionadas pela economia) para auxiliar na previsão das consequências concretas de diferentes regimes jurídicos. Não há dúvida de que o envolvimento dos tribunais em políticas públicas, bem como o recurso a modos teleológicos de interpretação, possui uma longa linhagem histórica.

3. A Ascensão do Pensamento Econômico em Decisões Judiciais – As Motivações

Alguém poderia se sentir tentado a ver o uso mais amplo do raciocínio econômico num país da América Latina como o transplante artificial de modismos acadêmicos estrangeiros que corromperam a coesão e a pureza da tradição do Direito civil. Sugerimos que tal suposição é injustificada porque coloca muito peso sobre o papel das elites intelectuais, enquanto falha em capturar as forças sociais e jurídicas mais amplas em jogo. Nossa hipótese básica é que a lei brasileira contemporânea – um exemplar típico de uma jurisdição de direito civil[46] – é particularmente propícia ao raciocínio econômico devido a fatores (1) ideológico, (2) políticos, e (3) jurídicos relacionados e que se reforçam mutuamente, para os quais nos voltamos agora.[47]

A. O Fator Ideológico: A Ascensão do Progressivismo

O primeiro fator que impulsiona a demanda crescente pelo raciocínio econômico é a ascensão da ideologia progressista como a base intelectual do Estado brasileiro moderno. O progressivismo – vagamente entendido aqui como a antítese do conservadorismo[48] – é a ideologia do progresso e do desenvolvimento, que se baseia em uma forte crença na capacidade humana de alterar deliberadamente a realidade e melhorar a condição humana. No Brasil,

---

[46] O Brasil é consistentemente classificado como uma jurisdição de direito civil sujeita a forte influência francesa. Ver Mariana Pargendler, Politics in the Origins: The Making of Corporate Law in Nineteenth-Century Brazil, 60 Am. J. Comp. L. 805, 810 (2012). No entanto, como um de nós defendeu anteriormente, a legislação brasileira há muito incorporou influências do direito civil e também do comum em suas origens. Ver id.; ver também Mariana Pargendler, The Rise and Decline of Legal Families, 60 Am. J. Comp. L. 1043 (2012) (descrevendo a evolução histórica e a contingência de classificações de Direito de família).

[47] Nós desenvolvemos uma versão anterior deste argumento em Mariana Pargendler & Bruno Meyerhof Salama, Direito e Consequência no Brasil: Em Busca de um Discurso sobre o Método, 262 Revista de Direito Administrativo 95 (2013).

[48] Para os fins presentes, o termo conservadorismo pode ser entendido como uma ideologia posicional contra o desmantelamento das instituições existentes (em vez de uma ideacional, que oferece visões específicas sobre como a sociedade deve ser organizada). Ver geralmente Samuel P. Huntington, Conservatism as an Ideology, 51 Am. Pol. Sci. Rev. 454, 455-57 (1957) (discutindo as características da ideologia conservadora).

a ascensão ao poder do presidente Getúlio Vargas no início de 1930 marcou o triunfo do progressivismo como a ideologia de Estado dominante, aquela que recorre ao "uso instrumental da lei" como uma ferramenta para a "engenharia social".[49] Enquanto o conservadorismo normalmente pressupõe a sabedoria incorporada em normas e instituições existentes, a ideologia progressista constantemente a coloca à prova.

O Estado que abraça a missão de ordenar e aperfeiçoar a sociedade ativamente – em suma, o Estado progressista – é a encarnação institucional da ideologia progressista. A Constituição Brasileira de 1988 está longe de ser tímida quanto a suas ambições progressistas. O Artigo 3 articula explicitamente que "garantir o desenvolvimento nacional", "eliminar a pobreza e a marginalização e reduzir as desigualdades sociais e regionais", bem como "promover o bem-estar de todos" são "objetivos fundamentais da República Federativa do Brasil".[50]

O Estado progressista do Brasil é significativamente envolvido na busca de uma série de objetivos concretos ou políticas públicas – sejam estes a eliminação do analfabetismo, a redução da poluição, a promoção da industrialização, ou a luta contra a violência doméstica. A formulação e a implementação de políticas públicas, por sua vez, requerem a adaptação dos instrumentos jurídicos e soluções para atingir fins normativos concretos. Para realizar essa tarefa, as técnicas tradicionais de raciocínio jurídico – com base em gramática, história, lógica e coerência interna – não são mais suficientes. Uma vez que os **objetivos** legais são estipulados, o debate jurídico se volta à questão sobre os meios apropriados para promover tais objetivos.[51]

A controvérsia jurídica envolvendo a Lei 11.340 de 2006 ("Lei Maria da Penha"), um estatuto projetado para criar "mecanismos para deter a violência doméstica e familiar contra a mulher", é ilustrativo da utilização do trabalho de ciências sociais para avaliar a eficácia de certos meios legais para alcançar os fins desejados.[52] O principal debate jurídico em torno do estatuto não residia

---

[49] Ver José Reinaldo de Lima Lopes, Raciocínio Jurídico e Economia, 8 Revista de Direito Público da Economia 149 (2004).

[50] Constituição Federal [C.F.] art. 3 (Brasil).

[51] Ver Richard A. Epstein, Positive and Normative Elements in Legal Education, 8 Harv. J.L. & Pub. Pol'y 255, 257-58 (1985).

[52] Lei No. 11.340, de 7 de Agosto de 2006, Diário Oficial da União [D.O.U.] de 07/08/2006 (Brasil).

na legitimidade de seus objetivos (que eram bastante incontroversos[53]), mas em saber se os mecanismos previstos pelo estatuto foram consistentes com tais objetivos. Assim sendo, o **Supremo Tribunal Federal** (STF) precisava determinar a constitucionalidade da disposição legal que condicionou o processo criminal de infratores à "representação" (o pedido) da vítima.[54]

Em uma decisão dividida, o Tribunal decidiu conceder em última instância uma interpretação "de acordo com a Constituição", permitindo o processo criminal dos infratores não obstante a ausência de representação por parte da vítima.[55] A maioria do tribunal considerou a bem conhecida relutância das vítimas de violência doméstica em arquivar representações contra seus cônjuges, conforme documentado em estudos sociológicos apresentados ao tribunal, e concluiu que a imposição de tal requisito efetivamente "eliminaria a proteção" conferida às mulheres nos termos da Constituição,[56] tornando-a particularmente inepta para alcançar o objetivo desejado de reduzir a violência doméstica.[57] Significativamente, o desacordo expresso pelo Ministro Cezar Peluso em seu dissenso foi articulado pelo menos parcialmente nas **consequências factuais concretas** presumidas de se obrigar ou dispensar a representação da vítima — o tipo de inferência típica das ciências sociais como a Economia, mas que é estranha ao modo dedutivo de raciocínio legal que alegadamente caracteriza a tradição civil.[58] A teoria comportamental – tal como oferecida pela economia e outras ciências sociais – sobre como os atores respondem a diferentes normas e políticas é, portanto, extremamente necessária.

---

[53] As exceções confirmam a regra. Um juiz de primeira instância que declarou a lei inconstitucional por privar os homens de seus meios regulares de controle das mulheres – argumentando que "o mundo é, e deve continuar a ser, masculino" – foi sancionado pelo órgão de supervisão judicial do Brasil (Conselho Nacional de Justiça—CNJ). S.T.F., MS 30.320, Relator: Ministro Marco Aurélio, 20/02/2011 (Brasil). A sentença foi posteriormente revertida pelo STF. Id.

[54] Id. (tradução dos autores).

[55] Id. (tradução dos autores).

[56] S.T.F., ADI No. 4.424, Relator: Ministro Marco Aurélio, 09/02/2012 (Brasil).

[57] Id.

[58] Id. (Peluso, J., ao divergir). Visivelmente, o parecer divergente do Ministro Peluso se referia especificamente a "estudos de diversas entidades da sociedade civil e também do Instituto de Pesquisa Econômica Aplicada (IPEA)" e também "a vários elementos trazidos por pessoas das áreas de sociologia e relações humanas", incluindo "audiências públicas que apresentaram dados justificando a concepção [relevante] da ação penal". Id. (tradução dos autores).

Retratar o progressivismo como um propulsor de Direito e Economia pode soar paradoxal, especialmente para o público americano.[59] O movimento de Direito e Economia que floresceu nos Estados Unidos na década de 1960 baseava-se em uma agenda *laissez faire* que ainda é rotineiramente rotulada como "conservadora".[60] No contexto jurídico brasileiro, no entanto, o aumento do progressivismo tem gradualmente minado o forte formalismo jurídico que concebeu categorias jurídicas como derivadas exclusivamente da história, da lógica ou da razão.[61] O avanço da ideologia progressista no Brasil abriu espaço para o tipo de raciocínio baseado em políticas que tão distintamente caracteriza a legislação dos EUA nos dias de hoje e que muitas vezes é considerado um catalisador de abordagens prospectivas no âmbito do Direito.

B. O Fator Político: A Ascensão do Judiciário

A crescente demanda por advogados e juízes por teorias do comportamento humano e interação social se deve não apenas à busca generalizada de políticas públicas por parte do Estado progressista brasileiro, mas também e, sobretudo, pelo papel cada vez maior dos tribunais na formulação

---

[59] Ver Herbert Hovenkamp, Knowledge About Welfare: Legal Realism and the Separation of Law and Economics, 84 Minn. L. Rev. 805, 810 (2000) ("O pensamento jurídico progressista aproximadamente durante o período entre 1925 e 1960 [nos Estados Unidos] é caracterizado por uma separação sem precedentes entre Direito e Economia."); ver também Herbert Hovenkamp, The Mind and Heart of Progressive Legal Thought, 81 Iowa L. Rev. 149 (1995).

[60] Ver, e.g., Steven M. Teles, The Rise of the Conservative Legal Movement: The Battle for Control of the Law 90-134 (Ira Katznelson et al. eds., 2008); ver também Richard A. Posner, Law, Pragmatism, and Democracy 280 (2003) (argumentando que a posição de Friedrich Hayek, ao exigir que os juízes apliquem o hábito sem levar em conta as consequências, é, portanto, contrária à análise econômica). Contudo, veja Pierre Schlag, An Appreciative Comment on Coase's The Problem of Social Cost: A View from the Left, 1986 Wis. L. Rev. 919, 919 ("Os insights de Coase podem render algumas implicações de esquerda para a compreensão da lei e de sua relação com a Economia."); Pierre Schlag, Four Conceptualizations of the Relations of Law to Economics (Tribulations of a Positivist Social Science), 33 Cardozo L. Rev. 2357 (2012) (comparando as abordagens de Frank Knight, Ronald Coase, Richard Posner, e Cass Sunstein).

[61] Merryman & Pérez-Perdomo, nota supra 5, p. 91 ("Enquanto juristas comuns tendem a pensar sobre a divisão da lei como algo convencional, ou seja, como o produto de uma mistura da história, conveniência e hábito, a influência de estudiosos e, particularmente, da ciência jurídica, levou advogados civis a tratar a questão da divisão da lei em termos mais normativos [...] Definições e categorias são pensadas para ser cientificamente produzidas a partir da realidade jurídica objetiva.").

DIREITO E ECONOMIA NO DIREITO CIVIL – O CASO DOS TRIBUNAIS BRASILEIROS

e implementação de tais políticas. Desde 1988, o Judiciário deslocou-se da periferia para o centro do poder político no Brasil.[62] No seguimento da re-democratização, o Supremo Tribunal Federal assumiu o papel de árbitro de grandes conflitos institucionais e políticos do país, função anteriormente exercida pelas forças armadas. Oscar Vilhena Vieira apropriadamente denominou o regime atual do país como uma "supremocracia".[63]

A tendência mundial em direção à expansão do poder judiciário assumiu uma configuração particularmente extrema no Brasil. Os caminhos para a revisão judicial da legislação, sem dúvida o principal mecanismo de interferência dos tribunais na formulação de políticas, são excepcionalmente amplos. Considerando que a grande maioria das jurisdições adota modos concentrados ou difusos de revisão judicial (ou seja, quando não falham em reconhecer a revisão judicial *ex post* como um todo),[64] a legislação brasileira contempla ambas as formas de desafios constitucionais à legislação.[65] Esse sistema híbrido, combinado a uma constituição longa, detalhada e ambiciosa,[66] cria uma enorme margem de manobra para o protagonismo judiciário.

Essa nova proeminência do Poder Judiciário na elaboração de políticas públicas desencadeou inovações relacionadas ao desenho institucional. A lei 9.868 de 1999, que regulamenta o procedimento para a revisão judicial concentrada, inova ao permitir que o STF convoque **audiências públicas** para "os testemunhos de pessoas com experiência e conhecimento sobre o assunto".[67]

---

[62] Ver Matthew M. Taylor, Judging Policy: Courts and Policy Reform in Democratic Brazil 161-63 (2008); Marcos Paulo Verissimo, A Constituição de 1988, Vinte Anos Depois: Suprema Corte e Ativismo Judicial "à Brasileira," 4 Revista Direito GV 407 (2008) (afirmando que a Constituição de 1988 "transformou [o Supremo Tribunal Federal] em um dos principais os atores políticos do país").

[63] Oscar Vilhena Vieira, Supremocracia, 4 Revista Direito GV 441 (2008).

[64] Tom Ginsburg, Judicial Review in New Democracies 7-8 (2003).

[65] Para uma visão geral em inglês, ver, por exemplo, Maria Angela Jardim de Santa Cruz Oliveira, Reforming the Brazilian Supreme Federal Court: A Comparative Approach, 5 Wash. U. Global Stud. L. Rev. 99 (2006); Keith S. Rosenn, Judicial Review in Brazil: Developments Under the 1988 Constitution, 7 Sw. J.L. & Trade Am. 291 (2000).

[66] Carlos Portugal Gouvêa, The Managerial Constitution: The Convergence of Constitutional and Corporate Governance Models, SSRN (July 2, 2013), (manuscrito inédito), http://ssrn.com/abstract=2288315.

[67] Lei No. 9.868, de 10 de Novembro de 1999, Diário Oficial da União [D.O.U.] de 11/11/1999 (Brasil).

Ao admitir audiências públicas perante o tribunal, o estatuto tanto sublinha quanto reforça o papel do Tribunal na formulação das políticas públicas.

Esta função é de fato mais explícita. Rompendo com a clássica separação entre poderes[68] e as concepções arquetípicas sobre o papel dos tribunais em jurisdições de Direito civil,[69] o STF atualmente está habilitado constitucionalmente tanto a emitir **súmulas vinculantes** que devem ser seguidas pelos tribunais inferiores e demais poderes e a escolher seus casos com base no que considera ser sua "repercussão geral".[70] A lei 11.418 de 2006 define "repercussão geral" como as "questões relevantes a partir de pontos de vista **econômicos**, políticos, sociais e jurídicos que transcendem os interesses subjetivos do caso".[71] Não deve constituir qualquer surpresa o fato de que depois de ter sido solicitado explicitamente pela legislatura a fatorar considerações econômicas em suas decisões, o STF tenha acatado o pedido.

Na verdade, o STF tem expressamente afirmado que a correção de um "erro de previsão pelo legislador" é motivo legítimo para uma revisão judicial.[72] Mas, novamente, o tema das previsões está fora do âmbito da função essencialmente normativa da lei. Para cumprir tal tarefa, os juízes enfrentam uma escolha entre recorrer ao senso comum ou à experiência pessoal acerca

---

[68] Ver Bruce Ackerman, The New Separation of Powers, 113 Harv. L. Rev. 633 (2000) (discutindo se uma separação de poderes ao estilo americano é um modelo adequado para os países de direito civil).

[69] Rodriguez, nota supra 19, p. 52 ("O juiz [civil] subsume [fatos às disposições legais] porque a discussão política supostamente deve ter sido resolvida no Parlamento: a sociedade já decidiu sobre as suas diferenças e adotou uma regra de conduta – a lei geral e abstrata – que servirá como referência para a resolução de eventuais conflitos sobre esse assunto em particular.").

[70] C.P.C. art. 543-A, §§ 3, 7 (Brasil) (efetivado em Março de 2016). Os artigos 976-985 do recém aprovado Código Brasileiro de Processo Civil, criam o incidente de resolução de demandas repetitivas, que visa proporcionar uma solução uniforme sempre que uma mesma questão jurídica surgir em processos judiciais distintos. As decisões em tais incidentes são obrigatórias para todos os casos futuros. Curiosamente, o novo Código também permite expressamente a participação de *amici curiae* e lhes permite recorrer das decisões que envolvem processos repetitivos. Id. art. 138.

[71] Lei No. 11.418, art. 2, de 19 de Dezembro de 2006, Diário Oficial da União [D.O.U.] de 20/12/2006 (introduzindo o artigo 543-A ao Código de Processo Civil) (grifo dos autores); C.P.C. art. 1.035, § 1 (Brasil) (2015) (efetivado em Março de 2016).

[72] S.T.F., ADI No. 1.194-4, Relatora: Ministra Carmen Lúcia, 20/05/2009 (Brasil).

C. O Fator Jurídico: A Estrutura Mutável do Direito

Finalmente, o papel maior do Judiciário na formulação de políticas não opera em um vácuo legal. Ao contrário, opera sob um sistema que se propõe a defender o Estado de Direito, as mudanças na estrutural das normas legais acompanhou o crescimento do poder Judiciário.[74] Tais mudanças, por sua vez, criam uma demanda crescente pelo raciocínio econômico de duas maneiras: ao incorporar diretamente as consequências econômicas ao conteúdo das normas legais e ao tornar a aplicação de um determinado regime legal condicional quanto à conveniência de suas consequências.

Em sua forma canônica, uma disposição legal contém uma descrição de um fato (passado) e de suas consequências jurídicas. O artigo 121 do Código Penal do Brasil oferece um exemplo representativo: "Matar alguém. Pena: reclusão de seis a vinte anos".[75] O pensamento econômico pode ser útil para determinar se tal regra é desejável **antes** de sua promulgação pela legislatura, mas este essencialmente não desempenha papel algum em sua adjudicação concreta. As principais tarefas perante o decisor são interpretativas e probatórias em essência: circunscrever o significado do texto da lei (ou seja: Qual é o significado de **matar**? Qual é o significado de **alguém**?) e determinar se o **fato** descrito em sua forma abstrata materializou-se de fato (recorrendo a procedimentos comprobatórios padrão). Embora as regras legais que aderem a uma estrutura deste tipo continuem a existir e, de fato, devam continuar a

---

[73] Id. (afirmando a conclusão do Ministro Mendes de que a exigência de avaliação de docu mentos constitucionais de uma pessoa jurídica por um advogado não diminuiu o número de erros, que, em sua opinião, tornaram tal ordem inconstitucional).

[74] Para um reconhecimento precoce destas alterações, ver Weber, nota supra 23, p. 882-89 (analisando as tendências anti formalistas do desenvolvimento jurídico moderno); ver também Merryman & Pérez-Perdomo, nota supra 5, p. 94-98 (estabelecendo diversas razões para a "crise" na distinção crucial dentro do direito civil entre direito público e privado).

[75] Embora o leque estatutário de seis a vinte anos pareça conferir aos tribunais liberdade excessiva, o Código Penal especifica diversas circunstâncias agravantes e atenuantes que servem como diretrizes condenatórias. Código Penal [C.P.] art. 121 (Brasil).

existir, um número crescente de comandos legais segue um modelo diferente, que é muito mais propício ao pensamento econômico.

Em primeiro lugar, há uma maior incidência de disposições legais que prescrevem sanções que, em vez de se aplicarem invariavelmente a fatos passados, poderão ser aplicadas ou não, dependendo das **consequências** esperadas dos fatos. Esta última técnica tornou-se a marca registrada da lei antitruste moderna, que se originou nos Estados Unidos e em seguida se espalhou rapidamente para outras jurisdições, inclusive no Brasil. Em substituição às chamadas regras *per se* (que seguiam a estrutura clássica de disposição legal de atribuição de sanções a certas descrições factuais predeterminadas), virtualmente toda conduta que receba escrutínio do Direito da concorrência está agora sujeita ao que é conhecido nos Estados Unidos como "a regra da razão" padrão e na Europa pela denominação mais eloquente de "análise baseada em efeitos".[76]

A recente mudança no tratamento legal da prática comercial de "manutenção do preço de revenda" mínimo em acordos de distribuição nos Estados Unidos ilustra este ponto. Embora a prática costumasse ser ilegal em todas as circunstâncias, a mesma está agora sujeita à regra da razão, o que significa que a restrição será permitida ou proibida em uma análise de caso específico para decidir se seus efeitos prováveis são pró ou anticompetitivos.[77] A análise econômica torna-se, portanto, essencial para a aplicação de tais regras, pois os métodos legais tradicionais de interpretação são de pouca ajuda em determinar os efeitos reais de mercado de uma conduta em questão.

Em segundo lugar, os contornos e os métodos para a aplicação dos princípios legais também os afastam de uma disposição legal canônica. É um fato bem conhecido que os princípios legais, em oposição às disposições legais, têm se tornado cada vez mais influente na adjudicação de disputas judiciais no Brasil e em outros lugares.[78] Mas as normas legais e os princípios jurídicos pos-

---

[76] Ver Damien Geradin & Caio Mario da Silva Pereira Neto, For a Rigorous "Effects-Based" Analysis of Vertical Restraints Adopted by Dominant Firms: A Comparison of EU and Brazilian Competition Law, 9 Competition Pol'y Int'l 1 (2013) (comparando a análise das restrições verticais baseada em efeitos na UE e no Brasil).

[77] Leegin Creative Leather Prods., Inc. v. PSKS, Inc., 551 U.S. 877 (2007) (anulando o precedente de longa data do Dr. Miles Med. Co. v. John D. Park & Sons Co., 220 U.S. 373 (1911), segundo o qual as restrições de preços mínimos verticais eram ilegais per se).

[78] Alec Stone Sweet & Jud Mathews, Proportionality Balancing and Global Constitutionalism, 47 Colum. J. Transnat'l L. 72 (2008); David S. Law, Generic Constitutional Law, 89 Minn.

suem uma estrutura marcadamente diferente. Embora as disposições legais sejam normas que "imediatamente descrevem comportamentos", os princípios jurídicos são normas que "estabelecem uma situação ideal (ou seja, um objetivo), cuja realização implica a adoção de determinados comportamentos".[79] Sob a definição influente de Robert Alexy, os princípios jurídicos são "requisitos de otimização", isto é, as normas que orientam a realização de um valor ou objetivo "na maior medida possível, dadas as limitações legais e factuais".[80]

Seguindo a tradição alemã, o critério mais popular para decidir conflitos entre os princípios jurídicos no Brasil é a "proporcionalidade".[81] A aplicação do critério de proporcionalidade, por sua vez, incorpora à tomada de decisões jurídicas elementos tradicionalmente vistos como "não jurídicos", pois dizem respeito às possíveis consequências concretas de diferentes regimes. Em sua formulação convencional, a proporcionalidade exige que o tomador de decisão examine diferentes dimensões do regime em questão: (1) sua **adequação** (o meio promove o fim?), (2) sua **necessidade** (há outros meios disponíveis igualmente aptos que sejam menos restritivos?), e (3) sua **proporcionalidade em sentido restrito** (as vantagens de se promover o fim superam as desvantagens causadas pela adoção dos meios em questão?).[82] Em um número significativo de casos, responder às questões colocadas pelo critério de proporcionalidade exige um estilo de raciocínio fundamentalmente diferente do esforço dedutivo que, historicamente, distingue os método civis de "silogismo" ou

---

L. Rev. 652, 687-98 (2005); Humberto Ávila, Teoria dos Princípios 15-16 (4a ed. 2005); ver também Moshe Cohen-Eliya & Iddo Porat, Proportionality and the Culture of Justification, 59 Am. J. Comp. L. 463, 463 (2011) (relacionando o aumento do uso de testes de proporcionalidade em todo o mundo como uma "mudança de cultura de autoridade para uma cultura de justificação").

[79] 1 Pontes de Miranda, Pessoas Físicas e Jurídicas 9, 80 (2012) (nota incluída pelos revisores Judith Martins Costa et al.).

[80] Robert Alexy, A Theory of Constitutional Rights 44-61 (Julian Rivers trans., Oxford Univ. Press 2002) (1986).

[81] Bernhard Schlink, Proportionality in Constitutional Law: Why Everywhere but Here?, 22 Duke J. Comp. & Int'l L. 291, 296 (2012) ("No direito constitucional comparado, o princípio da proporcionalidade é frequentemente rastreado até origens alemãs [...] Mas não há nada inerentemente alemão sobre as raízes do princípio da proporcionalidade [...] O mesmo é uma resposta a um problema jurídico universal.").

[82] Para uma descrição do teste de proporcionalidade, ver Sweet & Mathews, nota supra 75, p. 75-76.

"subordinação". Frequentemente torna-se necessário empregar uma teoria do comportamento humano para prever se uma determinada medida é adequada ou necessária para promover os fins.

Em suma, a aplicação de uma norma jurídica canônica requer que se determine se um fato ocorreu, deixando geralmente pouco espaço para a análise econômica em sua execução. As normas baseadas em efeitos, pelo contrário, condicionam a aplicação de sanções legais à constatação das consequências factuais prováveis de um determinado fato ou conduta – inferência para a qual o raciocínio econômico é muito útil, se não absolutamente indispensável. A aplicação dos princípios legais, por sua vez, depende da avaliação das consequências factuais prováveis, não de um fato, mas da própria aplicação da norma.

Como resultado, o traço distintivo do sistema legal vis-à-vis a outros sistemas – o foco em discernir entre o que é lícito e o que é ilícito[83] – já não pode ser prontamente abordado apelando para a interpretação puramente abstrata e conceitual das normas legais. Os julgamentos probabilísticos sobre os prováveis efeitos de diferentes regimes legais são cada vez mais necessários. Essas, por sua vez, são questões empíricas para as quais os métodos analíticos tradicionais não oferecem respostas prontas, mas em relação às quais as ciências sociais podem ser de grande ajuda. Em outras palavras, as consequências presumidas de um ou de outro regime legal acabarão por determinar o peso conferido aos diferentes princípios num determinado caso. Neste contexto, é particularmente útil recorrer aos ensinamentos de ciências sociais – incluindo, mas não limitados à Economia – a fim de avaliar os efeitos prováveis de diferentes regimes jurídicos com um grau mínimo de racionalidade.

4. O Uso da Economia pelas Cortes Brasileiras

Tendo elencado os fatores que aumentaram a demanda pelo raciocínio econômico na adjudicação legal, nos voltamos agora para uma visão geral das

---

[83] Niklas Luhmann, Law as a Social System, 83 Nw. U.L. Rev. 136, 139 (1989) ("Somente a lei pode dizer o que é legal e o que é ilegal e para decidir esta questão a mesma deve sempre se referir aos resultados de suas próprias operações e às consequências para as futuras operações do sistema.").

formas mais comuns pelas quais o raciocínio econômico surgiu em decisões judiciais brasileiras. Nosso objetivo não é examinar se qualquer argumento específico era são do ponto de vista econômico ou jurídico: a Economia, como o Direito, apenas raramente fornece respostas definitivas ou incontroversas para um determinado problema. Tampouco nós empreendemos uma tentativa de quantificar sistematicamente a incidência dos argumentos econômicos nas decisões judiciais no Brasil, embora o fato de que as opiniões descritas abaixo venham de casos importantes julgados pelos mais proeminentes tribunais brasileiros, sugerindo que não se tratam de meras raridades ou aberrações.[84] Obviamente a maior parte das opiniões dos tribunais no Brasil e em todos os lugares não se baseia em argumentos econômicos, por boas razões.

Além disso, ao se referir a casos específicos em que os juízes empregam o raciocínio econômico, não desejamos negar que há alguns juízes completamente alheios ao pensamento econômico. No entanto, as decisões documentadas abaixo, que dependem implícita ou explicitamente das lições econômicas para resolução de problemas jurídicos, são surpreendentes, não só à luz da sabedoria convencional, mas também devido aos obstáculos que tiveram de ser superados para que esses argumentos viessem à superfície: ou seja, a falta de formação econômica aprofundada pela grande maioria dos juízes brasileiros,[85] a falta de instrução em Direito e Economia nas faculdades de direito, a relativa escassez de pesquisas acadêmicas em Direito e Economia no idioma português, e a carência de estudos aplicando ideias econômicas aos problemas específicos da legislação brasileira. Os casos descritos abaixo, no entanto, revelam que o raciocínio econômico não é estranho a pelo menos

---

[84] Ver geralmente Horacio Spector, Fairness and Welfare from a Comparative Law Perspective, 79 Chi.-Kent L. Rev. 521, 536-37 (2004) (argumentando que as considerações econômicas não estão completamente ausentes da ciência jurídica, tal como praticada no mundo civil, mas estão limitadas a casos difíceis).

[85] Isso ocorre mesmo em vista do fato de que um curso introdutório de Economia é parte obrigatória dos currículos das escolas de Direito brasileiras. Ver Resolução CNE/CES No. 9, art. 5, § 1, de 29 de Setembro de 2004, Diário Oficial da União [D.O.U.] de 01/10/2004 (Brasil). Na verdade, um curso sobre economia política tem sido parte do currículo de escolas de Direito desde a metade do século XIX no Brasil. Ver Parecer No. 211/2004, de 08 de Junho de 2004, Diário Oficial da União [D.O.U.] de 23/09/2004 (Brasil). No entanto, a evidência anedótica sugere que sempre houve grande variação na qualidade e abrangência de tais cursos, que vão desde discussões introdutórias bastante estruturadas da economia política até discussões rasas, pseudofilosóficas sobre a relação entre a lei e a ideologia.

uma parte do Judiciário do Brasil e que os juízes brasileiros não são tão hostis ao raciocínio econômico como o protótipo de um juiz de direito civil poderia sugerir.

A. A Aplicação de Princípios Constitucionais

Uma área particularmente fértil, e talvez surpreendente, para o uso do raciocínio econômico no Brasil tem sido a aplicação de princípios constitucionais pelo Supremo Tribunal Federal. Uma decisão do STF datada de 2003 sobre uma **Ação Direta de Inconstitucionalidade** – (ADI) 1.946 é ilustrativa a esse respeito.[86] Em primeiro lugar, a decisão envolveu o delicado e raro caso de um desafio constitucional suscitado contra uma emenda constitucional. Em segundo lugar, a corajosa decisão do tribunal de restringir o escopo de uma interpretação literal da alteração foi criticamente motivada pelo uso do raciocínio econômico.

O caso tratou do financiamento do direito social à licença de maternidade prevista pela Constituição brasileira. Antes da emenda, os empregadores foram constitucionalmente e legalmente obrigados a conceder às mulheres elegíveis 120 dias de licença de maternidade; mas ao mesmo tempo, a eles foi concedido o direito de obter o reembolso dos salários pagos durante o período de licença através do sistema brasileiro de segurança social.[87] Em 1998, a recém-promulgada Emenda Constitucional Nº 20 – amplamente conhecida como **reforma da previdência** — cobria todos os pagamentos da previdência social no montante de R$ 1.200 (cerca de US$ 1,000 à época).[88] Se o novo limite fosse aplicável à licença de maternidade, qualquer diferença entre o novo teto e o salário real de uma mulher teria de ser financiada pelo empregador.[89] O **Partido Socialista Brasileiro** (PSB) entrou com uma ação, argumentando que a aplicação do teto a os pagamentos de licença de maternidade violava a Constituição, com vista à sua disposição explícita que proíbe a diferenciação

---

[86] S.T.F., ADI No. 1.946, Relator: Ministro Sydney Sanches, 03/04/2003 (Brasil).
[87] Id.
[88] **[autor: favor listar a fonte da emenda constitucional.]**
[89] S.T.F., ADI No. 1.946, Relator: Ministro Sydney Sanches, 03/04/2003 (Brasil).

DIREITO E ECONOMIA NO DIREITO CIVIL – O CASO DOS TRIBUNAIS BRASILEIROS

de gênero nas decisões de contratação e de remuneração (art.7º, XXX, da Constituição)".[90]

O parecer unânime do Tribunal, relatado pelo Ministro Sydney Sanches, postulou que a inversão do ônus financeiro da licença de maternidade sobre os empregadores "facilitaria e estimularia a sua opção por trabalhadores homens em detrimento das mulheres", de modo que o teto "promoveria precisamente a discriminação que a Constituição procurou minar".[91] O desfecho do caso foi claramente impulsionado pela **previsão** do Tribunal sobre os efeitos que uma interpretação literal da emenda constitucional teria sobre o índice e a forma de participação das mulheres na força de trabalho. O Ministro Sanches enfatizou ainda mais a "percepção da falta de adequação entre os meios legais (a limitação de pagamentos pelo sistema de segurança social e a transferência do ônus para o empregador) e o fim normativo estabelecido nos termos da Constituição para combater a discriminação das mulheres no mercado de trabalho".[92] Embora a decisão não faça referência formal à Economia, seu raciocínio é evidentemente baseado em um princípio fundamental da teoria de preços, impulsionada pela lei da oferta e da de: ou seja, um aumento no preço de um insumo de produção acarretaria uma redução de sua demanda.

Observe que em nenhum momento o Tribunal pondera sobre a **eficiência** econômica de se encorajar a participação de mulheres no mercado de trabalho – um tema cuja visão varia entre economistas.[93] A promoção da participação da força de trabalho das mulheres é um dado, isto é, uma escolha política antes inscrita na própria Constituição.[94] O papel da Economia foi ajudar a realização de um objetivo legal, fornecendo uma teoria dos efeitos concretos de diferentes regimes jurídicos.

Outro caso paradigmático envolvendo direitos sociais lidou com o âmbito de aplicação da lei brasileira fornecendo uma isenção de penhora ao chamado

---

[90] C.F. art. 7, § 20 (Brasil).

[91] S.T.F., ADI No. 1.946, Relator: Ministro Sydney Sanches, 03/04/2003 (Brasil).

[92] Id. (tradução dos autores).

[93] Comparar Gary S. Becker, A Treatise on the Family 22 (1981) (postulando que a especialização das mulheres casadas no trabalho doméstico pode ser eficiente), com Edward J. McCaffery, Slouching Towards Equality: Gender Discrimination, Market Efficiency, and Social Change, 103 Yale L.J. 595 (1993) (avançando um argumento de eficiência em favor da participação das mulheres na força de trabalho).

[94] C.F. art. 7, § XX (Brasil).

bem de família, que proíbe a execução hipotecária da residência pessoal de um devedor.[95] A mesma lei especifica uma série de exceções a essa isenção, incluindo uma que autoriza a execução da hipoteca da residência de um fiador de locação.[96] A constitucionalidade da exceção ao fiador foi contestada perante o STF com base no argumento de que a mesma violava o **direito à moradia** constitucional inserido pela emenda No. 26 de 2000.

Ao afirmar a constitucionalidade da exceção, o parecer do Ministro Cezar Peluso argumentou que o direito à habitação não era sinônimo de casa própria.[97] Em vez disso, o fato de que "existem alguns proprietários de imóveis no Brasil" justificava, em sua visão, o "estímulo ao arrendamento mercantil", que foi supostamente alcançado pela exceção questionada.[98] O parecer do Ministro Peluso concluiu que a eliminação da exceção "iria perturbar o equilíbrio do mercado, que exige sistematicamente os tipos mais caros de garantias para locações residenciais, prejudicando, assim, o direito constitucional à habitação".[99] O parecer não apenas alude a fatos que são aparentemente fora do âmbito de aplicação da norma jurídica em causa (como a proporção de brasileiros que não possuem propriedade real), mas também implicitamente emprega um modelo padrão de oferta e procura para inferir a causalidade entre a interpretação da lei por parte do Supremo Tribunal e a oferta disponível de residências e seus respectivos preços.

O uso do raciocínio econômico nas decisões acima com um foco particular na estrutura de incentivos gerados por diferentes normas, não era de maneira alguma excepcional na jurisprudência do STF. Em sua decisão de 2013 sobre a Reclamação 4.374, o STF reverteu sua decisão anterior e considerou inconstitucional a norma legal que excluía os pagamentos de assistência social a idosos, caso sua família ganhasse mais de um quarto de um salário mínimo por mês.[100] O parecer da maioria, escrito pelo Ministro Mendes, reconheceu que "não competia ao Supremo Tribunal Federal avaliar a conveniência política

---

[95] Lei No. 8.009 de 29 de Março de 1990, Diário Oficial da União [D.O.U.] de 30/03/1990 (Brasil).

[96] Id. art. 3.

[97] S.T.F., RE No. 407.688-8, Relator: Ministro Cezar Peluso, 08/02/2006 (Brasil) (tradução dos autores).

[98] Id. (tradução dos autores).

[99] Id. (tradução dos autores).

[100] S.T.F., Rcl. No. 4.374, Relator: Ministro Gilmar Mendes, 18/04/2013 (Brasil).

e econômica das somas que podem ou devem servir como base para medição da pobreza".[101] No entanto, ao considerar o limite existente inconstitucional, a decisão não só se refere às mudanças de condições jurídicas e econômicas desde a decisão original do Tribunal, mas também se refere ao fato de que o atual sistema "termina por desencorajar contribuições ao sistema de previdência social, aumentando ainda mais a informalidade".[102]

Um uso ainda mais explícito da retórica de incentivos teve lugar na decisão da ADI 4.425, em que o STF encontrou uma série de disposições da Emenda Constitucional No. 62 de 2009, que considerou inconstitucional o sistema de execução de decisões monetárias contra o Estado (**precatórios**).[103] A alteração deu ao governo a capacidade de instituir um leilão reverso, o que permitiria que as entidades privadas escapassem da fila longa para receber o pagamento ao concordar em receber um valor descontado. O parecer da maioria, redigido pelo Ministro Luiz Fux, sustentou que "A existência de um sistema de leilão reverso representaria um **incentivo** para que o Estado não cumprisse suas obrigações, agravando a falta de liquidez dos julgamentos e aumentando o desconto [...] Em outras palavras: o **sistema de incentivos** gerado pelo modelo de leilão promoveu resultados opostos aos pretendidos pela Constituição".[104] Decisões semelhantes empregando a linguagem de incentivos para chegar a conclusões direito constitucional abundam, sendo numerosas demais para serem descritas na íntegra.

Em outros casos, o STF chegou ao ponto de fazer inferências específicas sobre as implicações de certas instituições jurídicas para o desenvolvimento econômico do Brasil em geral. No AgReg 5.206-7, decidido em 2001, o tribunal se deparou com a questão de saber se a Lei de Arbitragem no Brasil, de 1996 – que buscou regular e fazer cumprir o acordo das partes contratuais a apresentarem suas disputas à arbitragem, era válida nos termos da disposição constitucional estipulando que "a lei não excluirá da apreciação do judiciário qualquer violação ou ameaça a um direito".[105] Concluindo que a Lei de

---

[101] Id. (tradução dos autores).
[102] Id. (tradução dos autores).
[103] S.T.F., ADI No. 4.425, Relator: Ministro Ayres Britto, 14/03/2013 (Brasil).
[104] Id. (tradução dos autores).
[105] C.F. art. 5, § XXXV (Braz.); S.T.F., AgRg No. 5.206, Relator: Ministro Sepúlveda Pertence, 12/12/2001 (Brasil).

Arbitragem passou no teste constitucional, o Ministro Ilmar Galvão explicitamente fundamentou que a observada "avalanche de ações judiciais" no Judiciário, combinada a uma "lentidão que ultrapassava os limites máximos toleráveis", constituía um "sério obstáculo à atividade empresarial, precisamente num momento em que se espera um incremento acentuado nas atividades de negócios entre nós, especialmente devido aos fluxos celebrados de capital estrangeiro, tendo em vista a exploração de novas empresas de natureza econômica".[106] Neste contexto, ele argumentou que "o legislador brasileiro trouxe a alternativa de um Tribunal Arbitral como uma solução para este grave problema, com o objetivo de assegurar o desenvolvimento econômico do país".[107]

O Ministro Joaquim Barbosa seguiu uma linha semelhante de raciocínio na ADI 1.194, que desafiou, inter alia, a disposição contida no **Estatuto da OAB** que concedia honorários advocatícios ao advogado da parte vencedora de um processo judicial.[108] A Justiça concluiu que qual em cada parte deve receber honorários de advogado deve ser uma questão de liberdade de contrato, uma solução que "não só desbloqueia os canais de acesso ao Judiciário, mas também permite que os imperativos essenciais de racionalidade econômica, que são fundamentais para o crescimento do país, sejam aplicados, sem discriminação, aos advogados, da mesma forma que se aplicam a outras categorias de profissionais".[109] Da mesma forma, no Recurso Extraordinário 422.941, o relator Ministro Carlos Velloso afirmou que imposição pelo governo de preços máximos abaixo do custo de produção "constitui um sério obstáculo ao exercício da atividade econômica em violação do princípio da livre empresa".[110] Ele ainda acrescentou: "O estabelecimento de regras bem definidas de intervenção do Estado na economia, e sua conformidade, são fundamentais para o amadurecimento das instituições e do mercado brasileiro, assegurando a estabilidade econômica necessária favorável ao desenvolvimento nacional".[111]

---

[106] S.T.F., AgRg No. 5.206, Relator: Ministro Sepúlveda Pertence, 12/12/2001 (Brasil).
[107] Id. (tradução dos autores).
[108] S.T.F., ADI No. 1.194, Relator: Ministro Maurício Corrêa, 20/05/2009 (Brasil).
[109] Id. (tradução dos autores).
[110] S.T.F., RE No. 422.941, Relator: Ministro Carlos Velloso, 06/12/2005 (Brasil).
[111] Id. (tradução dos autores).

Além disso, diferentes Ministros em diferentes decisões empregam o raciocínio econômico para chegarem a conclusões diferentes. Na ADI 4.167, o Tribunal considerou o alcance da expressão "piso salarial" para os professores do ensino fundamental, especificada em uma nova lei federal aplicável a todos os estados brasileiros.[112] O Ministro Joaquim Barbosa argumentou que o termo piso "pode ser interpretado em conformidade com a intenção de reforçar e melhorar os serviços de educação pública".[113] Em seguida, ele argumentou, "uma compensação adequada a professores e outros profissionais da educação é um dos mecanismos úteis para a realização de tal objetivo".[114] Em sua opinião, "se o piso compreende a remuneração global do professor, os pagamentos adicionais (**gratificação**) pode ser igual ou superior ao mínimo, de modo a anular ou reduzir os incentivos para o profissional diligente,"[115] resultando em uma "dissuasão perceptível para as políticas de incentivo e responsabilidade que são necessárias para a prestação de serviços educacionais de qualidade por parte do Estado com base em um critério mais relevante: o mérito".[116]

Por outro lado, o Ministro Gilmar Mendes sustentou que a interpretação do "piso" como sinônimo de salário base, tal como defendida pelo Ministro Barbosa, poderia levar à "impossibilidade de expansão dos serviços de educação"[117] devido a um aumento substancial da compensação dos professores. Além disso, ele argumentou, tal interpretação criaria um incentivo para que os estados reestruturassem os pacotes de remuneração existentes, de modo a eliminar quaisquer pagamentos de bônus, além do salário base – uma conclusão que, em suas palavras, deriva de "pura teoria dos jogos".[118]

B. A Interpretação Teleológica ou Intencional dos Estatutos

No entanto, o STF não está sozinho ao recorrer às lições econômicas em suas opiniões. O pensamento econômico também é prevalente nas decisões

---

[112] S.T.F., ADI No. 4.167, Relator: Ministro Joaquim Barbosa, 27/04/2011 (Brasil).
[113] Id. (tradução dos autores).
[114] Id. (tradução dos autores).
[115] Id. (tradução dos autores).
[116] Id. (tradução dos autores).
[117] Id. (tradução dos autores).
[118] Id. (tradução dos autores).

do STJ. O uso de insights econômicos é particularmente visível quando o Tribunal emprega um método teleológico ou proposital de interpretação da lei, método este que tem uma longa história na tradição ocidental.[119]

Por exemplo, no início de 2000, o STJ teve que determinar o alcance do artigo 6º do estatuto que regula a concessão de serviços públicos.[120] A norma em questão expressamente permitia que as concessionárias suspendessem a prestação de serviços públicos aos clientes inadimplentes. O tribunal precisava responder se a norma se aplicava à prestação de "serviços essenciais", tais como água, gás ou energia, uma vez que o artigo 22 da Defesa do Consumidor[121] requer que os serviços essenciais sejam fornecidos de forma "contínua". O parecer da maioria pelo Ministro Gomes de Barros repudiou a interpretação que impedia que as concessionárias suspendessem a prestação de serviços essenciais, um regime que, em sua opinião, poderia gerar um "efeito dominó".[122] Com efeito, ele manteve, "ao descobrir que um vizinho está recebendo energia de graça, o cidadão tende a conceder a si mesmo tal benefício tentador".[123] O resultado seria que "em breve ninguém honrará a conta de eletricidade".[124]

O STJ também recentemente recorreu ao raciocínio econômico na interpretação da lei brasileira de defesa do consumidor, de modo a não ferir os indivíduos que a lei está ostensivamente tentando ajudar – um argumento familiar na literatura sobre Direito e Economia.[125] No Recurso Especial 1.232.795, o tribunal precisava determinar se a empresa que operava um estacionamento privado fora responsável pelo assalto à mão armada de um cliente dentro de suas instalações.[126] O parecer unânime, redigida pela Ministra Nancy Andrighi, afirmou que esse passivo não existia porque, entre outras razões, atribuir

---

[119] Lopes, nota supra 46, p. 146-47.

[120] Lei No. 8.987, de 13 de Fevereiro de 1995, Diário Oficial da União [D.O.U.] de 28/09/1998 (Brasil) (Reedição).

[121] Lei No. 8.078, de 11 de Setembro de 1990, Diário Oficial da União [D.O.U.] de 12/09/1990 (Brasil).

[122] S.T.J., Resp. No. 363.943, Relator: Ministro Humberto Gomes de Barros, 10/12/2003 (Brasil).

[123] Id. (tradução dos autores).

[124] Id. (tradução dos autores).

[125] Ver, e.g., Richard Craswell, Passing on the Costs of Legal Rules: Efficiency and Distribution in Buyer-Seller Relationships, 43 Stan. L. Rev. 361 (1991) (discutindo o raciocínio econômico em que se refere à lei de proteção do consumidor).

[126] S.T.J., Resp. No. 1.232.795, Relatora: Ministra Nancy Andrighi, 02/04/2013 (Brasil).

DIREITO E ECONOMIA NO DIREITO CIVIL – O CASO DOS TRIBUNAIS BRASILEIROS

esse fardo aos estacionamentos privados também seria prejudicial para os consumidores, visto que os estacionamentos exigiriam um investimento que "certamente refletiria no preço do serviço [de estacionamento], que já é alto".[127]

Em sua recente decisão sobre o Recurso Especial 1.163.283, o STJ recorreu à análise econômica na interpretação de que as normas favoráveis ao credor de uma lei de 2004 que regulamenta o financiamento imobiliário[128] eram aplicáveis a contratos regidos pelo **Sistema Financeiro de Habitação** (SFH), programa destinado a promover a aquisição de residências por famílias de baixa e média renda.[129] A disposição relevante da lei exige que os processos dos devedores contra credores indiquem as quantidades específicas em disputa e, assim, continuem a pagar quaisquer valores indiscutíveis. Em apoio a sua decisão de que os devedores têm o dever de indicar os valores indiscutíveis em suas queixas, o Ministro Luis Felipe Salomão argumentou que os contratos de financiamento imobiliário constituem "terreno fértil para a aplicação da análise econômica do direito", porque revelam "os papéis institucionais e sociais que o direito contratual pode oferecer ao mercado".[130] Assim, a "doutrina [da Análise Econômica do Direito] prescreve o aumento do grau de previsibilidade e eficiência nas relações intersubjetivas [...] baseado no uso de postulados econômicos para a aplicação e interpretação dos princípios jurídicos e paradigmas".[131] Esta decisão também citou Ronald Coase,[132] da Escola de Chicago de Direito e Economia, e um punhado de estudiosos brasileiros que têm empregado raciocínio econômico em seus escritos para finalmente concluir que a aplicação dos requisitos previstos na legislação especial para contratos do SFH suplicante foi consistente com o papel da lei na redução dos custos de transação.[133]

---

[127] Id. (tradução dos autores).

[128] Lei No. 10.931, de 2 de Agosto de 2004, Diário Oficial da UniÃo [D.O.U.] de 03/08/2004 (Brasil).

[129] S.T.J., Resp. No. 1.163.283, Relator: Ministro Luis Felipe Salomão, 07/04/2015 (Brasil).

[130] Id. (tradução dos autores).

[131] Id. (tradução dos autores).

[132] Curiosamente, a decisão refere-se imprecisamente a Ronald Coase como um "advogado norte-americano". Id. (tradução dos autores). Apesar de Coase ser certamente um dos pais intelectuais do movimento de Direito e Economia, ele foi um economista, não um advogado. Ver Posner, nota supra 11, p. 4.

[133] S.T.J., Resp. No. 1.163.283, Relator: Ministro Luis Felipe Salomão, 07/04/2015 (Brasil).

C. Citações a Trabalhos Acadêmicos

Embora a maioria dos usos do pensamento econômico pelas cortes brasileiras seja implícito em essência, esse nem sempre é o caso, como já vimos. Na verdade, inúmeras decisões judiciais – em todos os níveis do Judiciário – citam explicitamente obras de economistas ou estudiosos de Direito e Economia.[134] Por exemplo, na decisão relativa à ADI 2.340, que uma lei estadual não poderia obrigar os municípios a fornecer água com caminhões pipa sempre que o fornecimento regular de água fosse suspenso, o Ministro do STF Gilmar Mendes argumentou que "o serviço de saneamento básico é um monopólio natural [...] tornando a competição interestadual não só impraticável, mas também sugerindo que a consolidação da demanda de cidades vizinhas pode reduzir custos e tornar o serviço mais atraente para os concessionários privados".[135] Essa mesma opinião invocava expressamente o conceito de monopólio natural, como descrito nos livros *Law & Economics*, de Robert Cooter e Thomas Ulen, e *Economic Analysis of Law*, de Richard Posner.[136] Em outro caso, o Ministro Mendes também citou o célebre livro de Cooter e Ulen ao discutir os possíveis efeitos de regimes fiscais diferentes "sobre a oferta de produtos no mercado de reposição, com impacto relevante no equilíbrio do mercado, no consumo interno e na inflação".[137]

Ao citar o conhecimento acadêmico sobre Direito e Economia, o Ministro Gilmar Mendes – que, antes de ingressar no Tribunal, era um distinto estudante de direito constitucional que obteve o seu doutoramento em Direito na Alemanha[138] – não é um caso isolado. As lições econômicas também abriram caminho para a decisão do STF na ADI 3.510, o destacado desafio constitucional contra a Lei de Biossegurança no Brasil, que regula a pesquisa sobre células-tronco.[139] Em seu parecer discordante sobre a inconstitucionalidade da

---

[134] Ver, e.g., S.T.F., ADI No. 2.340, Relator: Ministro Ricardo Lewandowski, 06/03/2013 (Brasil).

[135] Id. (tradução dos autores).

[136] Id.

[137] S.T.F., RE 405.579, Relator: Ministro Joaquim Barbosa, 01.12.2010 (Brasil)

[138] Gilmar Mendes, New Challenges of Constitutional Adjudication in Brazil, Brazil Institute Special Report 7 (Novembro de 2008), https://www.wilsoncenter.org/sites/default/files/brazil.gilmarmendes.constitution.pdf.

[139] S.T.F., ADI No. 3.510, Relator: Ministro Ayres Britto, 29/05/2008 (Brasil).

DIREITO E ECONOMIA NO DIREITO CIVIL – O CASO DOS TRIBUNAIS BRASILEIROS

pesquisa com células-tronco, o Ministro Cezar Peluso destacou o que ele via como falhas nos dispositivos de aplicação descritos pela lei. Ele argumentou que o mecanismo para a nomeação dos membros de um determinado Comitê de Ética e Pesquisa foi deficiente, pois sua composição deveria ser determinada pela instituição de pesquisa respectiva. Em sua visão, "Esta regra implica ao menos um sério risco do que a teoria econômica chama de um problema de agência, isto é, um conflito fundamental de interesses que prejudica a independência da entidade imediatamente responsável por garantir a aderência zelosa às graves restrições legais e constitucionais da pesquisa autorizada".[140] Ele cita uma definição do problema agente-principal a partir do livro de Joseph Stiglitz, *Economics of the Public Sector*.[141]

Os tribunais estaduais também citaram diretamente a pesquisa no campo de Direito e Economia.[142] Em uma decisão recente do Tribunal de Justiça do Estado de São Paulo, a questão era saber se uma loja poderia recorrer contra uma empresa de cartão de crédito para uma compra mais tarde cancelada devido à fraude.[143] Mais especificamente, uma loja de eletrodomésticos vendeu um aparelho de ar condicionado a um cliente que pagou pela compra usando um cartão de crédito clonado. O verdadeiro titular do cartão de crédito solicitou o cancelamento da compra; a empresa de cartão de crédito o fez e, em seguida, negou o pagamento à loja de eletrodomésticos. A loja processou a empresa de cartão de crédito pelo montante devido, argumentando que a cláusula contratual que exclui a responsabilidade da empresa de cartão de crédito em tais casos era "abusiva" e, portanto, nula.[144]

Ao defender a exclusão contratual da responsabilidade e atribuir efetivamente a perda à loja, o juiz Andrade Marques se valeu dos estudos sobre Direito e Economia para lançar luz sobre a lógica por trás da cláusula de contrato. Ele argumentou que, pelo menos no que diz respeito às vendas presenciais

---

[140] Id. (Peluso, J., ao divergir).

[141] Id. ("[O] grande risco é que os Comitês de Ética e Pesquisa seriam subordinados e se tornariam agentes das instituições, em vez de manterem a autossuficiência e a independência necessária. O alinhamento de interesse, neste caso, é ostensivamente deletério para todo o sistema."

[142] Ver, e.g., T.J.S.P., Ap. Civ. No. 0202965-46.2009.8.26.0100, Relator: Des. Andrade Marques, 31/01/2013 (Brasil).

[143] Id.

[144] Id. (tradução dos autores).

"em comparação com a empresa de cartão de crédito, o comerciante tem maior capacidade de controlar e prevenir o risco de artifícios por parte dos clientes. Em outras palavras, o vendedor é o portador de risco superior nessa relação contratual".[145] Após uma breve digressão sobre o conceito de boa-fé no Código Civil Brasileiro, o parecer citou diretamente uma passagem da entrada de George Triantis referente a "Risk Allocation in Contracts", contida na *Encyclopedia of Law & Economics,* que descreve detalhadamente o conceito de **portador de risco superior.** O parecer concluiu que "a atribuição de riscos ao portador de risco superior é mais eficiente do ponto de vista econômico, visto que esta é a parte que pode evitar e mitigar o risco a um custo menor".[146]

Em outra decisão relativa a uma ação de indenização contra uma empresa que tinha terceirizado seus serviços de transporte, o juiz Marcelo Benacchio do Tribunal de Justiça do Estado de São Paulo citou a famosa opus de Cooter e Ulen para basear sua observação de que em suas atividades de negócios, uma empresa constantemente equilibra os custos contra os meios de buscar lucros, dos quais a terceirização de algumas de suas atividades cruciais são um exemplo; e ao fazê-lo a mesma considera os custos marginais, entre os quais encontra-se o o pagamento de indenização, entendendo-se que o nível de atividade ideal ocorrerá sempre que os custos de prevenção forem mais baixos do que o pagamento [esperado] dos danos causados.[147]

Ele então conclui que a empresa "não pode atuar no mercado como se não existissem terceiros, por isso deve-se considerar a possibilidade de danos e sua internalização no processo produtivo, o que significa que, se a atividade terceirizada como aquela disponível gera mais perdas do que os lucros, ela será certamente [...] descartada [pela empresa]".[148] Da mesma forma, em um parecer divergente que julgou procedente o processo administrativo que convocou apenas o representante legal de uma empresa (e não todos os seus parceiros, como defendido pelos autores), o juiz Beretta da Silveira do Tribunal de Justiça do Estado de São Paulo, declarou: "vale a pena recordar a doutrina do proeminente estudioso de Direto e Economia Richard Posner, segundo

---

[145] Id. (tradução dos autores).
[146] Id. (tradução dos autores).
[147] T.J.S.P., Ap. Civ. No. 954.795-0/3, Relator: Marcelo Benacchio, 13/02/2007 (Brasil).
[148] Id. (tradução dos autores).

a qual se deve considerar o equilíbrio de custos/benefícios envolvidos em decisões judiciais".[149]

Os juízes brasileiros também se referiram expressamente a figuras proeminentes na literatura sobre Direito e Economia. Ao decidir sobre o valor do dano a ser pago por uma empresa de notícias, a Ministra Nancy Andrighi do Superior Tribunal de Justiça citou Richard Posner e Robert Bork em apoio à proposição de que "ao decidir sobre a possibilidade de publicar uma difamação, [a empresa de notícias] leva em conta, por um lado, os danos estabelecidos no tribunal e, por outro lado, o rendimento esperado que tal publicação trará".[150] O Ministro Andrighi, em seguida, concluiu: "Ao estabelecer o valor dos danos, o juiz deve ter em conta o rendimento da empresa de notícias com o ato ilícito, caso contrário ele vai estimular os que procuram maximizar os seus lucros em detrimento da sociedade como um todo".[151] Nada poderia estar mais próximo da noção familiar dentro da literatura sobre Direito e Economia que o fato de que o cálculo de uma empresa para a maximização do lucro é influenciado pelas perspectivas de sanções legais e recompensas[152] e que um juiz deve olhar adiante ao ajustar suas decisões.[153]

Diversas outras decisões citam Richard Posner.[154] Ao considerar que a cláusula de exclusividade imposta por uma cooperativa de médicos era ilegal nos termos do Direito da concorrência no Brasil, o Ministro do STJ Humberto Martins analisa o conceito de barreiras de entrada, citando uma longa passagem em inglês retirada do clássico de Richard Posner, *Economic Analysis of Law*.[155] Ao rejeitar o arquivamento da **ação rescisória**),[156] o juiz

---

[149] T.J.S.P., Ap. Civ. No. 629.521-4/9-00, Relator: Beretta da Silveira, 28/04/2009 (Brasil) (da Silveira, J., ao divergir).

[150] S.T.J., Resp. No. 355.392, Relatora: Ministra Nancy Andrighi, 26/03/2002 (Brasil).

[151] Id. (tradução dos autores). A Ministra Andrighi citou também um caso da Suprema Corte dos EUA em sua opinião, N.Y. Times Co. v. Sullivan, 376 U.S. 254 (1964) S.T.J., Resp. No. 355.392, Relatora: Ministra Nancy Andrighi, 26/03/2002 (Brasil).

[152] Ver, e.g., Herbert Hovenkamp, Rationality in Law & Economics, 60 Geo. Wash. L. Rev. 293, 293 (1992).

[153] Ver, e.g., Richard A. Posner, Overcoming Law 4 (1995).

[154] S.T.J., Resp. No. 1.172.603, Relator: Ministro Humberto Martins, 04/03/2010 (Brasil).

[155] Id.

[156] Id. Nos termos da lei brasileira, uma "ação rescisória" é um processo que, em circunstâncias excepcionais pode ser arquivado para desafiar um julgamento final e inapelável. Ver C.P.C. art. 485 (Brasil) C.P.C. art. 966 (2015) (Brasil) (efetivado em Março de 2016).

Osvaldo Cruz, do Tribunal de Justiça do Estado do Rio Grande do Norte, fez referência às obras de Ronald Coase e Richard Posner para argumentar que "o juiz deve prestar atenção aos incentivos econômicos e desincentivos produzidos por precedentes judiciais".[157] Ao derrubar a legislação de conteúdo local na programação de TV, o juiz Marcelo Guerra cita Posner, juntamente com outros estudiosos do Direito e Economia.[158] Todos os processos anteriores são meramente ilustrativos, ao invés de exaustivos. É possível encontrar outras diversas decisões judiciais que citam estudiosos de Direito e Economia ou que contenham referências esparsas à "análise econômica do direito" ou ao movimento de Direito e Economia.[159]

5. Conclusão: As Perspectivas para o Direito e Economia no Direito Civil

A análise precedente do caso brasileiro sugere que a suposição convencional de que o raciocínio econômico está ausente da prática jurídica no mundo do direito civil é incorreta. Os juízes brasileiros habitualmente empregam conceitos emprestados da Economia para prever as prováveis consequências de eventos ou regras, quando tal previsão pode ser exigida pelas normas legais pertinentes. Uma vez que os juízes brasileiros não estão abandonando a prática consagrada pelo tempo de fundamentar formalmente suas decisões em uma disposição legal pré-existente, que pretende controlar o conjunto relevante de fatos, então a Economia parece estar a serviço do Direito, e não o contrário. Consequentemente, não se pode considerar que o sistema judicial brasileiro esteja atravessando o temido processo de "colonização" intelectual pela Economia de qualquer maneira significativa.

---

[157] T.J.R.N. Ag. Rg. No. 2010.008686-7/0001.00, Relator: Osvaldo Cruz, 02.03.2011 (Brasil).

[158] 17a Vara Cível Federal de São Paulo, Ação Ordinária No. 0019796-05.2011.403.6100, 16/04/2015 (Brasil).

[159] T.J.P.R., RI No. 2012.0001633-0/0, Relator: Juiz Gustavo Tinoco de Almeida, 26.07.2012 (Brasil); T.J.S.P., ED. No. 0112359-50.2008.8.26.0053/50000, Relator: Fermino Magnani Filho, 17.09.2012 (Brasil); e T.J.S.P., Ap. Civ. No. 450.057-4/1-00, Relator: Elcio Trujillo, 13/09/2006 (Brasil).

Tampouco os tribunais brasileiros estão sendo submetidos a um processo de colonização ideológica. Seja qual for o mérito da alegação de que Direito e Economia tem um viés conservador, o exemplo brasileiro destaca o potencial da utilização de economia para promover objetivos legais progressista da mesma forma. Pelo menos no contexto brasileiro, a Economia funciona mais como uma faca (que pode cortar em ambos os sentidos) do que como uma plataforma de retórica que está inexoravelmente vinculada a uma certa agenda política.

Evidentemente, nós não levamos a cabo aqui nenhuma tentativa de articular o local exato do raciocínio econômico no discurso jurídico – uma questão filosófica profunda que está fora do escopo deste artigo. Tampouco nos aprofundamos na intrincada relação entre o uso do raciocínio econômico e a qualidade resultante das adjudicações legais. Em vez disso, concluímos refletindo brevemente sobre as implicações dos nossos resultados para a educação e para os estudos jurídicos.

Se, como sugerido acima, o uso do raciocínio econômico como parte da análise jurídica é uma função da transformação mais ampla no caráter e funcionamento do sistema jurídico brasileiro, a demanda por estudos acadêmicos sobre Direito e Economia no Brasil parece ter vindo para ficar. E, dado que o papel tradicional da academia jurídica em países de direito civil é simultaneamente explicar e auxiliar na aplicação da lei,[160] esperamos ver um aumento correspondente na busca de estudos sobre Direito e Economia pela academia jurídica, tanto em termos de pesquisa quanto de ensino.

Finalmente, não temos razão para acreditar que os fatores ideológicos, políticos e legais que têm aumentado a demanda pelo conhecimento econômico por parte dos tribunais sejam exclusivos ao Brasil, embora nós deixemos esta linha de investigação para trabalhos futuros. Por enquanto, só podemos especular que não é apenas no Brasil que os comentaristas têm procurando nos lugares errados em sua busca aparentemente infrutífera pela integração da análise econômica ao Direito. Isto sugere que o futuro dos estudos sobre de Direito e Economia em jurisdições de direito civil mais genericamente

---

[160] James Gordley, The State's Private Law and Legal Academia, 56 Am. J. Comp. L. 639, 639 (2008) (descrevendo a "relação simbiótica entre a lei, promulgada pela autoridade do Estado, e o Direito como é entendido por juristas").

baseia-se no entendimento de que este tipo de trabalho é cada vez mais coerente com a vocação tradicional de juristas civis de produzir trabalhos que sejam instrumentos para a aplicação da lei.

Os Órgãos Especiais Fazem Diferença?[1]
Evidência dos Tribunais de Justiça Estaduais Brasileiros[2]

Carolina Arlota [3] e Nuno Garoupa [4]

1. Introdução

A especialização dos tribunais tem sido promovida como um componente importante da reforma jurídica no mundo e particularmente na Europa. Mesmo assim, poucos artigos têm estudado os dados a partir de sistemas judiciais para determinar até que ponto a especialização de tribunais é vantajosa. Neste trabalho consideramos um caso particularmente interessante e ilustrativo. Este artigo foca nas possíveis diferenças entre as decisões constitucionais tomadas

---

[1] Agradecemos a Ângela Oliveira, Jose Antonio Cheibub, Tom Ginsburg, Elitsa Dimitrova, Carolina Azevedo, Lais Almada, participantes do Workshop UFMG de Direito e Economia (Belo Horizonte) e do LASA 2013 (Washington, DC) por seus valiosos comentários. Rayane Aguiar, Daswell Davis e Roya Samarghandi participaram deste projeto com excelente assistência de pesquisa. Os avisos legais usuais se aplicam.

[2] A versão original deste artigo foi publicada pelo *European Business Law Review* – ELBR, volume 27, 2016.

[3] Mestre (LL.M.) e Doutora (JSD) pela University of Illinois at Urbana Champaign, foi advogada de contenciosos internacionais da Petrobras – Petróleo Brasileiro S.A. e atualmente é professora na University of Oklahoma.

[4] Professor de Law & Convener, Program of Law and Social Science, Texas A&M University School of Law.

por tribunais não especializados *en banc* e por *órgãos especiais* nos Tribunais de Justiça estaduais brasileiros.

Atualmente, há uma vasta literatura sobre os custos[5] e benefícios[6] da especialização de tribunais e como a mesma afeta a consistência jurídica.[7] Nesse

---

[5] A maior crítica contra os tribunais especializados é a possibilidade de captação dos mesmos por parte de grupos de interesse. Esse é um tema relevante no contexto do controle de constitucionalidade. A literatura aponta para dois momentos principais de captação: a nomeação e a adjudicação. Quanto ao procedimento de nomeação, os grupos de interesse podem exercer influência no apoio a um candidato em particular. Quanto à fase de adjudicação, conforme este argumento, quanto menor e mais especializado for o órgão, mais fácil será seu monitoramento. Da mesma forma, mais fácil será influenciar aqueles que decidem sobre os casos. Entretanto, o fato de que os juízes especializados organizados como um grupo coeso são menos propensos a ser controláveis pode ser uma vantagem em si e por si. É importante ressaltar que em temas de Direito público (tais como Direito administrativo e constitucional), pode ocorrer parcialidade estrutural governamental, com o governo alinhando sua estrutura burocrática com aquela do tribunal especializado. Ver, de forma geral: Rochelle Cooper Dreyfuss, "Specialized Adjudication," *Brigham Young University Law Review* 64 (1990): 377–441, p. 380, enfatizando que mesmo os membros do tribunal exerceriam captação.

[6] Argumentos recorrentes a favor da especialização constitucional incluem a qualidade superior das decisões, a coerência jurídica, a uniformidade e a diminuição da carga de trabalho dos tribunais comuns. Quanto à qualidade, argumenta-se que o conteúdo das decisões tende a ser melhor nos órgãos especiais, pois os juízes são mais familiarizados com as reivindicações principais e com as teorias pertinentes ao campo específico (no caso deste artigo, o Direito constitucional). Sendo assim, menos tempo é gasto debatendo ou descobrindo a lei aplicável, com a decisão final sendo tomada de forma rápida. Em contrapartida, um argumento comum contra a especialização se refere à qualidade dos profissionais que atuam em cortes especializadas. Indiscutivelmente, a natureza repetitiva do trabalho não ajuda a atrair os indivíduos mais brilhantes do meio jurídico. Ver, e.g., Giuseppe Dari-Mattiacci, Nuno Garoupa & Fernando Gomez-Pomar, "State Liability," *European Review of Private Law* 18 (2010): 773–811, p. 800–801, e suas referências.

[7] A coerência jurídica e a uniformidade são frequentemente mencionadas pois a agregação de casos em um único, embora menor, tribunal constitucional, facilita o consenso. Conforme esse argumento, isso promove uma melhor orientação às partes em litígio quanto a casos futuros, como resultado do aumento da previsibilidade no campo do controle de constitucionalidade. A carga de trabalho dos juízes generalistas também se torna menor, pois o órgão especial desloca sua jurisdição inicial sobre o tema principal. Neste sentido: Rochelle Cooper Dreyfuss, "The Federal Circuit: A Case Study in Specialized Courts," *New York University Law Review* 64 (1989): 1–78, p. 8; Dreyfuss, *Specialized Adjudication*, p. 378; Richard L. Revesz, "Specialized Courts and the Administrative Lawmaking System," *University of Pennsylvania Law Review* 138 (1990): 1111–1175; Nuno Garoupa and Carlos Gomez-Liguerre, "The Syndrome of the Efficiency of the Common Law," *Boston University International Law Journal* 29 (2011): 287–335, p. 322.

contexto, este artigo discute o controle de constitucionalidade exercido pelos Tribunais de Justiça estaduais ou pelos órgãos especiais destes tribunais.

O controle de constitucionalidade é importante devido a sua relação positiva com a estabilidade política e econômica. Ele pode em última análise contribuir para o asseguramento das liberdades políticas e econômicas e, ao fazê-lo, impulsionar o crescimento econômico.[8] O controle de constitucionalidade também é relevante, pois o judiciário tende a estar mais isolado do calculismo político imediato, habilitando as cortes a proteger os direitos com mais eficiência.[9]

Quando os Tribunais de Justiça estaduais brasileiros exercem controle de constitucionalidade de normas municipais ou estaduais com base em uma suposta violação da Constituição do Estado e por meio de ações diretas, eles o fazem assemelhando-se preponderantemente ao tribunal constitucional originalmente concebido por Kelsen.[10] Este entendimento dos Tribunais de Justiça como tribunais constitucionais baseia-se principalmente no fato de que seu julgamento ocorre de forma concentrada e em abstrato. O mesmo é concentrado[11] porque o Tribunal de Justiça (ou órgão especial, onde houver

---

[8] Ver Garoupa & Gomez-Liguerre, *The Syndrome of the Efficiency of the Common Law*, p. 330–331; ver também Rafael La Porta, Florencio Lopez-de-Silanes, Cristian Pop-Eleches & Andrei Shleifer, "Judicial Checks and Balances," *Journal of Political Economy* 112 (2004): 445–470, apresentando resultados empíricos validando a importância do controle de constitucionalidade e dos tribunais independentes.

[9] Ver, e.g., Alec Stone Sweet, *Governing with Judges: Constitutional Politics in Europe* (New York: Oxford University Press, 2010), p. 225.

[10] Hans Kelsen, *Jurisdição Constitucional* (São Paulo: VMF Martins Fontes, 2003), em VIII, fornecendo detalhes sobre a colaboração de Kelsen, desde 1918, na redação da Constituição Austríaca de 1920. Tanto os Tribunais de Justiça quanto os órgãos especiais estão inseridos no judiciário brasileiro – de modo que não são integrados por atores políticos, conforme Kelsen inicialmente defendia como a composição principal dos tribunais constitucionais. Ver, e.g., Víctor Ferreres Comella, "The Rise of Specialized Constitutional Courts," in *Comparative Constitutional Law*, ed. Rosalind Dixon and Tom Ginsburg (Northampton: Elgar Publishing, 2011), p. 268–271, discutindo a ascensão de tribunais constitucionais especializados tal como concebidos por Kelsen e citando a segurança jurídica, a experiência e a democracia como argumentos recorrentes para justificar a especialização da revisão constitucional.

[11] O sistema centralizado de revisão judicial baseia-se na ausência de *stare decisis* na Europa continental, de forma geral. O efeito do *stare decisis* é que uma decisão da mais alta instância em qualquer jurisdição é vinculante para todos os tribunais inferiores daquela jurisdição. Deste modo, onde houver *stare decisis*, a decisão da mais alta instância será vinculante *erga omnes* (para todos), na prática. Ver, e.g., Mauro Cappelletti, *Judicial Review in the Contemporary*

um) é o único tribunal que possui jurisdição. Os Tribunais de Justiça estaduais também podem ser considerados tribunais constitucionais, pois ao decidir sobre ações diretas eles o fazem em um contexto abstrato (controle prévio, i.e., sem a exigência americana de um caso ou controvérsia de fato). Assim, a inconstitucionalidade de uma norma é a principal questão a ser decidida, com indivíduos, órgãos ou instituições predeterminados estando exclusivamente autorizados a iniciar a ação e com direito a legitimidade para agir. Entre estes últimos, os atores políticos são frequentemente autorizados a desencadear o controle abstrato.[12]

O Brasil oferece um contexto interessante para testar a relação entre o controle de constitucionalidade especializado e os índices de resultados, porque há variações entre os Tribunais de Justiça estaduais brasileiros dentro de origens culturais e jurídicas semelhantes. A análise empírica entre países não prevê o controle total das diferenças de contextos culturais e jurídicos. Os vinte e sete estados da República Federativa do Brasil estão organizados em cinco regiões. Essas regiões agrupam estados com experiências geográficas, históricas, econômicas, sociais e culturais semelhantes.

Com o objetivo de investigar como o controle de constitucionalidade especializado pode afetar os resultados mensuráveis, uma base de dados original foi construído pelos autores para explorar empiricamente esta questão. Este conjunto de dados compreende casos de controle abstrato exercido por meio de ações diretas e julgados entre 1 de Janeiro de 2006 e 31 de

---

World (Indianapolis: The Bobbs-Merrill Company, 1971), p. 56. Note-se que Kelsen criticou o sistema não centralizado de controle de constitucionalidade nos Estados Unidos, devido a sua falta de uniformidade: Hans Kelsen, Judicial Review of Legislation: A Comparative Study of the Austrian and the U.S. Constitution, *The Journal of Politics* 4, No. 2 (1942): 183–200, p. 185.

[12] Ver: Nuno Garoupa & Tom Ginsburg, "Building Reputation in Constitutional Courts: Political and Judicial Audiences," *Arizona Journal of International and Comparative Law* 23, N. 3 (2011): 539–568, p. 540, fornecendo uma análise das partes que possuem legitimidade para iniciar o controle abstrato no contexto do Direito comparado. Ver também: Martin Shapiro & Alec Stone Sweet, *On Law, Politics, & Judicialization* (New York: Oxford University Press, 2003), p. 348–350, criticando a classificação generalista de controle concreto e abstrato, visto que essa dicotomia em última análise corrobora a negação equivocada do controle abstrato nos EUA.

dezembro de 2010.[13] Seiscentos e trinta casos foram incluídos no conjunto de dados.[14]

A primeira questão a se considerar é se há variações significativas nos resultados dos casos de controle abstrato por meio de ações diretas. Nosso estudo de controle abstrato em nível estadual através dos Tribunais de Justiça estaduais brasileiros é único. As ações diretas de inconstitucionalidade decorrentes de violações discutíveis à Constituição da República, as quais apenas podem ser protocoladas no STF, têm sido objeto de pesquisa de diversos acadêmicos.[15]

A segunda questão é a seguinte: se há variações, elas podem estar correlacionadas à adoção de um *órgão especial*, sendo que este é frequente em estados maiores (uma variável a ser levada em conta no âmbito do exercício empírico)? Ao mesmo tempo, realizamos uma contribuição à compreensão do sistema judicial brasileiro, enfocando as decisões dos tribunais estaduais sobre a constitucionalidade das leis em controle abstrato, à luz das Constituições Estaduais. Essa abordagem empírica que recorre à análise de regressão é incomum no Brasil, especialmente em relação a outros tribunais que não o Supremo Tribunal Federal.[16]

---

[13] Observe que, como regra geral, o controle realizado por ação direta é centralizado e abstrato no Brasil. Ver: Luís Roberto Barroso, *O Controle de Constitucionalidade no Direito Brasileiro* (Rio de Janeiro: Saraiva, 2012), p. 73.

[14] Uma análise detalhada sobre Direito constitucional brasileiro está fora do escopo deste artigo.

[15] Para pesquisas com foco em ADINs no nível federal, ver, por exemplo: Luiz Werneck Vianna, Maria Alice R. Carvalho, Manoel P. C. Melo & Marcelo B. Burgos, *A Judicialização da Política e das Relações Sociais no Brasil* (Rio de Janeiro: Revan, 1999); Marcus Faro de Castro, "The Courts Law and Democracy in Brazil," *International Social Science Journal* 152 (1997): p. 241–252; Luiz Werneck Vianna, Marcelo Baumann, & Paula Martins Salles, "Dezessete Anos de Judicialização da Política," *Tempo Social Revista de Sociologia da USP* 19 (2007): 39–85; Matthew M. Taylor, "Citizen Against the State: the Riddle of High Impact, Low Functionality Courts in Brazil," *Brazilian Journal of Political Economy* 25 (2005): 418–438; Matthew M. Taylor & Luciano Da Ros, "Os Partidos Dentro e Fora do poder: A Judicialização como Resultado Contingente da Estratégia Política," *DADOS – Revista de Ciências Sociais* 51 (2008): 825–864.

[16] Para pesquisas empíricas consistentes de regressões no âmbito do Supremo Tribunal Federal (doravante STF), ver, e.g., Maria Fernanda Jaloretto & Bernardo Pinheiro Machado Müeller, "O Procedimento de Escolha dos Ministros do Supremo Tribunal Federal – uma Análise Empírica," *Economic Analysis of Law Review* 2 (2011): 170–187; Mariana Llanos & Leany Barreiro Lemos, "Presidential Preferences? The Supreme Federal Tribunal Nominations in

Este artigo é estruturado de acordo com a descrição a seguir. A hipótese e uma base de dados são tratados na Parte II. A análise de regressão é apresentada e discutida na Parte III. A Parte IV conclui, levando em consideração os resultados preliminares.

2. Hipótese e Base de Dados

Esta investigação centra-se nos casos de controle abstrato exercido por meio de ações diretas e pleiteado perante vinte e cinco Tribunais de Justiça estaduais brasileiros.[17] Cada parte quer maximizar o que pode ser regulado (ou não), expandindo seus poderes políticos em algum ponto. Nesse contexto, as competências ou atribuições de uma das partes reduzem necessariamente a influência da outra parte. A legislação revista pelos Tribunais de Justiça estaduais reflete um conflito que não poderia ser resolvido politicamente dentro da esfera estadual. Os conflitos surgem entre os atores políticos que não puderam ser conciliados sem a intervenção dos Tribunais de Justiça estaduais.

Ao julgar tais conflitos, o Tribunal de Justiça estadual (ou órgão especial) é limitado pela Constituição da República, bem como pelas cláusulas de repetição obrigatória, que foram interpretadas pelo STF como salvaguardas do federalismo. Não obstante a posição de STF em relação à definição das normas que devem ser consideradas como de repetição obrigatória,[18] não há consenso

Democratic Brazil," *Latin American Politics and Society* 55, N. 2 (2013): 1–25; Ricardo Ribeiro, "Preferências, Custos da Decisão e Normas Jurídicas no Processo Decisório das Cortes: o Modelo de Múltiplos Comportamentos," *Economic Analysis of Law Review* 2 (2011): 264–296; Carolina Arlota & Nuno Garoupa, "Addressing Federal Conflicts: An Empirical Analysis of the Brazilian Supreme Court, 1988- 2010," *Review of Law & Economics* 10 (2014): 137–168.

[17] Embora tenhamos pesquisado todos os vinte e sete estados brasileiros (incluindo o Distrito Federal, que tem seu próprio tribunal, como se fosse uma unidade federativa), os dados de dois estados não puderam ser reunidos pois não estavam disponíveis on-line no momento em que esta pesquisa de dados foi concluído (dezembro de 2013). Para mais informações sobre os estados incluídos e seus dados: ver a Tabela 1, *infra*.

[18] A jurisprudência do STF considerou como normas de repetição obrigatória, entre outras: todas as normas pertinentes ao processo legislativo, incluindo regras sobre quem é a autoridade competente para elaborar leis; todas as normas da Constituição da República que visavam a administração pública – em todos os níveis; todas as disposições constitucionais sobre o Judiciário e as suas funções auxiliares; o número de representantes estaduais na

doutrinário sobre a extensão total de tais normas. As normas de repetição obrigatória coexistem com as normas que as Constituições Estaduais podem optar por repetir – neste caso, as normas de imitação.[19]

A Constituição de 1988 determina que metade das posições do órgão especial seja ocupada pelos membros mais antigos do Tribunal de Justiça estadual, enquanto a outra metade seja preenchida mediante eleição pelo Tribunal de Justiça estadual *en banc*.[20] Curiosamente, os juízes assentados na seção especializada dos Tribunais de Justiça estaduais estão entre os mais experientes e mais conhecedores de acordo com a eleição de seus próprios pares. Isso difere dos Tribunais de Justiça estaduais que não possuem seções ou órgãos especializados onde, teoricamente, cada juiz do Tribunal de Justiça estadual possui um voto.

Os órgãos especiais dos Tribunais de Justiça estaduais não constituem exigência constitucional obrigatória. Em vez disso, os mesmos são uma opção que a Constituição da República deixa a cargo de todos os estados cujo Tribunal de Justiça possua mais de vinte e cinco julgadores.[21] O número total de julgadores em um estado é tentativamente proporcional à população do estado e à demanda judicial relacionada.[22] A criação do órgão especial é informada por critério discricionário do Tribunal de Justiça *en banc*, em termos de seu direito processual interno.[23] Por isso, esta é baseada tecnicamente em um julgamento da conveniência e oportunidade. A fim de cumprir com

---

assembleia estadual; e os limites dos mandatos para governadores e prefeitos e as provisões sobre a reeleição. Tais normas constitucionais foram entendidas como uma manifestação do arranjo simétrico necessário entre os níveis estadual e federal. Neste sentido, por exemplo: Gilmar Ferreira Mendes & Paulo Gustavo Gonet Branco, *Curso de Direito Constitucional* (São Paulo: Saraiva, 2013), p. 792–793, e Uadi Lammêgo Bulos, *Curso de Direito Constitucional* (São Paulo: Saraiva, 2012), p. 915–918.

[19] Clèmerson Merlin Clève, *A Fiscalização Abstrata da Constitucionalidade no Direito Brasileiro* (São Paulo: Editora Revista dos Tribunais, 2000), p. 404.

[20] É feita referência ao artigo 93, última parte do § XI, da Constituição brasileira de 1988.

[21] Artigo 93, § XI. Para os argumentos que defendem o caráter discricionário da criação de um órgão especial e que afirmam que a Emenda Constitucional 45 de 2004 reforçou a existência de órgãos especiais, ver: Alexandre de Moraes, "Órgão Especial e Delegação Constitucional de Competências Jurisdicionais, Disciplinares e Administrativas do Tribunal Pleno," *Revista de Direito Admnistrativo* (2007): 292–305, p. 294–297.

[22] Artigo 93, XIII, da Constituição de 1988.

[23] Alexandre de Moraes, *Direito Constitucional* (São Paulo: Atlas, 2012), p. 561–562.

as disposições constitucionais, os números mínimo e máximo de julgadores dos Tribunais de Justiça estaduais na composição do órgão especial, devem totalizar onze e vinte e cinco, respectivamente.[24] Desse modo, este estudo argumenta que houve uma opção constitucional feita para beneficiar e respeitar os poderes federalistas que permaneceram nas mãos dos estados e de sua jurisdição relacionada.[25]

É necessário fazer uma observação a respeito da jurisdição dos órgãos especializados. Os órgãos especializados absorvem todas as competências que originalmente pertenciam aos tribunais *en banc* (tribunais plenos), possuindo jurisdição completa sobre a matéria em questão.[26] Portanto, não cabe recurso da decisão do órgão especial ao Tribunal de Justiça estadual. O órgão especial é um tribunal em si mesmo.[27] O mesmo concentra-se em decisões que antes de sua criação teriam sido tomadas pelo Tribunal de Justiça pleno, isto é, por todos os juízes do referido Tribunal. Convém igualmente assinalar que quando os órgãos especializados forem criados, apenas os juízes que estiverem em tal painel poderão pronunciar-se sobre novo questionamento de constitucionaldidade no que tange ao controle abstrato de constitucionalidade. Neste sentido, suas funções são realizadas de forma especializada – em oposição a outros juízes do Tribunal de Justiça estadual que não façam parte do órgão.

---

[24] Tem havido críticas quanto ao número total de vinte e cinco julgadores, afirmando que este é grande demais e que, em última instância, o mesmo compromete a deliberação, tal como argumenta: Nagib Slaibi Filho, *O Órgão Especial na Reforma da Justiça,* (2011), acessado pela última vez em novembro de 2013 e disponível em: ww.nagib.net/index.php/publicacoes/artigos/constitucional, em 2. O professor observa, em 2, que o número de vinte e cinco juízes foi determinado pela Emenda Constitucional 7, de 1977 (que alterou a Constituição militarmente-promulgada de 1967).

[25] Afinal de contas, este é um estudo empírico que visa o impacto de tal opção constitucional e é lugar comum afirmar que o papel aceita tudo – como já foi observado, em 1848, por Ferdinand Lassalle, *Qu'est-ce qu'une Constitution?* (Paris: Sulliver, 1999), p. 61.

[26] Artigo 93, XI, da Constituição de 1988.

[27] Artigo 93, XI, da Constituição de 1988 e da Resolução Administrativa nº. 2, do Conselho Nacional de Justiça, de 14.03.2006 (*Enunciado Administrativo do Conselho Nacional de Justiça-CNJ*), acessado pela última vez em fevereiro de 2014, e disponível em: http://www.cnj.jus.br/atos-administrativos/atos-da-presidencia/314-enunciados-administrativos/ 11158 enunciado-administrativo-no-2, estabelecendo que, onde for criado, o órgão especial terá as competências delegadas do Tribunal de Justiça *en banc*, sendo que o quórum para a decisão pelo órgão deverá somar a maioria absoluta dos seus membros.

Além disso, há uma exigência específica de reserva de julgamento pelo plenário que deve ser cumprida quando o Tribunal de Justiça (ou órgão especial) decide sobre a inconstitucionalidade de uma lei – em oposição a um único juiz. De acordo com esta exigência, somente o voto da maioria absoluta dos membros do tribunal *en banc* – ou do órgão especial, nos estados em que este existir – pode declarar uma norma inconstitucional.[28] A declaração de constitucionalidade rejeita a exigência plenária devido à presunção jurídica geral da constitucionalidade das leis.[29] No texto constitucional brasileiro atual,[30] a exigência plenária também se aplica às normas principais e centralizadas de fiscalização judicial, desde que tal inconstitucionalidade ainda não tenha sido reconhecida pelo Tribunal de Justiça (ou seu órgão especial) *en banc*.[31]

As medidas de desempenho que analisamos são as mais obviamente relacionadas aos argumentos favoráveis e desfavoráveis ao controle de constitucionalidade especializado. Se um tribunal especializado é melhor do que um tribunal não especializado, então devemos esperar que os casos sejam decididos mais rapidamente; por essa razão, nós estudamos a variável da duração. Nessa linha, os casos devem refletir a melhor qualidade da legislação (portanto nos voltamos para a extensão do texto decisório e para as citações a tribunais superiores). Além disso, uma vez que se espera que um tribunal especializado conheça melhor as doutrinas legais e suas nuances, podemos esperar discussões jurídicas mais profundas e um raciocínio potencialmente diferente (de modo que consideramos os índices de dissensão).

Nesta fase, podemos supor, com base principalmente na estrutura constitucional, que os órgãos especiais afetariam o desempenho dos juízes do Tribunal de Justiça, porque só os estados com mais de vinte e cinco juízes de apelação são autorizados a manter órgãos especializados. Ao considerar tais arranjos institucionais, elaboramos a seguinte hipótese nula:

---

[28] Artigo 97 da Constituição de 1988.

[29] Barroso, *O Controle de Constitucionalidade no Direito Brasileiro*, p. 120, enfatizando que a reserva de plenário se aplica apenas à inconstitucionalidade, mas não à declaração de constitucionalidade.

[30] Keith S. Rosenn, "Procedural Protection of Constitutional Rights in Brazil," *American Journal of Comparative Law* 59 (2011): 1009–1050, p. 1009–1013, analisando o sistema brasileiro de revisão judicial e afirmando sua complexidade notória.

[31] Barroso, *O Controle de Constitucionalidade no Direito Brasileiro*, p. 120.

H0: A existência de um órgão especial não tem efeito sobre os indicadores de desempenho dos Tribunais de Justiça estaduais.

A presente pesquisa foi orignalmente concebida para abranger casos de *ação direta de inconstitucionalidade* (ou *representação de inconstitucionalidade*),[32] *ação declaratória de constitucionalidade*,[33] e *ação direta de inconstitucionalidade por omissão*[34] por vinte e cinco Tribunais de Justiça estaduais do Brasil, tendo a Constituição Estadual como parâmetro de controle.[35] Vale ressaltar que

[32] A *ação direta de inconstitucionalidade* (ADIN) é uma forma de ação direta em que a declaração de inconstitucionalidade ocorre na principal forma de controle – isto é, ela visa a anulação de uma norma estadual ou federal em abstrato. Ela é exercida sob o controle concentrado de constitucionalidade por parte do *Supremo Tribunal Federal*, quando a inconstitucionalidade alegada refere-se à violação da Constituição da República; ou pelos Tribunais de Justiça estaduais, caso a norma estadual ou local indiscutivelmente viole a Constituição Estadual. *Representação de inconstitucionalidade* é como a Constituição Federal se refere à *ação direta de inconstitucionalidade federal*, i.e., ação direta de inconstitucionalidade em nível estadual no artigo 125, parágrafo segundo, da Constituição de 1988. Esta pesquisa concentra-se no nível estadual e utiliza ambos os termos (*ação direta de inconstitucionalidade* e *representação de inconstitucionalidade*) alternadamente.

[33] A *ação declaratória de constitucionalidade* (ADC) é também uma forma de ação direta, com a declaração de constitucionalidade ocorrendo na chamada forma principal de controle. A mesma tem como objeto uma norma federal particular em abstrato – e uma norma federal apenas, de acordo com o artigo 102, I, a, da Constituição de 1988. A *ação declaratória de constitucionalidade* é exclusivamente exercida sob o controle centralizado dos Tribunais de Justiça estaduais, caso a norma estadual esteja indiscutivelmente em conflito com a Constituição Estadual. A existência da *ação declaratória de constitucionalidade* no nível estadual não é unânime em toda a federação brasileira. As ferramentas de busca dos Tribunais de Justiça estaduais não faziam distinção entre ADC e ADIN na esfera estadual, como detalhado infra.

[34] Esta pesquisa originalmente incluía *ação direta de inconstitucionalidade por omissão* – ou seja, ações diretas por omissão ou ausência de uma medida particular. Nenhuma delas foi encontrada em nossa amostra, como discutimos mais adiante. A existência da ADIN por omissão em nível estadual é em si controversa. Fornecendo argumentos de apoio a tal existência, desde que considerações simétricas com nível federal sejam observadas: Clève, *A Fiscalização Abstrata da Constitucionalidade no Direito Brasileiro*, p. 393–396.

[35] No Brasil, "parâmetro" é a denominação mais comum referente à distinção entre o controle abstrato de constitucionalidade exercido quando considerado o texto da Constituição Estadual ou Federal. Não obstante a complexidade da revisão judicial brasileira e os potenciais problemas muitas vezes existentes em traduções técnicas jurídicas, vale a pena contextualizar a utilização de tal denominação. Ressaltamos que, como observado por Shapiro and Stone Sweet, *em Law, Politics & Judicialization* p. 352: "nenhum tratado no Direito constitucional americano utiliza o termo 'controle abstrato'." A experiência constitucional dos EUA não possui um termo exato para substituir o conceito brasileiro de "parâmetro de controle de

as ADINs e ADCs genéricas são ações bastante semelhantes, cuja principal diferença é a necessidade de uma controvérsia judicial prévia sobre a constitucionalidade de uma lei.[36] A ação declaratória de constitucionalidade não tem correspondência rigorosa na experiência comparativa.[37] A Constituição não menciona expressamente a ação declaratória de constitucionalidade no nível estadual, mas não há doutrina jurídica especializada argumentando sua admissibilidade.[38]

---

constitucionalidade", devido ao fato de que a revisão judicial dos EUA é tradicionalmente exercida em casos concretos, ou seja, arguiciao de inconstitucionalidade de uma norma é discutida em um caso real ou controvérsia com o requerente tendo que provar a ocorrência de dano concreto e efetivo, de forma geral. Delineando a exigência de "caso ou controvérsia" do artigo 3 da Constituição dos EUA e de dano real e objetivo, da doutrina de "standing": Lawrence H. Tribe, *American Constitutional Law* (New York: Foundation Press, 2000), p. 311–318, e 392–424, respectivamente. Em qualquer caso, o controle concreto difere bastante do controle abstrato, em que a constitucionalidade é o foco da ação e julgada em abstrato – ou seja, sem a exigência de danos de fato. No controle abstrato, como dito anteriormente, apenas pessoas, organismos ou instituições pré-selecionados possuem legitimidade para discutir a constitucionalidade em tal quadro teórico. Além disso, a tradição constitucional dos EUA refere-se ordinariamente a "limitações" ao considerar o conflito potencial entre as normas constitucionais estaduais e federais. Kenneth L. Karst, revisado por James E. Pfander, ed. Kermit Hall, *The Oxford Companion to the Supreme Court of the United States* (New York: Oxford University Press, 2005), p. 532, afirmando que esta visão é baseada na compreensão geral de que as esferas estaduais e federais de soberania são uma consequência natural do federalismo dual americano. Ver, entre outros: Erwin Chemerinsky, *Constitutional Law: Principles and Policies* (New York: Aspen Publishers, 2006), p. 312–327, e p. 389–473, detalhando os poderes federais e estaduais, a Décima Emenda, bem como os limites dos poderes estaduais no âmbito regulatório e tributário à luz da doutrina da preempção, a Cláusula de Comércio latente, e a cláusula sobre Privilégios e Imunidades do artigo IV, Seção 2, da Constituição dos EUA. Vale ressaltar que, no Brasil, dependendo da exata interpretação escolhida para a longa e analítica Constituição de 1988, o âmbito já limitado das competências estaduais e poderes pode ser reduzido ainda mais, como sublinhado em: Mendes & Branco, *Curso de Direito Constitucional*, p. 1322.

[36] Tecnicamente, a outra distinção principal é que as ADINS decorrentes de potencial violação à Constituição de 1988 podem ter como objeto as leis estaduais e federais ou atos normativos; ao passo que as ADCs decorrentes de potencial violação à Constituição só podem ter as leis federais como objeto.

[37] Barroso, *O Controle de Constitucionalidade no Direito Brasileiro*, p. 258.

[38] Citando as abordagens teóricas, e também defendendo a admissibilidade da ação declaratória de constitucionalidade no nível estadual: Barroso, *O Controle de Constitucionalidade no Direito Brasileiro*, p. 261; Moraes, *Direito Constitucional*, p. 811; Lammêgo Bulos, *Curso de Direito Constitucional*, p. 318. Alegando que tal ação declaratória não seria muito útil, na medida em

ESTUDOS SOBRE NEGÓCIOS E CONTRATOS

A base de dados final[39] inclui casos de controle abstrato iniciados através de ações diretas e julgados entre 1 de Janeiro de 2006 e 31 de Dezembro de 2010 (principalmente casos de *ação direta de inconstitucionalidade* ou *representação de inconstitucionalidade*) em vinte e cinco Tribunais de Justiça estaduais.[40] Nós não levamos em consideração as alegações de mera declaração incidental que são convertidas em abstratas, conforme julgadas por tribunais estaduais.[41] Para os estados onde o número absoluto de ações abstratas foi maior do que quarenta, uma amostragem aleatória foi realizada.[42] O conjunto de dados

que a norma estadual inconstitucional discutível ainda estaria sujeita à revisão constitucional federal: Clève, *A Fiscalização Abstrata da Constitucionalidade no Direito Brasileiro*, p. 395–396.

[39] Os mecanismos de busca da maioria dos tribunais de apelação estadual não diferenciavam entre as ações judiciais, geralmente elencando apenas as ADINs.

[40] Foram pesquisados os vinte e sete estados da República Federativa do Brasil. Infelizmente, os websites dos estados de Goiás e Espírito Santo não foram capazes de executar a busca pertinente a esta pesquisa pertinente para esta pesquisa, isto é, a seleção dos casos decididos pelos Tribunais de Justiça estaduais entre 1 de Janeiro de 2006 e 31 de Dezembro de 2010.

[41] Nossa pesquisa abrange casos de controle abstrato iniciados por ações diretas. Focamos nesse tipo de controle (excluindo assim controle abstrato que ocorre no chamado *incidente de inconstitucionalidade*) a fim de permitir a comparação com pesquisas anteriores em nível federal – como discutido, *infra*. Portanto, nossa pesquisa foi orientada para os seguintes tipos de ações: *ação direta de inconstitucionalidade* ou *representação de inconstitucionalidade*, como alguns estados se referem à *ação direta de inconstitucionalidade* no nível estadual); *ação direta de inconstitucionalidade por omissão* e *ação declaratória de constitucionalidade*. Todas as informações foram recolhidas entre março de 2012 e dezembro de 2013, e estavam disponíveis no website de cada Tribunal de Justiça estadual. Vale reiterar que os mecanismos de pesquisa dos websites não são uniformes em todos os Tribunais de Justiça estaduais do Brasil. Assim, em alguns estados (como por exemplo a Bahia) não havia nenhuma indicação do tipo de processo envolvido. Neste caso, nós lemos as referências de cada processo, a fim de determinar se o mesmo era relativo a: ADIN, ADC ou ADIN por omissão. Além disso, em alguns estados (como ocorreu com o Rio de Janeiro), as ferramentas de busca do site não diferenciavam entre as classes de ação, listando todos os casos de revisão constitucional sobre os quais o órgão especial decidira. Nessas hipóteses, lemos o resumo do julgamento para determinar se o mesmo não era um caso que o órgão especial decidiu com base na revisão fora do escopo desta pesquisa – sendo exemplos recorrentes deste último: declaração incidental de inconstitucionalidade (uma ação processual que ocorre no curso de outro processo, que é a principal ação legal) e mandado de segurança.

[42] A Tabela 1 ilustra as informações recolhidas a partir de vinte e cinco estados brasileiros. É importante observar que caso um determinado estado tivesse mais que um total de quarenta ações de controle abstrato, uma amostragem aleatória era realizada. Um procedimento de amostragem aleatória foi utilizado a fim de garantir a representação proporcional final em nosso conjunto de dados. A seleção aleatória foi realizada como a seguir: Mato Grosso, Pará, Pernambuco e Rio Grande do Norte: uma em cada duas decisões foi analisada e codificada;

está resumido na Tabela 1 (Informações detalhadas podem ser encontradas na Tabela 2).

Para cada caso, foram obtidas as seguintes informações divididas em dez fatores, conforme enunciamos abaixo:

(1) Decisão favorável ou desfavorável ao requerente;

(2) Identidade do requerente (governador, assembleia do estado, outros atores políticos, outros);

(3) Natureza da alegação (administrativa, tributária, contratual, Direito eleitoral, Direito ambiental, Direito constitucional processual, ou outras);

(4) Número de votos divergentes;

(5) Extensão da decisão (medida pelo número de palavras);

(6) Intervalo de tempo (a partir do momento em que a petição foi apresentada ao tribunal até a decisão *in limine* ou final);

(7) Distinção entre a decisão definitiva ou *in limine*; e, caso fosse final, se o processo foi extinto com ou sem julgamento de mérito. No primeiro caso, nós também pesquisamos se houve alteração da decisão feita *in limine* ou se o tribunal ordenou uma medida provisória (ou seja, se a liminar foi concedida e a decisão final pronunciada sobre a constitucionalidade da lei); e caso a liminar tenha sido negada, se a decisão final levou em consideração a norma constitucional. Nós também pesquisamos se os efeitos da decisão final foram modulados (isto é, se a decisão não respeitou a regra geral de efeito retroativo aplicável às ADINs a partir da data em que a decisão foi publicada). Devemos ressaltar que a Constituição e a lei federal 9868, de 1999, não tratam da possibilidade de modulação dos efeitos quando a violação discutível da constitucionalidade decorre da Constituição Estadual. Por isso, investigamos se os Tribunais de Justiça estaduais estavam recorrendo a essa alternativa;

Santa Catarina: uma em cada três decisões foi analisada e codificada; Distrito Federal e Minas Gerais: uma em cada cinco decisões; São Paulo: uma em cada seis decisões; Rio de Janeiro: uma em cada oito decisões foi analisada e codificada.

(8) Se a decisão reconheceu o ato normativo do estado ou município como cláusula obrigatória de repetição (como espelhamento da Constituição Federal) ou se a decisão foi silente. Isso é relevante porque a repetição da Constituição Federal funciona como um teste pragmático da Constituição Estadual;

(9) Número de juízes envolvidos na turma julgadora; e

(10) Em caso de citações a outros tribunais, verificamos que tribunal foi citado (o STF, o *Supremo Tribunal de Justiça* – STJ, que é o tribunal superior do Brasil para a lei infraconstitucional, ou outro tribunal estadual superior). Isto é particularmente relevante porque o número de decisões de tribunais inferiores consecutivas ao STF carece de pesquisa sistemática.[43] Além disso, a Emenda Constitucional 45, de dezembro de 2004, que estabeleceu a *súmula vinculante* – um mecanismo semelhante ao precedente vinculante – entrou em vigor antes do período pesquisado. Nesse sentido, nós testamos se a centralização que o STF visa alcançar com a emenda é realmente eficaz.

A partir da Tabela 1, algumas variações importantes entre os estados brasileiros podem ser notadas. Alguns estados têm um pequeno número de decisões entre 2006-2010, e, portanto, desempenham um papel menos importante em nosso conjunto de dados. No entanto, em referência àqueles estados com um número considerável de decisões, é possível ver diferenças significativas.

Começando com a existência de dissensos (votos vencidos ou opiniões dissidentes da maioria), constatamos que o DF, Minas Gerais e São Paulo parecem ser menos propensos a decisões unânimes do que os estados do Rio de Janeiro, Mato Grosso, Santa Catarina e Pará. Quanto ao intervalo de tempo, podemos ver que eles são menos significativos no DF, Minas Gerais, Mato Grosso e São Paulo, sendo mais significativos no Pará e em Pernambuco. O Rio de Janeiro fica bastante próximo da média nacional. Finalmente, a extensão em número de palavras indica decisões mais curtas no Rio de Janeiro e no Mato Grosso, e mais longas no Distrito Federal.

---

[43] Oscar Vilhena Vieira, *O Supremo Tribunal Federal: Jurisprudência Política* (São Paulo: Malheiros, 2002), p. 218.

Entre os vinte e cinco Tribunais de Justiça estaduais para os quais temos informações, dez atualmente possuem um órgão especial o Ceara implementou um em 2011, sendo que os quinze restantes decidem *en banc* (assim como os dois estados que ficaram de fora desta pesquisa, que também decidem *en banc*). A pergunta a ser empiricamente respondida é à medida que essas variações são explicadas pela adoção de um órgão especial.

Como mencionado anteriormente na presente parte, a Constituição de 1988 não determina que estados devem ou não possuir órgãos especiais. Ela limita-se a conceder discricionariedade a cada Tribunal de Justiça, a fim de criar tais órgãos, desde que o Tribunal de Justiça possua vinte e cinco julgadores (ou mais). O tamanho do Tribunal envolve um difícil equilíbrio entre o tempo necessário para chegar a uma decisão e a qualidade da precisão da adjudicação. Assim, quanto maior for número de juízes em um tribunal constitucional, maiores serão os custos de deliberação – embora com menor possibilidade de erro do que se o tribunal tivesse apenas um único juiz.[44]

Em face do exposto, entre os vinte e cinco Tribunais de Justiça estaduais para os quais temos informações, dez possuíam órgãos especiais e quinze decidiam *en banc* (i.e., não possuíam um órgão especial). Entre os quinze Tribunais de Justiça estaduais que decidem *en banc*, dez (aproximadamente 67%) não cumprem a exigência constitucional de possuírem mais de vinte e cinco julgadores. Entre os quinze estados pesquisados que não possuem órgão especializado, cinco estados (33%) possuem mais de vinte e cinco julgadores compondo seu Tribunal de Justiça. Estes dados estão compilados na Tabela 1. Apesar de cumprirem o requisito geral para a criação de um órgão especial, esses cinco estados optaram por não criar tais órgãos. De acordo com nossos dados,[45] os estados que possuem mais de vinte e cinco juízes compondo o Tribunal de Justiça, mas que não possuem um órgão especial são os seguintes: Bahia, Ceará (que criou um órgão especial em 2011), Maranhão, Goiás e Mato Grosso. Os três primeiros estão localizados no nordeste e os dois últimos estão localizados na região centro-oeste.

---

[44] Tom Ginsburg, *Judicial Review in New Democracies: Constitutional Courts in Asian Cases* (Cambridge: Cambridge University Press, 2003), p. 47.
[45] A Tabela 1 mostra as informações pertinentes.

A nossa base de dados mostra que o Ceará tem uma defasagem média de mais de quarenta e sete meses para decidir um caso de controle abstrato. Assim, não é surpreendente que o Tribunal de Justiça decidiu, usando sua discricionariedade, criar um orgão especial. A Bahia, com mais de trinta e seis meses de defasagem média, também está muito acima da média nacional de quase 19 meses. Até agora, contudo, este estado optou por não criar tal órgão. Ainda está em aberto a forma como o Tribunal de Justiça estadual lidará com a questão. Os demais estados (Goiás, Maranhão e Mato Grosso) estão muito abaixo da média nacional de ações judiciais e não cumprem o limite em relação ao volume de ações no judiciário estadual.[46]

O Brasil oferece um contexto fascinante para testar a relação entre a revisão constitucional especializada e os índices de resultados, devido às variações entre os Tribunais de Justiça estaduais brasileiros dentro de origens culturais e legais semelhantes. Neste cenário, a pesquisa considera que o federalismo brasileiro é incorporado com assimetria significativa entre os estados. Os estados localizados nas regiões sudeste e sul tendem a contribuir mais significativamente para o PIB, ao passo que os estados localizados nas demais regiões, principalmente do norte, contribuem menos.[47] Todos os estados pesquisados localizados nas regiões sul e sudeste possuem órgãos especiais. Seus indicadores de desempenho são todos abaixo da média nacional em termos de duração e extensão das decisões. Assim, os estados mais desenvolvidos do Brasil compreendem os órgãos especializados como eficientes e seus indicadores de desempenho geralmente corroboram esse entendimento quando comparados com os indicadores médios nacionais, tal como ilustra a Tabela 1.

Considerando a composição geral dos casos em nossa base de dados, observamos que as principais questões ajuizadas consistem em questões públicas. Os dois tipos mais frequentes de ações estão relacionados à legislação tributária (incluindo competências para questões orçamentárias) e ao Direito administrativo (trafego, zoneamento urbano, demais manifestações do poder de policia).

---

[46] O Artigo 93, XIII, da Constituição de 1988 exige que a população e a demanda pelo serviço judicial sejam elevadas, a fim de justificar a criação de novos cargos para juízes, mas a disposição não trata especificamente dos juízes dos Tribunais de Justiça estaduais.

[47] De acordo com as estatísticas oficiais do Instituto Brasileiro de Geografia e Estatística: IBGE, com base no último censo (2010), acessado pela última vez em Novembro de 2013, e disponível em: http://www.ibge.gov.br/estadosat

O fato de as leis fiscais e administrativas serem os assuntos mais litigados replica as decisões federais do STF sobre as ADINs, porque tais questões também são comuns no nível federal.

Neste ponto, voltamos nossa atenção para os tipos de casos (ações judiciais) apresentados no conjunto de dados. Embora a pesquisa abranja casos de ADIN (também chamados de representação de inconstitucionalidade nas Constituições Estaduais), ADIN por omissão e ADC, a grande maioria do nosso conjunto de dados compreende as ADINs. Isso ocorre devido a três razões principais. A primeira é uma explicação técnica: a maioria dos mecanismos de busca em cada *website* dos Tribunais de Justiça estaduais lista as ADINs como única ação de inconstitucionalidade. Em segundo lugar, a jurisprudência do STF considera as ADINs e as ADCs como ações iguais, apesar do chamado sinal invertido de inconstitucionalidade. Tal entendimento resulta em uma atenuação da presunção geral de constitucionalidade das normas, tão cara aos países de matriz jurídica romano-germânica. Os Tribunais de Justiça estaduais, seguindo o exemplo do STF, não fazem distinção entre as ADINs e as ADCs no nível estadual. [48] Em terceiro lugar, a pesquisa do site do STF só recentemente começou a diferenciar entre ADIN comum e ADIN por omissão – sendo esta última rara em nível federal. Assim, não é de se estranhar que os *websites* dos Tribunais de Justiça estaduais não diferenciassem entre os tipos de ADINs até 2010.

Apesar da admissão doutrinal de ADINs por omissão e ADCs, tais ações mal aparecem em nível estadual. A questão central é que nem todas as Constituições Estaduais consideram realmente esses tipos de ações ao mencioná-las especificamente em seus textos. Nossos achados em relação à falta de ADINs por omissão e de ADCs corrobora o entendimento de que as Constituições Estaduais não são particularmente relevantes no contexto nacional atual, devido ao fato de que assuntos limitados são deixados para determinação nas

---

[48] A jurisprudência do STF abordou a ação direta geral de inconstitucionalidade e a ação direta de inconstitucionalidade com base na omissão – mesmo perante a lei 12.063, de 2009 – como ações similares. O website do próprio Tribunal, em seus mecanismos de busca, não fazia distinção entre as duas ações até outubro de 2008, como foi observado pelo Ministro Gilmar Mendes em Mendes & Branco, *Curso de Direito Constitucional*, p. 1156. Os autores ressaltam as dificuldades de se saber o número exato de ações diretas de inconstitucionalidade decorrentes de omissões, por exemplo.

Constituições Estaduais.[49] Nossos resultados também validam o fato de que a importância da Constituição Estadual tem sido ao menos mitigada.

Nesta fase, uma observação sobre como nós definimos nossa abordagem à Constituição Estadual é necessária. Esta pesquisa foi cética quanto à relevância das Constituições Estaduais, apesar da limitada literatura sobre o tema. Na realidade, os autores que consideraram a questão haviam circunscrito suas reivindicações à relevância reduzida das Constituições Estaduais em geral.[50] Vale ressaltar que nós também recolhemos dados sobre cada Constituição Estadual, a fim de verificar se as normas extensivas de legitimidade para controle abstrato teriam impacto significativo sobre as partes que de fato litigam (as mesmas não tiveram, como examinaremos mais adiante nesta seção).

O número de pessoas legitimadas ou entidades habilitadas para agir não parece afetar o número total de ações, porque os principais atores que realmente contestam um determinado ato legislativo em tribunal são geralmente os mesmos em todos os estados. É importante ressaltar que o fato de determinadas provisões das Constituições Estaduais possam ser mais amplas ou mais rigorosas não parece influenciar os requerentes (partes com potencial legitimidade para agir) que de fato contestam o ato.[51] Observa-se que as partes que contestaram disposições legislativas estaduais são as mesmas em todo o conjunto de dados, a saber: o governador, o Ministério Público e a assembleia legislativa. Isso provavelmente indica que os governadores operam pela

---

[49] Claudio Pereira de Souza Neto & Daniel Sarmento, *Direito Constitucional: Teoria, História e Métodos de Trabalho* (Rio de Janeiro: Forum, 2013), p. 335.

[50] É feita referência geral a conhecidos constitucionalistas brasileiros, entre eles: Moraes, *Direito Constitucional*, p. 605–607, criticando decisões do STF que removeram de Constituições Estaduais competências específicas; citando as várias instâncias em que o STF declarou que normas constitucionais estaduais violavam a Constituição Federal: Mendes & Branco, *Curso de Direito Constitucional*, p. 791–797; informando a aplicação comum do princípio da simetria em nível estadual: Lammêgo Bulos, *Curso de Direito Constitucional*, p. 917, Clève, *A Fiscalização Abstrata da Constitucionalidade no Direito Brasileiro*, p. 394, e Barroso, *O Controle de Constitucionalidade no Direito Brasileiro*, p. 205.

[51] Rio de Janeiro, Rio Grande do Sul e Mato Grosso seriam os três estados mais flexíveis, ou seja, com as mais extensas listas de legitimidade. Isso ocorre ao considerarmos as Constituições Estaduais mais flexíveis como aquelas que autorizam dois dos três atores que possuem legitimidade para iniciar ADINs: a Procuradoria Geral do Estado, a Defensoria Pública e os sindicatos locais (ou entidades de classe locais), sem outras restrições.

verificação das assembleias legislativas e vice-versa, sendo que o Ministério Público Estadual é um agente eficaz na verificação de ambos.

Notavelmente, os partidos políticos, entidades de classe ou sindicatos não parecem ativos em comparação com o percentual de ações em nível nacional. A título de comparação com o nível nacional, as percentagens de ADINs protocoladas entre 1988 e 2002 são as seguintes: partidos políticos (34%), sindicatos profissionais (20%) e associações (15%). Sendo assim, tais atores protocolaram 69% de todas as ADINs.[52] Este é outro argumento que sustenta nossa afirmação de que os resultados preliminares corroboram a visão que compreende as Constituições Estaduais brasileiras como não sendo suficientemente relevantes na prática. Caso contrário, esses atores ativos no nível federal teriam estado envolvidos em litígios mais agressivos em nível estadual.

Argumentamos ainda que outra explicação relacionada aos números mais baixos alcançados em comparação ao nível federal se refere ao papel exercido pelos tribunais. Sugerimos que essas disputas controversas em nível estadual simplesmente não estão alcançando o Judiciário estadual. Neste sentido, esses atores políticos específicos foram capazes de conciliar seus interesses sem a intervenção do Tribunal de Justiça estadual (ou órgão especial), resolvendo suas discordâncias politicamente. Esse fato é consistente com o entendimento de que os atores políticos estaduais são poderosos por si próprios, ou seja, cada um possui seu próprio poder de barganha. Portanto, menos conflitos são ouvidos pelo Judiciário estadual. Os decisores políticos em geral não estão preocupados com o conteúdo das Constituições Estaduais.[53] Apesar da jurisdição dos Tribunais de Justiça estaduais ser percebida como um componente essencial do federalismo brasileiro, o papel desempenhado pelos mesmos tem realmente diminuído, na ausência de mandados constitucionais estaduais e/

---

[52] Os números referem-se à pesquisa realizada por: Matthew M. Taylor, *Judging Policy: Courts and Policy Reform in Democratic Brazil* (Stanford: Stanford University Press, 2008), p. 81.

[53] Essa relevância reduzida das Constituições Estaduais não é necessariamente constante na experiência constitucional brasileira, na medida em que, durante a *República Velha*, entre 1889 e 1930, estas desempenharam um papel notável. Neste sentido: Souza Neto & Sarmento, *Direito Constitucional: Teoria, História e Métodos de Trabalho*, p. 335–336, em que os autores sublinham a importância das Constituições Estaduais nos EUA e o fato de a Suprema Corte dos EUA não impedir consistentemente os desvios do texto constitucional federal – como muitas vezes ocorre no Brasil.

ou alternativas que assegurem sua jurisdição.[54] Assim, nossa investigação corrobora o entendimento geral considerando que as Constituições Estaduais por si próprias possuem importância reduzida.[55]

No que diz respeito aos conflitos serem ouvidos de fato, nota-se que os casos mais relevantes terminam nos tribunais. Chegamos a essa conclusão pois os requerentes ganham 70,47 por cento dos casos.[56] Atribuímos esse percentual ao fato de as ações serem propostas e conduzidas por agentes públicos capacitados, tais como o governador e o procurador-geral do estado (ambos possuindo fácil acesso a advogados públicos altamente competentes). Assim, a seleção dos casos parece operar antes de as partes realmente decidirem dar início a uma ação judicial.

Além disso, argumenta-se que esta taxa significativa de sucesso (70,47%) pode ser vista como causas propostas de forma mais eficiente de forma mais eficiente, pois apenas as partes com vastos recursos legais protocolam ADINs.[57] Isso demonstra forte contraste com o nível federal, no qual associações e partidos políticos são partes em litígio importantes e muito politicamente orientadas.[58] A composição menos politizada dos Tribunais de Justiça estaduais e dos órgãos especiais também pode ser relevante, pois não há nenhuma nomeação política direta exclusiva pelo governador, tal como acontece com o presidente da republica no nível federal, i.e., no STF,[59] como já abordado anteriormente. Assim, nossos resultados preliminares corroboram a suposição geral e intuitiva de que através da remoção de influências políticas dos mecanismos de nomeação de juízes dos Tribunais de Justiça estaduais (e órgãos especiais), a politização no julgamento de ADINs estaduais é consideravelmente atenuada. Também por isso as escolhas constitucionais federativas são relevantes,

---

[54] A forma federativa de estado é considerada entre as chamadas cláusulas pétreas da Constituição, conforme determina o artigo 60, parágrafo 4o, I, da Constituição brasileira de 1988.

[55] Citando tal importância diminuída, entre outros: Barroso, *O Controle de Constitucionalidade no Direito Brasileiro*, p. 261.

[56] Enfatiza-se a ausência de pesquisa similar com a qual pudéssemos comparar nossa base de dados. Esse índice abrange medidas liminares, bem como decisões finais.

[57] Como, por exemplo, governadores de estado, pois possuem acesso a excelente advocacia publica e sem custos extras.

[58] Por exemplo: Taylor, *Judging Policy: Courts and Policy Reform in Democratic Brazil*, p. 79, indica que os requerentes de ADINs em nível federal possuem cerca de 25 por cento de chances de vitória no STF, caso as medidas liminares e as decisões finais sejam combinadas.

[59] Artigo 94 da Constituição de 1988.

pois minimizam a politização do sistema judicial estadual, ao passo que a permitem no nível federal.

Além disso, esclarecemos que o modelo de Priest & Klein para disputas litigadas e disputas resolvidas antes ou durante o processo judicial nos Estados Unidos não parece aplicável às decisões por controle abstrato de constitucionalidade.[60] A principal justificativa para o nosso ponto de vista é que as regras processuais adotadas barram a desistência da parte que iniciou a ADIN, o que por sua vez impossibilita acordos.[61] Outra justificação central que descarta a aplicação do famoso modelo é a pesquisa alegando que qualquer taxa de litígio favorecendo o requerente é possível, na medida em que a probabilidade de 50 por cento de ganho defendida por Priest & Klein possui exigências muito específicas para sua validação.[62]

3. Análise de Regressão

Nossas variáveis dependentes para testar nossa hipótese são: a extensão (extensão da decisão medida pelo número total de palavras), o intervalo de tempo (defasagem de tempo desde o início da ação até a decisão – seja a mesma final ou *in limine*), o índice de dissensão entre os juízes dos Tribunais de Justiça estaduais, o fato de a decisão ter sido favorável ao requerente e a citação a outras cortes (STF, STJ, ou outro tribunal superior) por parte do tribunal que proferiu a decisão final. Se um Tribunal de Justiça estadual de um determinado estado foi citado, os dados foram registrados.

Os indicadores de desempenho mencionados acima estão diretamente relacionados aos benefícios alegados da especialização abordados na Introdução deste artigo. Neste sentido, um controle de constitucionalidade melhor e mais ágil deve ser observado em termos de um intervalo de

---

[60] George Priest & Benjamin Klein, "The Selection of Disputes for Litigation," *Journal of Legal Studies* XIII (1984): 1–55.

[61] Neste sentido: Artigo 5 da Lei 9.868 de novembro de 1999. Observe que as regras processuais previstas na presente lei são também aplicáveis no âmbito estadual.

[62] Steven Shavell, Any Frequency of Plaintiff Victory at Trial is Possible, *The Journal of Legal Studies* 25, N. 2 (1996): 493–501, p. 495–498, para as especificidades do modelo mencionado acima.

tempo mais curto, decisões mais extensas (com uma discussão mais profunda das doutrinas legais), e um número maior de citações (como parte de doutrinas legais mais elaboradas). Também deve ser observado um aumento do número de dissensos, uma vez que um pequeno grupo de juízes especializados tem mais tempo para desenvolver e considerar diferentes interpretações da lei.

Uma doutrina legal aprimorada e resultados mais ágeis também são mencionados como vantagens dos tribunais especializados, uma vez que os juízes estão mais familiarizados com os principais argumentos e teorias pertinentes do campo particular. Consequentemente, menos tempo seria gasto para debater ou descobrir a lei aplicável. Seguindo essa linha argumentativa, uma decisão final seria processada mais rapidamente se um órgão especial fosse a autoridade emissora.[63]

A variável remanescente refere-se diretamente ao fato de a decisão ter ou não favorecido o requerente. Esta serve para identificar um possível viés ou propensão. De acordo com este argumento, se os tribunais especializados menores fossem mais fáceis de ser captados, como sugere a literatura, poderíamos esperar que os mesmos decidissem contra os requerentes com mais frequência. É importante ressaltar que esta pesquisa se concentra no controle abstrato de constitucionalidade. Entre as implicações desse controle está o fato de que apenas os atores políticos pré-selecionados, juntamente juntamente com determinadas instituições, possuem legitimidade ativa. Portanto, a natureza do controle de constitucionalidade específico pesquisado (isto é, em abstrato), facilita a detecção de possíveis vieses em nosso conjunto de dados. A pesquisa empírica considerando tal revisão é muitas vezes questionada à luz do viés de seleção em potencial. Nosso objetivo não é simplesmente examinar quais tribunais decidem mais rapidamente ou produzem a melhor legislação, de forma geral. Afinal, seria de se esperar que o Judiciário estadual nos estados mais organizados possuísse tais órgãos. Esta pesquisa investiga

---

[63] Ver, e.g., Dreyfuss, *Specialized Adjudication*, p. 378, alegando que o envolvimento contínuo do tribunal com o campo especializado contribuiria para melhorar a qualidade. Listando entre os benefícios da especialização: agilidade, economia de aplicações de escala e eficiência alcançada através da simplificação de tarefas repetitivas: Jeffrey W. Stempel, "Two Cheers for Specialization," *Brooklyn Law Review* 61 (1995): 67–128, p. 88–89. Argumentando que os tribunais especiais têm maior probabilidade de decidir corretamente sobre campos complexos – como em casos envolvendo Direito tributário: Revesz, *Specialized Courts and the Administrative Lawmaking System*, p. 1117.

as consequências de se possuir um órgão especial. Caso tivéssemos focado simplesmente na existência dos órgãos especiais, não ocorreria diferença nos indicadores de desempenho.

De acordo com nossos resultados preliminares, contudo, caso o estado da Bahia tivesse adotado um órgão especial,[64] as decisões seriam mais ágeis, ao mesmo tempo em que apresentariam maiores probabilidades e índices de dissensão. Isto porque os resultados preliminares demonstram que a existência de um órgão especial é significativamente relevante para a duração do procedimento e para dissensão (probabilidade e índice). É importante vale ressaltar não haver base de dados com a qual possamos comparar nosso próprio. Além disso, como salientado anteriormente, o órgão especial é criado apenas como uma medida administrativa,[65] e a partir do critério de cada Tribunal de Justiça estadual, desde que o número de processos seja alto o suficiente para justificar tal criação, e contanto que o Tribunal em questão possua vinte e cinco membros ou mais.[66]

A Tabela 2 apresenta correlações simples, com os resultados mais importantes destacados em negrito. Os mesmos indicam que um órgão especial se correlaciona positivamente à existência de opiniões dissidentes (algo que

---

[64] Para dados sobre o estado da Bahia, é feita referência à seção anterior deste artigo, *supra*.

[65] O presente artigo 93, XI, afirma que metade do órgão especial será formada pelos membros mais antigos do Tribunal de Justiça estadual e a metade restante será determinada mediante eleição por todos os membros do mesmo. Vale notar que, antes da Emenda Constitucional 45 de 2004, a composição do órgão especial era controversa, e que os fatores de razoabilidade e eficiência deviam ser considerados na criação de tais órgãos: Moraes, Órgão Especial e Delegação Constitucional de Competências Jurisdicionais, Disciplinares e Administrativas do Tribunal Pleno, p. 292–293.

[66] Tal como referido no artigo 93, XI, da Constituição, como discutido anteriormente. Além disso, a criação de órgãos especializados deve ocorrer em sessões públicas do Tribunal, nos termos do artigo 93, X, da Constituição. Observe que nosso conjunto de dados começa em 1º de janeiro de 2006. A essa altura, a Emenda Constitucional 45 de 2004 já havia esclarecido sobre a composição de órgãos especializados. Portanto não houve discussão ou controvérsia quando o estado do Ceará criou seu novo órgão especial, em 2011. A eficiência é a razão citada para a criação da instância especial do Ceará, como afirmado em: http://www.google. com/url?sa=t&rct=j&q=&esrc=s&source=web&cd=10&ved=0CGYQFjAJ&url=http%3A %2F%2Fwww.tjce.jus.br%2Finstitucional%2Fpdf%2FDISCURSO_ORGAO_ESPECIAL. pdf&ei=wOgjVfS5I8KfsAXCjoAw&usg=AFQjCNEYbxCEajjU9dlFXrJZWXuDQbYwUA &sig2=mmg_H-KT7o-uqTZ HVk5Xng&bvm=bv.89947451,d.eXY (acessado em abril de 2015).

podemos intuitivamente atribuir ao Distrito Federal, Minas Gerais e São Paulo na Tabela 1). Da mesma forma, eles estão negativamente correlacionados ao intervalo de tempo, isto é, a duração do processo medida em meses. A extensão (em número de palavras) parece positivamente correlacionada à existência de dissidências, o que parece plausível. Finalmente, as citações são positivamente correlacionadas à extensão e à dissidência – dois resultados não muito surpreendentes. Esses resultados são consistentes com a ideia de que quanto mais citações uma decisão tiver, mais extensa (em termos de palavras) ela será e mais provavelmente a mesma citará outros tribunais.

Em seguida, nos voltamos para a análise de regressão, para a qual nós consideramos diversas variáveis independentes. Como variáveis de controle, foram incluídos os órgãos especiais (que é a variável que queremos discutir), o número de juízes no tribunal para cada caso específico (para controlar as variações uma vez que nem todos os juízes estão presentes em todos os casos), as decisões *in limine* e as decisões que rejeitam a petição devido à inexistência de mérito (refletindo o trabalho exigido do tribunal), a natureza do tema analisado (a saber: administrativo, tributário, contratual, eleitoral, e processual), e a existência de citações (em referência ao STF, STJ, ou outros tribunais superiores estaduais). Também foram incluídos o tipo de requerente e de requerido e a existência de efeito retroativo, dentre outras especificações, porém os resultados são razoavelmente consistentes.[67]

A Tabela 3 apresenta as correlações entre as variáveis de controle, a fim de identificar potenciais problemas com a multicolinearidade, com os principais resultados destacados em negrito. Observa-se que poucos controles estão correlacionados. O tipo de lei sob revisão constitucional apresenta algumas correlações negativas (quando um caso é sobre Direito tributário, o mesmo caso não é sobre Direito administrativo ou processual). A existência de um órgão especial parece estar correlacionada à decisão *in limine* (positivamente) e ao Direito processual constitucional (negativamente).

Todas as regressões incluem efeitos fixos em referência aos estados. Nossas descobertas adicionais, com base nas regressões principais apresentadas na Tabela 4, mostram que a existência de órgãos especiais parece estar positivamente correlacionada à probabilidade e ao índice de dissensão. Uma vez

---

[67] Estas regressões adicionais são apresentadas na Tabela 7.

que havia 103 dissidências em um universo de 630 decisões, notamos que os órgãos especiais aumentam a probabilidade, bem como a taxa de dissenso. Tal aumento na probabilidade permanece válido, mesmo quando controlado para os estados que são fortemente representados na amostra (os efeitos fixos para os estados do Rio de Janeiro, São Paulo, Santa Catarina, DF, e Minas Gerais estão incluídos, mas não apresentados na Tabela 4 para todas as regressões).

Em relação à duração do processo (a variável dependente chamada de "intervalo de tempo") e a extensão das decisões, a existência de órgãos especiais tem um efeito positivo sobre a extensão (mas não estatisticamente significativo) e um efeito negativo sobre a duração (estatisticamente significativo). Em ambas as regressões, as variáveis dependentes parecem ser bastante aleatórias. Assim, não devemos colocar muita ênfase sobre os controles que parecem estatisticamente significativos (número de juízes, decisões *in limine*, citações ao STF, citações ao STJ, decisão sem mérito, tipos de leis). Por ser negativamente afetada pela existência de órgãos especiais, a duração (nossa variável de intervalo de tempo) corrobora a afirmação de que os tribunais especializados decidem os casos mais rapidamente.[68] Portanto, os órgãos especiais reduzem a duração dos processos.

Além disso, as citações a outros tribunais e o resultado do caso (ou seja, se a decisão é favorável ao requerente) não parecem ser afetados por órgãos especiais. Embora, nestes dois casos, a qualidade das regressões pareça consistente. O número de juízes parece aumentar, enquanto as decisões sem julgamento de mérito parecem diminuir a probabilidade de que a decisão seja a favor do requerente; a decisão sem julgamento do mérito parece diminuir a probabilidade de citações. Para uma ilustração específica das citações dos Tribunais de Justiça estaduais, consulte a Tabela 6.

A principal explicação para a relação entre os órgãos especiais e o aumento da ocorrência/do índice de dissenso se refere à composição do próprio órgão, à luz do arquétipo jurídico da magistratura de carreira (ao invés da magistratura de reconhecimento, como ocorre nos países de tradição anglo-saxã). O arquétipo jurídico da magistratura de carreira é preponderante em relação aos juízes estaduais e membros dos Tribunais de Justiça estaduais no Brasil,

---

[68] Dreyfuss, *Specialized Adjudication*, p. 378.

pois estes ingressam ainda jovens, no início de suas carreiras.[69] A maioria dos juízes dos Tribunais de Justiça estaduais (80%, tecnicamente) deve ser admitida na carreira através de um exame de admissão da função pública constituído por provas escritas ou orais e escritas.[70] Visto que os juízes dos Tribunais de Justiça estaduais não são exclusivamente nomeados pelos governadores, espera-se que as decisões destes tribunais no âmbito do controle abstrato sejam menos politizadas que suas contrapartes no STF (nível federal).[71] Desta forma, os juízes de instâncias inferiores no Brasil seguem os mecanismos de nomeação que procuram remover influências políticas do processo. Assim, os mecanismos de nomeação têm como objetivo garantir um exame meritocrático, profissionalizado, e aberto, com o sistema de tribunais estaduais sendo isolado politicamente.[72]

Convém igualmente assinalar que a composição particular de órgãos especiais principalmente como uma carreira jurídica suporta a refutação da potencial falta de atrativos dessa atividade profissional. Como já discutimos anteriormente, um ponto comum contra a especialização é o potencial impacto adverso na seleção e atração de juízes de alta qualidade devido à natureza repetitiva do trabalho, fato que não ajudaria a atrair e manter as mentes mais

---

[69] Cappelletti, *Judicial Review in the Contemporary World*, p. 63, salientando que os juízes continentais europeus tendem a ser "juízes de carreira", profissionais ingressos na magistratura em uma idade muito precoce, com sua promoção aos tribunais superiores conferida a partir de uma base de tempo de serviço, e com sua formação profissional focada no aspecto jurídico-técnico – em contraste com o juiz de países de tradição anglo-saxã, i.e., *common law*, que é orientado para as políticas.

[70] Os artigos 93 e 95 da Constituição de 1988 determinam que: depois de dois anos de exercício os juízes têm direito à vitaliciedade, à irredutibilidade de seus vencimentos e à inamovibilidade; e que vinte por cento dos assentos dos tribunais de apelações devem ser ocupados por membros do Ministério Público e defensores públicos (ambos com seu próprio plano de carreira, respectivamente).

[71] No contexto dos tribunais constitucionais continentais em comparação com a Suprema Corte dos EUA, os mecanismos de nomeação já foram citados como uma forma de reduzir a diversidade no tribunal: John Ferejohn & Pasquale Pasquino, "Constitutional Adjudication: Lessons from Europe," *Texas Law Review* 82 (2004): 1671–1704, p. 1701–1702. Este fato é relevante porque quanto mais diversificado for o tribunal, menor é a probabilidade de consenso em relação a uma questão específica na tribuna.

[72] Rodrigo M. Nunes, "Politics without Insurance: Democratic Competition and Judicial Reform in Brazil," *Comparative Politics* 42 (2010): 313–331, p. 313–314.

brilhantes da profissão jurídica.[73] Este argumento, no entanto, não se aplica aos órgãos constitucionais especializados no Brasil, devido a sua composição de carreira arquetípica.

Devido ao fato de que todos os juízes assentados no órgão especial estão entre os mais antigos e reputados, pode-se esperar que eles tenham menos incentivos para transigir (ou seja, aceitar os pareceres de outros juízes conhecidos). Por outro lado, pode-se argumentar que a vitaliciedade e a estabilidade da compensação financeira judicial em última instância levam os juízes a serem "(...) mantidos na linha, quando muito, por normas informais de decoro judicial e contenção; e as normas informais são mais propensas à eficiência, quanto menor for o grupo em que os mesmos estão operando."[74] Este entendimento tem sido advertido como válido para os tribunais distritais federais que primeiramente ouvem os casos nos órgãos dos Estados Unidos, mas não necessariamente para os tribunais constitucionais em geral.[75] Também no que diz respeito aos tribunais federais norte-americanos, já foi previamente sustentado que o consenso seria de se esperar, uma vez que os órgãos especiais devem ser pequenos o suficiente para que o tribunal fale em "uma só voz".[76]

Um contra-argumento a esta análise é o fato de que as opiniões dissidentes em órgãos especiais não são percebidas como necessariamente contrárias ao próprio tribunal. Todos os juízes assentados nos órgãos especiais são especialistas na área constitucional. Eles também contam com mais tempo e recursos para estudar a lei em profundidade, de modo que as taxas de dissensão podem ser maiores. Como mencionado anteriormente, o fato de que todos os juízes no Brasil – sejam eles membros dos Tribunais de Justiça estaduais ou não – gozam do direito às proteções constitucionais federais de vitaliciedade e irredutibilidade, definitivamente não deveria aumentar a probabilidade de transigência. Além disso, um incentivo habitual para transigências é a redução do número de recursos. Esse incentivo, no entanto, não está presente porque, na prática, os órgãos especiais funcionam como um tribunal de última instância, além

---

[73] Ver referências na nota 3, *supra*.

[74] Richard Posner, "Is the Ninth Circuit too Large? A Statistical Study of Judicial Quality," *Journal of Legal Studies* 29 (2000): 711–720, p. 712.

[75] Ginsburg, *Judicial Review in New Democracies: Constitutional Courts in Asian Cases*, p. 48.

[76] Dreyfuss, *Specialized Adjudication*, p. 378–379.

de terem a competência originária sobre o controle de constitucionalidade estadual abstrato sob análise.[77]

Outro incentivo comum para acordos tem o seu impacto reduzido neste contexto: a perspectiva de promoção. Os desembargadores assentados no órgão especial não são mais promovidos no âmbito estadual, porque, na medida em que a estrutura judicial estadual avança, eles atingem o ápice de suas carreiras (e não há uma tradição de nomeação de julgadores dos Tribunais de Justiça estaduais para o STF). Portanto, as principais razões que normalmente são apresentadas para sustentar o consenso generalizado não são verificadas nos casos específicos dos órgãos especiais.

Quanto ao resultado dos casos e a existência de órgãos especiais, nossos resultados preliminares não mostram correlação significativa. Os resultados na verdade suportam a visão de que os juízes de apelação em órgãos especiais são mais independentes do que se pensava inicialmente. A percepção convencional sugere que seria mais fácil para o governo (ou para os grupos interessados) convencer um pequeno número de juízes assentados no órgão do que se houvesse o número total de juízes dos Tribunais de Justiça estaduais. No entanto, a concepção tradicional não é validada por nossos dados. A possibilidade de captura por grupos de interesse para o reduzido número de órgãos especiais não parece aplicável.[78] Sustentamos que o arquétipo jurídico da magistratura de carreira e sua seleção meritocrática explicam esse resultado.

Também sustentando a ideia de que órgãos especiais são mais independentes do que se pensava inicialmente está o fato de que seria mais fácil para a administração pública se alinhar com os juízes dos Tribunais de Justiça estaduais em casos relativos a assuntos públicos, tais como a legislação de processo administrativo e constitucional. Este seria o caso, devido ao potencial para a ocorrência de viés estrutural governamental.[79] Por conseguinte, seria menos difícil para o governo convencer menos juízes de seus próprios interesses – com o mesmo tendo sucesso em tais casos. No entanto, mais estudos precisam ser realizados para proporcionar maior compreensão. Vale reiterar

---

[77] Observe que a decisão que declara a constitucionalidade ou inconstitucionalidade de ADINs e ADCs é irrecorrível, de acordo com o artigo 26 da Lei 9.868, de 1999, ressalvada a interposição de embargos declaratórios.

[78] Para os diferentes momentos apontados para a ocorrência de captação: ver nota 2, *supra*.

[79] E.g., Dari-Mattiacci, Garoupa, Gomez-Pomar, *State Liability*, p. 801–802.

que, mesmo no campo do Direito administrativo, não houve significância estatística em relação ao sucesso do governo.

O fato de que as citações a outros tribunais não parecem estar diretamente relacionadas à existência de tribunais especializados é contraintuitivo.[80] Seria de esperar que, em um esforço para convencer seus pares iguais, a simples menção a como outros tribunais têm decidido casos semelhantes poderia ser percebida como uma estratégia válida. No entanto, pode ser que a citação a outros tribunais hierarquicamente superiores – o STF e o STJ – em última análise poderia funcionar como um argumento de autoridade ao invés de mera persuasão. Além disso, não está claro a extensão do acesso que os Tribunais de Justiça estaduais possuem a decisões anteriores tomadas por outros tribunais estaduais. As decisões dos tribunais estaduais, se não polêmicas, estão limitadas à publicação no repositório oficial do estado, não sendo publicadas nacionalmente.

De acordo com a Tabela 5, a influência do STF em casos de revisão constitucional é bastante notável, pois o STF é mencionado em 56 por cento das decisões tomadas pelos Tribunais de Justiça estaduais. Os tribunais que citam o STF são comuns em nosso conjunto de dados, não estando concentrados em determinadas regiões. Consequentemente, isso pode ser interpretado como um possível efeito do atual sistema semelhante ao precedente no Brasil, em temas constitucionais.[81] Devemos enfatizar que a discussão sobre precedentes legais no STF ocorreu antes mesmo da Emenda Constitucional 45, de 2004,[82]

---

[80] Ferejohn & Pasquino, *Constitutional Adjudication: Lessons from Europe*, p. 1692–1693, em que os professores argumentam que a deliberação interna em tribunais constitucionais na Europa – com base na persuasão e argumentação para atingir um caminho comum – são preponderantes sobre a deliberação externa, que incide sobre os atores convincentes fora do grupo, isto é, externos ao tribunal. Seguindo essa linha de raciocínio, apesar das audiências dos órgãos especiais ou tribunais serem abertas ao público no Brasil, espera-se que, devido aos menor número de julgadores em um órgão especial, os debates face-a-face seriam menos complexos, com maior probabilidade de se alcançar um consenso.

[81] Alegando a existência de precedentes no Brasil: Maria Angela Jardim de Santa Cruz Oliveira & Nuno Garoupa, "Stare Decisis and Certiorari arrive to Brazil: A Comparative Law and Economics Approach," *Emory International Law Review* 26 (2012): 555–598.

[82] Observe que o STF estabeleceu doutrinas legais para reduzir os processos julgados pelo Tribunal, ao exigir que os requerentes em recursos extraordinários mostrem a questão constitucional (e disposições textuais-constitucionais específicas) que influenciou diretamente o caso, desde o julgamento no nível da instância experimental (o chamado *pré-questionamento*).

ESTUDOS SOBRE NEGÓCIOS E CONTRATOS

e oficialmente trouxe à tona mecanismos que podem ser caracterizados como tendo o efeito jurídico de *stare decisis*, que no Brasil é implementado através de uma instituição processual chamada de *súmula vinculante*.[83] Devemos lembrar que em controle abstrato, a legitimidade é restrita a pessoas, órgãos, instituições ou grupos pré-selecionados.[84] O texto atual da Constituição de 1988 é entendido como bastante progressista,[85] permitindo que um amplo número de atores possa iniciar uma ação judicial abstrata no STF.[86] Esta extensa lista sugere que a intenção é fortalecer o controle abstrato como um mecanismo peculiar de correção do sistema mais geral de revisão judicial concreta. Vale a pena notar que as vastas listas de direitos que são protegidos pela Constituição têm contribuído para aumentar o poder do STF.[87]

As doutrinas de simetria entre as constituições estadual e federal e as limitações dos requisitos de legitimidade para agir pelas STF têm operado não

---

[83] O tribunal tem sido consciencioso, raramente editando *sumulas vinculantes.*

[84] O Artigo 103 da Constituição de 1988 afirma que: Podem propor a ação direta de inconstitucionalidade e a ação declaratória de constitucionalidade: I – o Presidente da República; II – a Mesa do Senado Federal; III – a Mesa da Câmara dos Deputados; IV – a Mesa de Assembleia Legislativa; IV – a Mesa de Assembleia Legislativa ou da Câmara Legislativa do Distrito Federal; V – o Governador de Estado ou do Distrito Federal; VI – o Procurador-Geral da República; VII – o Conselho Federal da Ordem dos Advogados do Brasil; VIII – partido político com representação no Congresso Nacional; IX – confederação sindical ou entidade de classe de âmbito nacional. § 1º O Procurador-Geral da República deverá ser previamente ouvido nas ações de inconstitucionalidade e em todos os processos de competência do Supremo Tribunal Federal.

[85] O texto original já era bastante amplo, mas tornou-se ainda mais extenso após a Emenda Constitucional 45 de 2004. Esta alteração introduziu o governador do Distrito Federal, bem como sua Assembleia Legislativa como partes com direito de agir. Apresentando uma análise detalhada sobre a extensa lista de partes como uma característica particular da tendência de centralização no STF, ver, por exemplo: Diana Kapiszewski, *High Courts and Economic Governance in Argentina and Brazil* (Cambridge: Cambridge University Press, 2012), p. 98–101.

[86] Criticando a centralização no STF promovida pela *súmula vinculante*, inaugurada pela Emenda Constitucional 45 de 2004 e a troca no equilíbrio de poder entre o mais alto tribunal e os tribunais inferiores que a mesma implementou: Daniel M. Brinks, "Judicial Reform and Independence in Brazil and Argentina: The Beginning of a New Millennium?," *Texas Law Review* 40 (2005): 595–622, p. 618–621. A Constituição de 1988 proíbe a legitimidade para agir a um único órgão, conforme estabelecido em seu artigo 125, parágrafo segundo: "Cabe aos Estados a instituição de representação de inconstitucionalidade de leis ou atos normativos estaduais ou municipais em face da Constituição Estadual, vedada a atribuição da legitimação para agir (equivalente à noção de 'standing' na constituição dos EUA) a um único órgão."

[87] Vieira, *O Supremo Tribunal Federal: Jurisprudência Política*, p. 20–22.

apenas para reduzir a carga de trabalho do STF, mas também para centralizar no Supremo Tribunal Federal a orientação a respeito das decisões pertinentes ao controle abstrato. Como ressaltado anteriormente, tais doutrinas precedem a Emenda Constitucional 45. No entanto, a implementação da reforma do sistema judicial por essa alteração pode ter aumentado o número de citações ao STF. Assim, os Tribunais de Justiça estaduais citam o STF em temas de controle abstrato, mas o fazem como limite, na prática, por precedência hierárquica.

Apenas 3,7 por cento das decisões mencionam o STJ, o que é consistente com o assunto dessa pesquisa – ou seja, o controle abstrato de constitucionalidade iniciado por ações diretas à luz das Constituições Estaduais. Não se esperava que os Tribunais de Justiça estaduais citassem o STJ, porque a lei constitucional e seus conflitos relacionados estão dentro do âmbito da competência do STF.

Quanto a citações a decisões de outros tribunais de apelação, a percentagem é bastante baixa. Apenas oito por cento das decisões totais pelos tribunais estaduais de justiça em nosso banco de dados menciona efetivamente outros Tribunais de Justiça estaduais. Isto pode ser um indicativo de isolamento entre os Tribunais de Justiça estaduais Tal entendimento é também coerente com a falta de incentivos para os tribunais estaduais de Justiça (ou órgãos especiais) para pesquisar ou citar decisões anteriores de outros tribunais que se situam ao mesmo nível hierárquico na ordem jurídica.

Não obstante o baixo número de citações a Tribunais de Justiça específicos (8%), o Tribunal do Rio Grande do Sul é o mais citado em todo o conjunto de dados.[88] O Tribunal de Justiça do Rio Grande do Sul tem uma forte tradição de reconhecer a existência de controle abstrato de normas estaduais e municipais que precede quaisquer disposições constitucionais.[89] O tribunal, localizado

---

[88] Ferejohn & Pasquino, *Constitutional Adjudication: Lessons from Europe*, p. 1680–1681, nota que há uma tendência entre os juízes em tribunais diferentes de invés de "mencionar o raciocínio de tribunais anteriores" escrever "mencionar as razoes de decidir de tribunais anteriores sobre assuntos relacionados – o que aumentaria a legitimidade das decisões. No entanto, se os Tribunais de Justiça estaduais e os órgãos especiais não têm acesso a outras decisões tomadas por tribunais estaduais em geral, isso aumenta as dificuldades para citar cortes no mesmo nível hierárquico, mesmo que estas não estejam próximas geograficamente.

[89] Clève, *A Fiscalização Abstrata da Constitucionalidade no Direito Brasileiro*, p. 391.

na região sul do Brasil, tem a reputação de ser moderno e independente. Esta reputação remonta ao *Direito Alternativo*, um forte movimento jurídico que enfatiza a eficácia da equidade na tribuna – ao invés de preocupações relacionadas a formalidades legais.[90] Os estados do Rio de Janeiro e de Minas Gerais são citados, e, em menor grau, São Paulo. Todos esses tribunais estão localizados na região Sudeste do Brasil. Os Tribunais de Justiça estaduais de Roraima, Pernambuco e Rio Grande do Norte foram citados uma vez. Jurisdição de direito consuetudinário, o fato de os juízes em um determinado Tribunal de Justiça estadual citarem outro Tribunal de Justiça é definitivamente um maior sinal de prestígio e conhecimento para aqueles que estão sendo citados.[91] Citações a Tribunais de Justiça interestaduais não são obrigatórias na matriz legal romano-germânica, aumentando assim o valor das mesmas.

Finalmente, nossa pesquisa indica que órgãos especiais não possuem impacto sobre a maioria dos indicadores de desempenho ao mesmo tempo em que ao mesmo tempo em que influenciam dissensos (probabilidade e taxa), bem como a duração. Portanto, nossa análise empírica fornece resultados mistos em relação à confirmação da literatura teórica sobre os benefícios do controle de constitucionalidade especializado na medida em que eles não aparentam ser melhores. Ainda assim, existem diferenças estatisticamente significativas.

---

[90] Amilton Bueno de Carvalho, *Magistratura e Direito Alternativo* (São Paulo: Acadêmica, 1992). Esta tendência é controversa. Tem sido argumentado que o *Direito Alternativo* não era a regra geral, e que a visão tradicional da maioria dos juízes pode ter tido um impacto negativo sobre o preenchimento de reivindicações de direitos, tal como sustenta: Diana Kapiszewski, 'Power Broker, Policy Make or Rights Protector? The Brazilian Supremo Federal in Transition," in *Courts in Latin America*, ed. Gretchen Helmke & Julio Rios-Figueroa (Cambridge: Cambridge University Press, 2011), p. 173–174.

[91] Para uma discussão sobre citações de juízes no contexto americano e sobre como citações são provas de prestígio, ver, por exemplo: Posner, *Is the Ninth Circuit too Large? A Statistical Study of Judicial Quality*, 711–720, p. 717.

4. Conclusão

Esta pesquisa testa o efeito da existência de tribunais especializados quando os Tribunais de Justiça estaduais exercem o controle de constitucionalidade abstrato e concentrado. Há quatro contribuições principais desta pesquisa para a literatura. Em primeiro lugar, desenvolvemos uma base de dados original comparando as decisões por órgãos especiais estaduais com aquelas de estados que não adotam os órgãos especiais, por toda a federação brasileira. Em segundo lugar, nós também testamos se a existência de órgãos especiais pode ser correlacionada a possíveis diferenças nos indicadores de desempenho nos Tribunais de Justiça estaduais do Brasil. Em terceiro lugar, nossos resultados preliminares corroboram os tratados legais que reivindicam a importância reduzida das Constituições Estaduais. Finalmente, um desenvolvimento natural da nossa análise empírica é que as escolhas federalistas tais como a discricionariedade concedida aos tribunais estaduais para a criação de um tribunal especializado são relevantes, pois estas reduziram a politização no Judiciário estadual.

Nossa análise empírica centra-se em decisões de controle de constitucionalidade abstrato realizado pelos órgãos especiais. Os resultados parecem indicar que a existência de órgãos especiais nos Tribunais de Justiça estaduais de fato impacta o desempenho, aumentando o número e a probabilidade de dissensos, bem como através da redução da duração do processo. O resultado do caso (o fato de a decisão ser favorável à parte requerente), a extensão da decisão (em número de palavras), e o número de citações a outros tribunais não parecem estar relacionados com a existência de órgãos especiais. Ficou demonstrado que o resultado dos processos é diferente do nível federal, em que a politização é intensa. Assim, com base em nossos resultados preliminares sobre as taxas de litígios bem sucedidos entre os requerentes no âmbito do controle abstrato em estados brasileiros, argumentamos que as escolhas do federalismo são relevantes, porque minimizam a politização do Judiciário estadual.

Considerando o Direito constitucional brasileiro e limitando-nos a nossos resultados preliminares, a pesquisa corrobora o entendimento de que as Constituições Estaduais têm importância reduzida no Brasil contemporâneo. Mesmo onde as Constituições Estaduais eram mais detalhadas quanto à autorização de legitimidade para agir, as mesmas partes iniciaram ações em todo o conjunto de dados. Portanto, não há prova que ter uma compreensão mais flexível (e democrática) da legitimidade para agir tenha impacto sobre o litígio, até agora.

Em conclusão, nossa análise empírica mostra impactos importantes sobre os indicadores de desempenho. No entanto, eles não parecem substancialmente relacionados à análise custo-benefício de especialização de tribunais. Desse ponto de vista, os nossos resultados não sugerem que os órgãos especiais necessariamente produzam melhor Direito constitucional do que as decisões *en banc*. No entanto, ao encontrar algumas variações estatísticas no desempenho dos tribunais (número e probabilidade de dissensos, bem como a duração), nós argumentamos que um desenho institucional particular (especializado versus não especializado) não pode ser simplesmente ignorado.

Tabela 1: Conjunto de Dados dos Tribunais Estaduais de Apelação Brasileiros para Controle Abstrato de Constitucionalidade

	Número de Observações	Número de Casos com Dissensão	Número de Casos com Decisão a Favor do Requerente	Atraso Médio (em meses)	Extensão Média (em palavras)	O Tribunal de Apelações possui 25 Juízes ou mais?	Existência de Órgão Especial
BRASIL	630	103	444	18,62	2.316	-	-
Acre	2	1	1	12	5.257	NÃO	NÃO
Alagoas	4	2	2	37,25	2.788	NÃO	NÃO
Amapá	3	0	2	7	3.417	NÃO	NÃO
Amazonas	1	0	1	5	994	NÃO	NÃO
Bahia	11	0	9	36,73	1.621	SIM	NÃO
Ceará	16	0	13	47,19	1.114	SIM	Não (Até 2010)
DF	59	34	42	13,46	3.828	SIM	SIM
Espírito Santo	0	0	0	0	0	Indisponível	NÃO
Goiás	0	0	0	0	0	SIM	NÃO
Maranhão	1	0	1	1	88	SIM	NÃO
Mato Grosso	31	2	22	6,1	1.422	SIM	NÃO
Mato Grosso Do Sul	2	6	17	17,46	3.123	SIM	SIM
Minas Gerais	61	19	43	14,34	2.313	SIM	SIM
Pará	43	0	27	32,84	2.109	SIM	NÃO
Paraíba	2	0	2	5	1.349	NÃO	NÃO
Paraná	12	2	8	9,92	1.873	SIM	SIM
Pernambuco	20	2	12	50,85	2.856	SIM	SIM

ESTUDOS SOBRE NEGÓCIOS E CONTRATOS

Piauí	14	0	12	19,86	2.012	NÃO	NÃO
Rio de Janeiro	120	8	93	16,8	1.048	SIM	SIM
Rio Grande Do Norte	24	2	18	23,13	2.959	NÃO	NÃO
Rio Grande Do Sul	5	2	4	6,4	1.823	SIM	SIM
Rondônia	9	1	5	9,1	2.791	NÃO	NÃO
Roraima	1	0	1	3	1.351	NÃO	NÃO
Santa Catarina	47	4	30	19,38	3.171	SIM	SIM
São Paulo	92	16	62	13,52	2.651	SIM	SIM
Sergipe	15	0	11	14,13	2.961	NÃO	NÃO
Tocantins	13	2	6	17,08	553	NÃO	NÃO

Tabela 2: Correlações Simples (Variáveis Dependentes)

	Extensão do Texto	Intervalo de Tempo (Duração)	Dissensão	Decisão Favorável ao Requerente	Citações	Órgão Especial
Extensão do Texto	1					
Intervalo de Tempo (Duração)	0,09	1				
Dissensão	**0,42**	-0,08	1			
Decisão Favorável ao Requerente	0,00	-0,05	0,01	1		
Citações	**0,31**	0,02	**0,13**	0,03	1	
Órgão Especial	0,05	**-0,12**	**0,20**	0,01	-0,01	1

Tabela 3: Correlações Simples (Variáveis de Controle)

	Número de Juízes	Decisão *in limine*	Direito Administrativo	Direito Tributário	Direito Contratual	Direito Eleitoral	Constitucional Processual Direito	Citação STF	Citação STJ	Outras Citações	Sem Mérito	Órgão Especial
Número de Juízes	1											
Decisão *in limine*	0,06	1										
Direito Administrativo	-0,06	0,06	1									
Direito Tributário	0,01	0,06	**-0,41**	1								
Direito Contratual	0,02	0,03	-0,06	-0,02	1							
Direito Eleitoral	0,01	0,00	-0,10	-0,04	-0,06	1						
Direito Constitucional Processual	0,05	-0,18	**-0,53**	**-0,20**	-0,03	-0,05	1					
Citação STF	-0,05	0,04	0,03	0,04	-0,01	0,02	-0,11	1				
Citação STJ	0,11	0,07	-0,00	0,05	-0,01	-0,02	-0,06	0,05	1			
Outras Citações	0,12	0,04	0,03	0,02	-0,02	0,03	-0,00	-0,09	-0,06	1		
Sem Mérito	0,06	0,12	0,05	-0,01	-0,02	0,07	-0,08	-0,14	-0,02	0,02	1	
Órgão Especial	-0,02	**0,24**	0,10	0,06	0,04	-0,01	**-0,26**	0,03	0,11	0,03	-0,02	1

Tabela 4: Regressões (com efeitos fixos por estado)

	Regressão Um: (TOBIT)	Regressão Dois: (TOBIT)	Regressão Três: (TOBIT)	Regressão Quatro: (LOGISTIC)	Regressão Cinco: (LOGISTIC)	Regressão Seis: (TOBIT)
Variável Dependente:	Extensão do Texto	Intervalo de Tempo (Duração)	Taxas de Dissensão	Existência de Dissensão	Decisão Favorável ao Requerente	Citações
Número de Observações:	630	630	630	630	630	630
Número de Juízes	10,51 (12.29)	0,84*** (0.15)	-0,05 (0.09)	-0,06 (0.04)	0,05** (0.02)	-0,002 (0.006)
Decisão *In limine*	490,74*** (187.60)	15,19*** (2.29)	1,15 (1.14)	0,64 (0.40)	0,42 (0.28)	0,099 (0.087)
Direito Administrativo	-393,96* (209.85)	1,98 (2.56)	-0,89 (1.10)	-0,01 (0.40)	0,22 (0.03)	-0,016 (0.098)
Direito Tributário	-454,72* (256.66)	4,78 (3.13)	-1,90 (1.48)	-0,39 (0.54)	-0,48 (0.39)	0,084 (0.119)
Direito Contratual	-471,60 (1.168.85)	-7,75 (14.27)	4,43 (4.60)	2,00 (1.50)	-1,45 (1.48)	-0,450 (0.557)
Direito Eleitoral	-1.307,56* (695.66)	4,13 (8.49)	-	-	-	0,109 (0.322)
Direito Constitucional Processual	-22,63 (259.92)	3,22 (3.17)	-1,28 (1.0)	-0,16 (0.50)	0,38 (0.41)	-0,208* (0.121)
Citação STF	1.073,74*** (136.16)	0,93 (1.66)	2,62*** (0.80)	0,87*** (0.28)	-0,27 (0.23)	-
Citação STJ	1.642,45*** (356.12)	-4,46 (4.35)	2,49 (1.57)	0,92* (0.53)	-0,89* (0.49)	-
Outras Citações	158,89 (248.82)	0,88 (3.04)	-1,45 (1.57)	-0,21 (0.54)	0,55 (0.48)	-
Sem Mérito	-469,22** (208.20)	-2,04 (2.54)	-1,97 (1.37)	-0,89* (0.52)	-4,29*** (0.50)	-0,518*** (0.101)
Órgão Especial	**222,38 (303.1)**	**-10,13*** (3.70)**	**5,31*** (1.62)**	**1,68*** (0.56)**	**0,21 (0.46)**	**0,124 (0.139)**
Pseudo R^2:	0,02	0,03	0,10	0,23	0,24	0,05

O asterisco (*)/(**)/(***) indica significância estatística de dez/cinco/um por cento.
Desvios-padrão entre parênteses.

Tabela 5: Percentual de Decisões a favor do Requerente e Percentual de Decisões Divergentes

Total de Decisões	A favor do Requerente	Com Dissensão
Em Números: 630	444	103
Em Percentagem: 100%	70,47%	16,35%

Tabela 6: Quadro de Citações

Total de Decisões	Citando STF	Citando STJ	Citando Outras Cortes Estaduais
Em Números: 630	353	23	51
Em Percentagem: 100%	56,03%	3,65%	8,09%

Tabela 7: Regressões com Controles Adicionais (com efeitos fixos por estado)

	Regressão Um: (TOBIT)	Regressão Dois: (TOBIT)	Regressão Três: (TOBIT)	Regressão Quatro: (LOGISTIC)	Regressão Cinco: (LOGISTIC)	Regressão Seis: (TOBIT)
Variável Dependente:	Extensão do Texto	Intervalo de Tempo (Duração)	Taxas de Dissensão	Existência de Dissensão	Decisão Favorável ao Requerente	Citações
Número de Observações:	630	630	630	630	630	630
Número de Juízes	6,68 (12.11)	0,82*** (0.15)	-0,02 (0.09)	-0,05 (0.04)	0,07*** (0.02)	-0,003 (0.006)
Decisão *In limine*	437,94** (189.28)	15,91*** (2.34)	0,71 (1.17)	0,50 (0.44)	-0,51 (0.35)	0,094 (0.089)
Direito Administrativo	-317,52 (208.51)	2,43 (2.58)	-1,22 (1.10)	-0,08 (0.42)	-0,17 (0.39)	-0,002 (0.098)
Direito Tributário	-407,05 (255.09)	4,98 (3.15)	-1,88 (1.47)	-0,38 (0.57)	-0,62 (0.45)	0,039 (0.119)
Direito Contratual	-304,17 (1.153.59)	-6,63 (14.25)	2,35 (4.67)	1,60 (1.59)	-1,41 (1.55)	-0,392 (0.551)
Direito Eleitoral	-1.027,82 (701.15)	-0,50 (8.66)	-	-	-	0,069 (0.327)

ESTUDOS SOBRE NEGÓCIOS E CONTRATOS

Direito Constitucional Processual	35,27 (259.16)	3,14 (3.20)	-1,29 (1.0)	-0,08 (0.53)	-0,17 (0.49)	-0,142 (0.122)
Citação STF	981,06*** (134.90)	0,85 (1.67)	2,53*** (0.79)	0,79*** (0.29)	-0,25 (0.27)	-
Citação STJ	1.664,52*** (357.19)	-4,32 (4.41)	2,69* (1.60)	0,98* (0.57)	-0,80 (0.66)	-
Outras Citações	197,62 (242.92)	0,94 (2.99)	-1,48 (1.57)	-0,14 (0.55)	0,71 (0.61)	-
Sem Mérito	-530,63** (212.41)	-3,33 (2.62)	-2,32 (1.45)	-0,97* (0.55)	-4,00*** (0.55)	-0,541*** (0.104)
Órgão Especial	**315,38 (300.46)**	**-9,48** (3.71)**	**5,59*** (1.63)**	**1,84*** (0.58)**	**0,37 (0.52)**	**0,073 (0.138)**
Pseudo R²:	0,02	0,03	0,12	0,27	0,43	0,06

O asterisco (*)/(**)/(***) indica significância estatística de dez/cinco/um por cento.
Desvios-padrão entre parênteses.

Referências

Arlota, Carolina, & Nuno Garoupa. "Addressing Federal Conflicts: An Empirical Analysis of the Brazilian Supreme Court, 1988- 2010." *Review of Law & Economics* 10 (2014): 137–168.

Barroso, Luís Roberto. *O Controle de Constitucionalidade no Direito Brasileiro*. Rio de Janeiro: Saraiva, 2012.

Brinks, Daniel M. "Judicial Reform and Independence in Brazil and Argentina: The Beginning of a New Millennium?" *Texas Law Review* 40 (2005): 595–622.

Cappelletti, Mauro. *Judicial Review in the Contemporary World*. Indianapolis: The Bobbs-Merrill Company, 1971.

Carvalho, Amilton Bueno de. *Magistratura e Direito Alternativo*. São Paulo: Acadêmica, 1992. Carvalho, José Murilo de. *A Formação das Almas: o Imaginário da República no Brasil*. São Paulo: Cia das Letras, 1990.

Castro, Marcus Faro de. "The Courts Law and Democracy in Brazil." *International Social Science Journal* 152 (1997): 241–252.

Chemerinsky, Erwin. *Constitutional Law: Principles and Policies*. New York: Aspen Publishers, 2006.

Clève, Clèmerson Merlin. *A Fiscalização Abstrata da Constitucionalidade no Direito Brasileiro*. São Paulo: Editora Revista dos Tribunais, 2000.

Comella, Victor Ferreres. "Comparative Avenues in Constitutional Law: Constitutional Structures and Institutional Designs: The Consequences of Centralizing Constitutional Review in a Special Court: Some thoughts on Judicial Activism." *Texas Law Review* 82 (2004): 1705–1736.

Comella, Víctor Ferreres. "The Rise of Specialized Constitutional Courts." In *Comparative Constitutional Law*, edited by Rosalind Dixon and Tom Ginsburg. Northampton: Edward Elgar Publishing, 2011.

Dari-Mattiacci, Giuseppe, Nuno Garoupa, & Fernando Gomez-Pomar. "State Liability." *European Review of Private Law* 18 (2010): 773–811.

Dreyfuss, Rochelle Cooper. "The Federal Circuit: A Case Study in Specialized Courts." *New York University Law Review* 64 (1989): 1–78.

Dreyfuss, Rochelle Cooper. "Specialized Adjudication." *Brigham Young University Law Review* 64 (1990): 377–441.

Ferejohn, John, & Pasquale Pasquino. "Constitutional Adjudication: Lessons from Europe." *Texas Law Review* 82 (2004): 1671–1704.

Garoupa, Nuno, & Carlos Gomez-Liguerre. "The Syndrome of the Efficiency of the Common Law." *Boston University International Law Journal* 29 (2011): 287–335.

Garoupa, Nuno, & Tom Ginsburg. "Building Reputation in Constitutional Courts: Party and Judicial Politics." *Arizona Journal of International and Comparative Law* 28 (2012): 539–568.

Ginsburg, Tom. *Judicial Review in New Democracies: Constitutional Courts in Asian Cases*. Cambridge: Cambridge University Press, 2003.

Jaloretto, Maria Fernanda, & Bernardo Pinheiro Machado Mueller. "O Procedimento de Escolha dos Ministros do Supremo Tribunal Federal – uma Análise Empírica." *Economic Analysis of Law Review* 2 (2011): 170–187.

Kapiszewski, Diana. "Power Broker, Policy Make or Rights Protector? The Brazilian Supremo Federal in Transition." In *Courts in Latin America*, edited by Gretchen Helmke and Julio Rios-Figueroa. Cambridge: Cambridge University Press, 2011.

Kapiszewski, Diana. *High Courts and Economic Governance in Argentina and Brazil*. Cambridge: Cambridge University Press, 2011.

Karst, Kenneth L. *The Oxford Companion to the Supreme Court of the United States*, revised by James E. Pfander and edited by Kermit Hall. New York: Oxford, 2005.

Kelsen, Hans. *Jurisdição Constitucional*. São Paulo: VMF Martins Fontes, 2003.

Kelsen, Hans. "Judicial Review of Legislation: A Comparative Study of the Austrian and the U.S. Constitution." *The Journal of Politics* 4, N. 2 (1942): 183– 200.

Lammêgo Bulos, Uadi. *Curso de Direito Constitucional*. São Paulo: Saraiva, 2012.

La Porta, Rafael, Florencio Lopez-de-Silanes, Cristian Pop-Eleches, & Andrei Shleifer. "Judicial Checks and Balances." *Journal of Political Economy* 112 (2004): 445–470.

Lassalle, Ferdinand. *Qu'est-ce qu'une Constitution?* Paris: Sulliver, 1999.

Llanos, Mariana, & Leany Barreiro Lemos. "Presidential Preferences? The Supreme Federal Tribunal Nominations in Democratic Brazil." *Latin American Politics and Society* 55, N. 2 (2013): 1–25.

Meirelles, Hely Lopes, Arnoldo Wald, & Gilmar Ferreira Mendes. *Mandado de Segurança e Ações Constitucionais*. São Paulo: Malheiros, 2009.

Mendes, Gilmar Ferreira, & Paulo Gustavo Gonet Branco. *Curso de Direito Constitucional*. São Paulo: Saraiva, 2013.

Moraes, Alexandre de. "Órgão Especial e Delegação Constitucional de Competências Jurisdicionais, Disciplinares e Administrativas do Tribunal Pleno." *Revista de Direito Administrativo*. São Paulo: Atlas (2007): 292–305.

Moraes, Alexandre de. *Direito Constitucional*. São Paulo: Atlas, 2012.

Nunes, Rodrigo M. "Politics without Insurance: Democratic Competition and Judicial Reform in Brazil." *Comparative Politics* 42 (2010): 313–331.

Oliveira, Maria Angela Jardim de Santa Cruz, & Nuno Garoupa. "Stare Decisis and Certiorari arrive to Brazil: A Comparative Law and Economics Approach." *Emory International Law Review* 26 (2012): 555–598.

Posner, Richard. "Is the Ninth Circuit too Large? A Statistical Study of Judicial Quality." *Journal of Legal Studies* 29 (2000): 711–720.

Priest, George, & Benjamin Klein. "The Selection of Disputes for Litigation." *Journal of Legal Studies* 13, (1984): 1–55.

Revesz, Richard L. "Specialized Courts and the Administrative Lawmaking System." *University of Pennsylvania Law Review* 138 (1990): 1111–1175.

Ribeiro, Ricardo. "Preferências, Custos da Decisão e Normas Jurídicas no Processo Decisório das Cortes: o Modelo de Múltiplos Comportamentos." *Economic Analysis of Law Review* 2 (2011): 264–296.

Rosenn, Keith S. "Procedural Protection of Constitutional Rights in Brazil." *American Journal of Comparative Law* 59 (2011): 1009–1050.

Shapiro, Martin, & Alec Stone Sweet, *On Law, Politics & Judicialization*, New York: Oxford University Press, 2011.

Shavell, Steven. "Any Frequency of Plaintiff Victory at Trial is Possible." *The Journal of Legal Studies* 25, N.2 (1996): 493–501.

Slaibi Filho, Nagib. *O Órgão Especial na Reforma da Justiça*. (2011): last accessed: November of 2013, and available at: ww.nagib.net/index.php/publicacoes/artigos/ constitucional.

Souza Neto, Cláudio Pereira de, & Daniel Sarmento. *Direito Constitucional: Teoria, História e Métodos de Trabalho*. Rio de Janeiro: Forum, 2013.

Stempel, Jeffrey W. "Two Cheers for Specialization." *Brooklyn Law Review* 61 (1995): 67–128.

Stone Sweet, Alec. *Governing with Judges: Constitutional Politics in Europe*. New York: Oxford University Press, 2000.

Taylor, Matthew M. "Citizen Against the State: the Riddle of High Impact, Low Functionality Courts in Brazil." *Brazilian Journal of Political Economy* 25 (2005): 418–438.

Taylor, Matthew M. *Judging Policy: Courts and Policy Reform in Democratic Brazil*. Stanford: Stanford University Press, 2008.

Taylor, Matthew M., & Luciano Da Ros. "Os Partidos Dentro e Fora do poder: A Judicialização como Resultado Contingente da Estratégia Política." *DADOS – Revista de Ciências Sociais* 51 (2008): 825–864.

Tribe, Lawrence H. *American Constitutional Law*. New York: Foundation Press, 2000.

Vieira, Oscar Vilhena. *O Supremo Tribunal Federal: Jurisprudência Política*. São Paulo: Malheiros, 2002.

Werneck Vianna, Luiz, Maria Alice R. Carvalho, Manoel P.C. Melo, & Marcelo B. Burgos. *A Judicialização da Política e das Relações Sociais no Brasil*. Rio de Janeiro: Revan, 1999.

Werneck Vianna, Luiz, Marcelo Baumann, & Paula Martins Salles. "Dezessete Anos de Judicialização da Política." *Tempo Social, Revista de Sociologia da USP* 19 (2007): 39–85.

SEGUNDA PARTE
Contratos e Sociedades

Direito e Economia na Proteção do Investidor Minoritário

M. Todd Henderson [1]

A partir da perspectiva de um professor de direito empresarial, os aspectos mais interessantes do escândalo da Petrobras que abalou o Brasil em 2014 referem-se às questões dos acionistas minoritários. Não resta *dúvida de que todos os acionistas foram afetados pelo esquema de propina e corrupção que levou a empresa a pagar ao menos US$ 3 bilhões a mais por projetos de construção – prova disso é a queda de quase US$ 70 bilhões* no valor de capitalização de mercado resultante do escândalo. À primeira vista essas perdas parecem estar distribuídas proporcionalmente entre os acionistas majoritários (isto é, o governo brasileiro) e os acionistas minoritários. Entretanto, mais amplamente a Petrobras possui um histórico de opressão dos acionistas minoritários. Em um recente livro dedicado a empresas estatais no Brasil (e em outros países), os autores concluíram que, como acionista majoritário, "o governo do Brasil [tinha] uma licença para expropriar acionistas minoritários e usar a Petrobras para fins sociais e políticos" [2]. Desse modo, não é de se surpreender que as críticas ao escândalo tenham se centrado nos danos causados aos acionistas minoritários da Petrobras, sejam eles brasileiros ou estrangeiros. Este ensaio analisa a questão da

---

[1] Professor na Escola de Direito da Universidade de Chicago.

[2] Aldo Musacchio & Sergio G. Lazzarini, *Reinventing State Capitalism: Levithan in Business*, Brazil and Beyond, 2014, p. 192 2014.

proteção aos acionistas minoritários em termos mais gerais, usando o caso Petrobras como ponto de partida. Neste texto espero defender *várias alegações*.

A primeira alegação é de que as perdas para os acionistas minoritários de qualquer empresa, assim como na Petrobras, não são particularmente preocupantes. Imagine que há dois tipos de investidores minoritários: os investidores amadores e os investidores profissionais. Os amadores não deveriam investir em uma única empresa, como a Petrobras, mas sim em uma carteira diversificada de empresas que representam economia como um todo. Isso significa que quando qualquer uma dessas empresas tem prejuízos, o investidor não é o maior afetado, uma vez que ainda pode ganhar com as outras empresas de sua carteira. A única maneira pela qual os investidores individuais realmente sofrem é quando o colapso de uma única empresa gera perdas em toda a economia. (Isso parece ter acontecido no caso da Petrobras, mas tem mais a ver com questões não relacionadas a investidores do que com a relação entre investidores minoritários e minoritários.)

Os investidores profissionais, por outro lado, podem fazer apostas específicas em uma única empresa, e podem realmente sofrer perdas comerciais quando a mesma entra em crise. No entanto, quaisquer perdas que eles sofram são compensadas por ganhos de operadores do outro lado das apostas. Naturalmente, há perdas de peso morto provenientes das negociações e dos maus investimentos feitos por uma empresa, porém, mais uma vez, essas não são questões relativas aos investidores *per se*. Além disso, os investidores profissionais que se tomaram minoritários na Petrobras sabiam muito bem em que estavam se envolvendo: em uma participação minoritária em uma empresa controlada pelo Estado, em um país com menos proteção para acionistas minoritários se comparado a outras nações. Em outras palavras, se esses investidores queixam-se do tratamento recebido como acionistas minoritários, entende-se que seus investimentos tenham sido feitos voluntariamente e que estes sabiam que empresas estatais são administradas como empresas estatais (isto é, mal administradas e com atenção voltada para atividades políticas e não apenas a retornos de investimento).

Mas há um grande "porém": a segunda alegação nos traz de volta à conclusão um tanto óbvia de que a opressão aos acionistas minoritários no escândalo Petrobras é realmente de grande importância. A opressão à minoria, ou o oportunismo da maioria, é relevante por seu impacto sobre a economia em

DIREITO E ECONOMIA NA PROTEÇÃO DO INVESTIDOR MINORITÁRIO

maior escala, mas não necessariamente por ser "errado" em quaisquer casos isolados. Ela *não é tão ruim em casos isolados porque é provavelmente* apreciada pelo mercado. Imagine que há dois tipos de investidores majoritários, os bons e os ruins, e que o mercado é composto de metade de cada um. Se o investidor minoritário não consegue distinguir entre os tipos, ele aplicará uma probabilidade de 50 por cento para o potencial de haver prejuízo, aplicando esse desconto a qualquer investimento. Em outras palavras, os investidores minoritários são compensados *ex ante* para riscos assumidos *ex post*. Se os mercados funcionarem bem e os investidores não forem avessos a riscos, investidores minoritários poderão tornar-se indiferentes à possibilidade de oportunismo pelos majoritários. Mas, mesmo nesses casos ideais, permitir que a maioria se aproveite da minoria aumenta os custos de investimento minoritário, desencorajando-o. O dinheiro fica à margem ou é empurrado para a economia paralela, onde pode ser distribuído de forma menos eficiente. O resultado é maior custo de capital para as empresas, o que significa menos projetos de valor atual neto positivo, menos emprego, menos produção, e, portanto, menos riqueza para a sociedade.

A proteção a acionistas minoritários também beneficia acionistas majoritários, a partir de uma perspectiva *ex ante*. Para compreender esse fato, podemos começar com um exemplo em que o acionista majoritário tenha atraído capital de investidores minoritários na suposição de que eles não serão "explorados/aproveitados" – ou seja, sem que o preço das ações minoritárias reflita o risco de pós-expropriação. Nesse caso, o acionista majoritário pode lucrar por agir de forma oportunista para com os acionistas minoritários. Isto é, se condicionados a um investimento feito por acionistas minoritários, agir de forma oportunista para com a minoria termina por beneficiar a maioria. Mas o pressuposto chave é a existência do investimento minoritário. Se deixarmos essa hipótese de lado, então o cálculo para os investidores majoritários é alterado. Para atrair investidores minoritários em condições favoráveis, ou seja, com custos de capital que permitam à empresa competir, a maioria terá de se comprometer a não tirar proveito de uma minoria. Voltemos ao caso descrito acima, onde há um número igual de bons e maus investidores majoritários no mercado, e estes *são indistinguíveis uns dos outros. Nesse caso, os bons acionistas vão querer comprometer-se ex ante* a não se aproveitar de quaisquer investidores minoritários, uma vez que isso reduzirá seu custo de capital, tornando-os mais competitivos. Por exemplo, se o investimento minoritário em uma boa empresa é de US$ 100 e o investimento em uma má empresa é de US$ 50, um investidor que não tem a certeza de que será tratado de forma justa vai pagar apenas US$ 75 *ex ante* para qualquer investimento, dadas as probabilidades. Isso significa que os bons acionistas serão prejudicados, já que estarão subsidiando maus acionistas com seu comportamento e reputação.

Para os bons acionistas majoritários, a solução é tentar distinguir-se dos maus, investindo em reputação ou oferecendo garantias. O método de menor custo para isso, porém, é fazer com que o sistema legal estabeleça a proteção aos acionistas minoritários como regra padrão. Assim, qualquer empresa que arrecada dinheiro nesse sistema legal estará apoiada por um compromisso (reforçado pelo poder coercitivo do Estado) para o tratamento justo dos acionistas minoritários, aliviando as empresas individuais dessa obrigação. Vale repetir que as empresas poderiam vir a fazer o compromisso credível em casos isolados; a questão aqui é que o Estado pode, com a aprovação de uma lei simples e aplicação pelos tribunais, fazê-lo com menor custo total. Por exemplo, algumas empresas, como a *startups* ou empresas com históricos problemáticos ou baixa capitalização, podem achar tais compromissos dispendiosos demais ou mesmo inviáveis. Afinal, uma empresa com pouca reputação ou pouco dinheiro em caixa *não tem muito a oferecer como garantia a* seus acionistas minoritários. De modo mais geral, empresas maiores e mais estabelecidas conseguem suportar o aumento dos custos de capital associados a um mundo em que os acionistas minoritários podem ser oprimidos mais facilmente do que as empresas menores, podendo, assim, preferir esse cenário a um aumento de proteção das minorias. Essa pode ser uma forma de vantagem competitiva para as grandes empresas.

Ao oferecer um conjunto exclusivo de proteções aos acionistas minoritários para todas as empresas, o Estado estará agindo da melhor maneira possível: estará efetivamente fazendo o que as entidades privadas fariam por conta própria para estimular um ambiente de oportunidades de investimento de baixo custo, que estas ou não podem realizar ou apenas podem realizar a custos mais elevados do que o Estado. Embora as empresas grandes, constituídas ou fraudulentas prefiram que o Estado não ofereça essa opção, elas o fazem pensando no interesse da concorrência e na boa governança. Por trás do "véu da ignorância" de Rawls, os acionistas majoritários preferem proteger a minoria.

DIREITO E ECONOMIA NA PROTEÇÃO DO INVESTIDOR MINORITÁRIO

Até o momento, essa é a teoria que explica o porquê de acionistas majoritários (pelo menos os bons!) oferecerem proteção à minoria, e a razão pela qual a proteção do Estado aos acionistas minoritários é provavelmente ideal. Mas isso ainda não responde a uma difícil pergunta: qual é o escopo da proteção aos acionistas minoritários? Ou ainda, como exatamente é o cenário no qual os acionistas majoritários "aproveitam-se" dos acionistas minoritários?

Uma possibilidade seria uma regra de distribuição igualitária: tudo o que os acionistas majoritários obtiverem os acionistas minoritários também obterão. Isso já é regra em alguns lugares, e esta não é injustificável, pois carrega o mérito de reduzir a possibilidade de que um acionista majoritário tome medidas para se enriquecer à custa da minoria. Por exemplo, os acionistas majoritários podem direcionar a política corporativa de forma a gerar benefícios privados para a maioria, mas não para a minoria. Isso pode ocorrer através de pagamentos em dinheiro, embora seja improvável. O mais provável seria satisfazer as preferências dos acionistas majoritários para a compensação entre lucros e outras metas corporativas. A recente disputa entre a empresa Craigslist e eBay, como um investidor minoritário, é um bom exemplo[3]. O acionista majoritário queria gerenciar a empresa com foco nos lucros e dividendos. A eBay reclamou, argumentando estar concentrada na maximização dos lucros para todos, o que não satisfaz as preferências idiossincráticas da maioria. Ao concordar com a eBay, o tribunal de Delaware tomou uma posição firme em favor da maximização da riqueza como o objetivo da atividade empresarial, e em favor dos direitos dos acionistas minoritários.

Uma regra melhor que a distribuição equitativa seria a exigência de que quaisquer ganhos de acionistas majoritários não fossem pagos por acionistas minoritários. Na linguagem econômica, essa opção constituiria uma melhoria da regra de Pareto: alguns (a maioria) ganham, enquanto outros (a minoria) não perdem. Em outras palavras, o total é ampliado sem que ninguém pague uma quantidade desproporcional. Uma regra de partilha desigual que beneficie acionistas minoritários é possível, mas não é fácil. Para entender essa regra de partilha desigual, é melhor observar a ideia de proteção aos acionistas minoritários em funcionamento.

---

[3] EBay Domestic Holdings, Inc. v. Newmark, 16 A.3d 1 (2010).

Um exemplo da regra que permite que a maioria possa agir de forma egoísta, mas sem causar prejuízos à minoria pode ser visto no clássico caso de legislação societária "Sinclair Oil Corp. contra Levien"[4]. A Sinclair Oil detinha 97 por cento da Sinven, sua subsidiária com sede na Venezuela. A Sinclair fez a Sinven emitir dividendos para seus acionistas em quantidades superiores a sua renda, impedido que Sinven se expandisse para além da Venezuela, e permitindo que outra subsidiária, de controle total da Sinclair, rompesse contratos com a Sinven. Os acionistas minoritários da Sinven abriram um processo, alegando que o acionista majoritário, a Sinclair Oil, tomara decisões que beneficiaram apenas a maioria. Por exemplo, os enormes dividendos drenaram os ativos da Sinven, impossibilitando a empresa de sustentar suas operações, ao mesmo tempo em que abasteciam a Sinclair Oil em sua expansão de operações. O tribunal decidiu em favor do acionista minoritário em todas as três reivindicações, concluindo que a maioria fez uso de políticas egoístas que resultaram no prejuízo dos acionistas minoritários.

A Suprema Corte de Delaware reverteu a decisão em duas das três acusações, acatando apenas o pedido de quebra de contrato. É importante ressaltar que o Supremo Tribunal analisou as reivindicações sobre os dividendos e as oportunidades de negócios usando a "regra de julgamento do negócio", um padrão de deferência que isola as decisões de negócios, a menos que haja conflito de interesses. O teste de "justiça intrínseca" na quebra de contrato foi aplicado, no entanto, exigindo que a maioria justificasse suas ações em termos praticamente inalcançáveis.

O tribunal aplicou a regra de julgamento de negócios à questão dos dividendos porque os acionistas minoritários conseguiram exatamente o que os acionistas majoritários inicialmente fizeram: a distribuição proporcional dos recursos de caixa do dividendo. O tribunal declarou que a regra de justiça intrínseca só seria aplicável se a "matriz [...] fizesse com que a subsidiária atuasse de tal maneira que a primeira recebesse algo da subsidiária para a exclusão de e *em detrimento* dos acionistas minoritários[5]. O requerente argumentou que o dividendo foi excessivo, já que nenhuma empresa que esperasse permanecer no mercado teria feito algo parecido. E havia uma boa razão para acreditar

---

[4] Sinclair Oil Corp. v. Levien, 280 A.2d 717 (1971).

[5] Id (Ênfase Adicionada pelo Autor).

que isso era verdade: a Sinven foi concedida pelo governo venezuelano ao final do prazo de concessão petrolífera, e estava preocupada com expropriação de seus ativos naquele país. A Sinclair estava realmente agindo em seu próprio interesse, mas o tribunal acatou essa ação, entendendo que a empresa não se favoreceu na efetiva execução da política. A Sinclair não recebeu um benefício "à exclusão e à custa da subsidiária" além do contemplado pelos termos de investimento razoável de acionistas na empresa.

Quanto à segunda questão – a alegação de bloqueio de novas oportunidades para a Sinven – o tribunal novamente aplicou a regra de julgamento de negócio, observando que "o autor não conseguiu indicar uma única oportunidade que tenha vindo para a Sinven". A Sinclair geralmente usava subsidiárias específicas de cada país para diversos fins, e assim novas oportunidades no Canadá ou África realmente não estariam disponíveis para a subsidiária venezuelana. A Sinven não tinha direito de ir levar a cabo esses projetos, e foi dentro do julgamento de negócios da diretoria (controlado pela Sinclair) que se exigiu que a Sinven focasse suas ações na Venezuela. Pode-se argumentar essa foi uma decisão tendenciosa, uma vez que algumas subsidiárias Sinclair são de propriedade total e outras não, mas o tribunal acredita ter havido justificativas razoáveis para a repartição de oportunidades na empresa, sem a opressão do acionista minoritário.

Quanto à alegação final – a quebra de contrato – pesou a diferença de titularidade das ações por parte Sinclair Oil nos dois lados da transação. Ao permitir que uma subsidiária de controle integral rompesse um contrato com uma subsidiária na qual havia investidores minoritários, a Sinclair favoreceu-se de forma direta e concreta, de tal modo que o fato ficou claro para o tribunal, não deixando espaço para especulações. Imagine que o contrato tem o valor de US$ 100, ou seja, a subsidiária de controle total deve esse valor à subsidiária controlada em 97%. Se a Sinclair orienta a Sinven a não abrir um processo por violação do contrato, a controladora ganha três dólares em detrimento dos acionistas minoritários, ganhando US$ 100 de uma subsidiária e perdendo US$ 97 com a outra. Assim, o tribunal exigiu que a Sinclair mostrasse como uma operação desse tipo pudesse ser "intrinsecamente justa", o que foi impossível provar. Essa transação não gerou algo para a maioria sem prejudicar os acionistas minoritários, mas sim o retirou da minoria e o transferiu diretamente para a maioria.

O que se pode aprender com o caso da Sinclair Oil é que os tribunais relutam em arbitrar conflitos maioria-minoria, exceto quando existe claro conflito de interesses que se manifesta em ganhos objetivamente verificáveis para a maioria em detrimento da minoria. Essa regra (de justiça intrínseca) permite que a maioria ganhe desde que a minoria não seja prejudicada pela operação. Apesar de parecer uma regra que favorece só a maioria, ela é, na verdade, a regra ideal também para acionistas minoritários! Há duas razões para isso.

A primeira razão é que, ao limitar o número de processos com base em conflitos entre acionistas, a empresa reduz os custos de garantia de decisões de negócios. Se o sistema judiciário fosse perfeito e não gerasse custos – ou seja, se só ações de real mérito fossem abertas, se os juízes não cometessem erros, e se tudo isso não tivesse custos – o âmbito da revisão judicial de decisões de negócios poderia ser expandido para cobrir mais queixas por acionistas minoritários. Mas essa não é a realidade. Uma vez que se permita que acionistas minoritários questionem decisões de negócios de acionistas majoritários no tribunal, o potencial de abuso *por parte de acionistas minoritários* torna-se muito claro. Os acionistas minoritários podem ameaçar impor custos à maioria, caso suas decisões não sejam acatadas. Mais e mais decisões farão parte de batalhas judiciais caras e longas, não só desperdiçando recursos da empresa e da sociedade (já que os juízes são utilizados para resolver disputas de acionistas), mas também comprometendo a eficiência geral da empresa – já que a diretoria normalmente tem a autoridade para decidir como a empresa deve atuar. Mais uma vez, do ponto de vista *ex ante*, é melhor que os acionistas minoritários deem mais poder de decisão aos gestores sob responsabilidade de acionistas majoritários. Ou seja, em cada caso particular, os acionistas minoritários podem preferir uma ação judicial que melhore seus resultados, mas por trás do "véu da ignorância", antes que a maioria já tenha atuado em um caso específico, é mais produtivo para os acionistas minoritários como um todo dar à maioria maior poder de decisão. Isso é particularmente verdadeiro se considerarmos as observações feitas acima sobre a capacidade dos acionistas minoritários de estabelecer o preço de governança no mercado, de abandonar um investimento em caso de abusos, e de se protegerem contra oportunismo por meio da diversificação de carteira.

A segunda razão pela qual os acionistas minoritários não devem insistir pela igualdade de distribuição perante os acionistas majoritários é que tal regra pode gerar queda na qualidade da governança corporativa das empresas. O mercado de controle corporativo constitui uma das mais poderosas restrições aos custos associados à separação entre propriedade e controle. Quando deixados no controle, administradores podem fugir de suas obrigações, concentrando-se em seu próprio enriquecimento, em construir impérios, em desperdiçar dinheiro em projetos pessoais, em fazer doações enormes para instituições de caridade que lhes favoreçam, ou apenas tomando decisões ruins para os negócios.

O risco de haver uma aquisição por outra empresa ou por um investidor, como uma empresa de capital privado, é uma restrição substancial a essas possibilidades. Afinal, se uma empresa está sendo mal administrada, ela terá mais valor com um gerente melhor. Isso dá a quem está de fora um incentivo para comprar a empresa com desconto em relação ao valor que teria sob uma melhor gestão, e então substituir a gestão e lucrar com o valor aumentado. Mas há muitas operações pelas quais a regra de distribuição igualitária impede o avanço do mercado de controle corporativo. A aquisição de uma empresa pode ser justificada com base em custos apenas se o comprador conseguir captar mais do que sua parte proporcional dos ganhos com essa operação. No clássico texto de 1981, Frank Easterbrook e Dan Fischel assim o provaram, observando, por exemplo, que:

"se o acionista controlador na operação de aquisição privada ou fusão de uma subsidiária em uma corporação-matriz assumir os custos das operações de aumento de valor futuro e, assim, incorrer em um risco proporcionalmente maior de perda do que os acionistas minoritários caso a negociação não os retornos esperados, o negócio de um modo geral pode se tornar não lucrativo para o acionista controlador, já que ele terá de compartilhar os ganhos com os acionistas minoritários caso tudo corra bem" [6].

Racionalmente, acionistas minoritários, em geral, preferem um cenário em que a maioria possa captar algum ganho em troca de alienação de controle, uma vez que isso aumenta a probabilidade de que haja uma venda do controle, aumentando, assim, a eficiência do mercado de controle corporativo. Como nos exemplos anteriores, condicionados à existência de oferta para mudança

---

[6] Frank H. Easterbrook & Daniel R. Fischel, *Corporate Control Transactions*, 91 Yale Law Journal 698 (1981).

de controle, os acionistas minoritários terminantemente prefeririam uma regra de distribuição equitativa. Mas esse não é o momento para avaliar a regra societária ideal, uma vez que tal regra reduz a probabilidade de ofertas para mudança de controle. Por trás do "véu da ignorância", ou seja, *ex ante*, os acionistas minoritários podem preferir ter mais ofertas (com menor valor para eles) do que ter menos ofertas (em maior valor para eles). Isso se deve aos benefícios colaterais de investimento minoritários em um ambiente onde há um forte mercado para controle corporativo (e, portanto, menores custos de representação). É também devido ao fato de que acionistas minoritários podem captar ganhos de todas as aquisições *ex ante*, pois mantêm uma carteira diversificada de ações. Em outras palavras, o único acionista minoritário que ganha com uma regra de distribuição equitativa é aquele que detém apenas ações da empresa-alvo em um determinado momento das aplicações. Esse investidor não é ideal nem para servir como base de uma política social de investidores, nem para a economia em larga escala.

Neste ensaio, baseando-me na aplicação de princípios simples de Direito e Economia, fiz a seguinte afirmação: a regra mais sensata para uma lei de proteção a investidores minoritários é aquela fundamentada nos princípios de eficiência de Pareto. Como em qualquer situação, a melhor regra é aquela que olha para a questão *ex ante*, antes que as apostas sejam feitas ou que os interesses se consolidem. A questão da proteção dos acionistas minoritários deve ser considerada não com base em determinados investidores em uma empresa em particular, mas sim com base no que é melhor para todos os investidores no que se refere à maximização do bem-estar para a economia como um todo. Naturalmente, os acionistas majoritários preferem dispor de uma regra que os favoreça e os acionistas minoritários preferem uma regra de partilha equitativa *após a consolidação dos investimentos*. Entretanto, antes de qualquer investimento ou qualquer transação específica, o que todos os investidores preferem é um cenário no qual os acionistas minoritários estejam protegidos de acionistas majoritários que ganhem diretamente deles, e um cenário em que os acionistas majoritários não tenham (por lei) que compartilhar todos os ganhos com os acionistas minoritários. Acionistas majoritários preferem proteções minoritárias porque isso aumenta a probabilidade do investimento minoritário, o que reduz o custo do capital, e permite mais criação de riqueza para a maioria (e para todos os demais); os acionistas minoritários permitem que a maioria receba de forma desproporcional (contando que não se retire diretamente da minoria, como no caso da Sinclair Oil) porque isso incentiva um mercado de controle corporativo que melhora a governança corporativa, sem precisar que acionistas minoritários percam, de modo que não consigam recuperar essa perda em uma estratégia de investimento sensata.

O escândalo Petrobras é um desastre para o Brasil devido, em grande parte, ao fato de o investidor majoritário ter administrado a empresa não como um negócio, mas como um braço do governo. Mas, como argumentado neste ensaio, o dano não foi particularmente sentido pelos acionistas minoritários da Petrobras. Esses investidores ou ficaram indiferentes às perdas que sofreram, ou foram compensados pelos riscos de expropriação referentes ao preço pago pelas ações minoritárias. Em nenhum dos casos há razão para sentirmos compaixão. Muito pelo contrário: as verdadeiras vítimas são os cidadãos brasileiros, não apenas porque o governo administrou a Petrobras de maneira altamente ineficiente, mas também porque o sistema de leis não protege os acionistas minoritários. Um conjunto de leis que protege acionistas minoritários incentiva investimentos, o que melhora o bem-estar social da população de modo geral. Se o dinheiro se sente mais seguro, ele vai sair dos bastidores para a atividade produtiva. Ainda assim, como também argumento, isso não significa que os acionistas minoritários devam ser tratados da mesma forma que os acionistas majoritários. Permitir que a maioria receba uma parte desproporcional de quaisquer ganhos beneficia tanto os investidores como a economia como um todo. É somente através do equilíbrio entre os direitos de acionistas majoritários e minoritários que a economia pode alcançar todo o seu potencial. Dessa fora, este ensaio oferece alguns *insights* para que esse ponto de equilíbrio seja alcançado.

O Acionista Minoritário em Assembleias de Empresas de Capital Concentrado

Lisandro A. Hadad [1]

1. O diagrama de poder em uma empresa e suas variantes no direito comparado

1.1. O poder nas mãos dos acionistas

Pode-se afirmar que, dentro do universo jurídico, há dois modelos de distribuição de poder entre acionistas e gestores da empresa.

Um dos modelos é o modelo de direito continental – o direito alemão, espanhol, e até mesmo o argentino – cuja estrutura de poder está calcada na Assembleia de Acionistas. Esse modelo de tomada de decisão corresponde ao modelo de regras de propriedade *ex-post*, no qual o controle é determinado pela posse do capital.

Nesses sistemas jurídicos, pode-se fazer referência aos seguintes direitos dos acionistas nas Assembleias: o direito de determinar o conteúdo dos

---

[1] Doutor em Direito pela Faculdade de Direito da Universidade Nacional de Rosário/Argentina. Mestre em Direito Empresarial pela Universidade de San Andrés/Argentina. Especialista em Direito Empresarial pela Universidade de San Andrés/Argentina. Professor Adjunto de Direito Societário na Faculdade de Direito da Universidade Nacional de Rosário/Argentina.

contratos corporativos ou dos Artigos de Incorporação e dos elementos básicos da estrutura jurídica corporativa; o direito de decidir pela integração dos demais entes corporativos e o controle de suas ações, e o direito de controlar suas ações, o direito de assegurar o exercício de direitos corporativos na Empresa, e, por fim, o direito de fazer alterações substanciais na ordem econômica subordinada à Empresa[2].

Além desses direitos, que serão explicitados abaixo, em certos sistemas jurídicos, a Assembleia Corporativa pode impor decisões que devem ser seguidas pela Diretoria. O Direito Corporativo argentino foi constituído nesses termos no que tange à Assembleia Geral, determinando que as decisões devam ser tomadas em consonância com a lei e os estatutos, e que todos os acionistas devam cumpri-las, exceto no âmbito dos dispositivos constantes no artigo 245, os quais devem ser cumpridos pela Diretoria[3]. Da mesma forma, a legislação sobre Sociedades Limitadas na Alemanha determina que o corpo gestor da empresa seja obrigado a programar as medidas acordadas pela Assembleia Geral no escopo de sua competência[4].

a) O direito de determinar o conteúdo dos contratos corporativos ou dos Artigos de Incorporação e dos elementos básicos da estrutura jurídica corporativa. Os Sistemas Jurídicos Corporativos vinculam a empresa a um conjunto de normas. A princípio, tais normas são contratuais por natureza e passíveis de emendas posteriores aplicadas por atos corporativos coletivos que definem a existência da empresa como uma entidade jurídica e como uma organização.

Os acionistas têm o direito de aprovar os artigos de incorporação e de realizar emendas ao acordo, o qual rege a empresa sem limitações uma vez que a empresa esteja constituída[5].

Trata-se de uma decisão tomada única e exclusivamente pelos acionistas sem que a intervenção do corpo administrativo seja necessária. Ademais, sem que haja necessidade de fazer emendas ao contrato corporativo, as reuniões dos acionistas têm o poder de exercer certos atos que deixam implícita a necessidade de que também se façam emendas à estrutura jurídica corporativa,

---

[2] Cabanellas de las Cuevas, Guillermo. *Derecho Societario*, parte geral, *Los* órganos *societarios*. Ed. Heliasta S.R.L., Buenos Aires, 1996, pág. 165 e seguintes.
[3] Lei Argentina de Sociedades Comerciais, art. 233.
[4] Lei Alemã de Sociedades, art. 83.2.
[5] Lei Argentina de Sociedades Comerciais, art. 235.

O ACIONISTA MINORITÁRIO EM ASSEMBLEIAS DE EMPRESAS DE CAPITAL CONCENTRADO

tais como fusões, cancelamento de fusões, emissão de ações novas ou mesmo a abertura de uma subsidiária[6].

b) O direito de decidir pela integração dos demais entes corporativos e pelo controle de suas ações. Sob essa perspectiva, a reunião dos acionistas elege ou exonera diretores sem que haja necessidade de justa causa e sem que seja necessário esperar pelo fim do mandato dos mesmos[7]. Portanto, a Reunião de Acionistas tem a prerrogativa de revogar o mandato dos diretores. Dentro desse diagrama de nomeação e controle, os acionistas deliberam sobre assuntos relacionados às responsabilidades do diretor ou se há falta de lealdade, dedicação ou má conduta em seu comportamento. Portanto, a Assembleia controla a gestão da Diretoria, que, por sua vez, deve prestar contas assim como qualquer gestor responsável por propriedades de terceiros.

c) O direito de assegurar o exercício dos direitos corporativos na Empresa. Pode-se incluir nesse tópico o direito à aprovação dos relatórios contábeis, a gestão do administrador e, principalmente, o direito de decidir pelo pagamento de dividendos aos acionistas[8]. Os acionistas, por serem os donos do capital, decidem sobre o uso final dos lucros, procedimento que vai de encontro à legislação americana.

d) O direito de realizar alterações de monta na ordem econômica subordinada à Empresa. Essas funções vão além do escopo da rotina administrativa exercida pela Diretoria. Esse direito é chamado de poder de disposição da propriedade, o qual tem impacto na manutenção da operação de uma empresa, tal como a venda de um estabelecimento, de um lote de ações ou do controle majoritário de outra empresa[9].

1.2 O poder nas mãos da Diretoria

No lado oposto, o Direito Comum, mais especificamente a legislação americana, baseia-se em um princípio completamente diferente. Apesar de os acionistas fornecerem os recursos para o empreendimento comercial, eles

[6] Cabanellas de las Cuevas, Guillermo, ob. Cit. pág. 50.
[7] Lei Argentina de Sociedades Comerciais, art. 234 inc. 2.
[8] Lei Argentina de Sociedades Comerciais, art. 234 inc. 1.
[9] Otaegui, Julio. Administración Societaria. Buenos Aires, 1979, págs. 62 e 63.

ESTUDOS SOBRE NEGÓCIOS E CONTRATOS

não necessariamente submetem a Diretoria às suas determinações[10]. Essa situação é menos comum na legislação britânica, pois esse sistema jurídico garante aos acionistas o direito residual de tomar decisões sobre deliberações futuras da empresa[11].

O princípio elementar anglo-saxão é que o poder da corporação está nas mãos da Diretoria.

As chamadas *"Regras do Jogo"* – termo usado por doutrinas estrangeiras para descrever uma alteração no contrato corporativo durante a existência da empresa e a possibilidade de optar por transferir a empresa para qualquer outro estado que a regule – são mudanças que não podem ser feitas exclusivamente pelos acionistas, mas que requerem apresentação por parte da Diretoria[12].

Essas alterações na estrutura da empresa, apesar de demandarem consentimento e aprovação por parte da Assembleia, só podem ser realizadas mediante solicitação da Diretoria. Em outras palavras, os acionistas não têm o direito de sugerir alterações no contrato da empresa ou de indicar o estado cuja legislação regulará sua vida corporativa, uma vez que a empresa seja constituída[13].

Dentro desse diagrama, em que a autoridade está nas mãos dos administradores, as decisões sobre a dissolução da empresa, ou seja, o direito de decidir pela fusão, pela dissolução ou pela venda de qualquer ativo também está nas mãos da Diretoria. Os acionistas têm um papel extremamente passivo, ainda que detenham a possibilidade de exercer o direito de veto. Sendo assim, os acionistas não podem tomar esse tipo de decisões corporativas e sempre dependerão da vontade da Diretoria para levar a cabo tais decisões.

Nesses termos, a legislação do estado Americano de Delaware afirma que o primeiro passo para iniciar um processo de fusão é a aprovação da proposta pela Diretoria, seguido do envio da proposta para apreciação dos acionistas[14].

---

[10] Bedchuk, Lucian Ayre. *The Case for Increasing Shareholder Power.* Forthcoming, Harvard Law Review, (Dezembro, 2004), Working Draft. 2/03, pág. 8.

[11] Company Act de Inglaterra, 1985, art. 70, inc. A.

[12] Bedchuk, Lucian Ayre, ob. Cit., pág. 10.

[13] Delaware Corporation Law, 242 (b); Revised Model Business Corp. Act, 10.03; N.Y. Bus. Corp. Law, 803 (a).

[14] Delaware General Corporation Law, 251 (a), (b).

O sistema de distribuição de dividendos também está nas mãos da Diretoria. Em oposição aos dispositivos do direito codificado, os donos do capital não deliberam sobre os lucros obtidos a partir do dinheiro investido.

A legislação americana afirma que a decisão sobre a distribuição de dividendos é prerrogativa exclusiva dos administradores, dispensando aprovação da reunião dos acionistas.[15] Além disso, a jurisprudência também considera que essa decisão seja tomada exclusivamente pelos administradores sem necessidade de revisão judicial[16].

2. Problemas de agência em empresas de capital disperso

Nas empresas em que o capital é dividido entre diversos acionistas, a abordagem mais produtiva é a delegação de maior poder à Diretoria. Como dito anteriormente, esse é o esquema jurídico que gere o Direito Comum, uma vez que o capital disperso estrutura as empresas optantes por esse sistema.

Uma empresa em que para cada decisão (relevante ou não) os acionistas precisem se reunir para deliberar e votar gera um aumento considerável nos custos operacionais.

Assim, por exemplo, a manutenção de segredos industriais torna-se virtualmente impossível e cria um problema para acionistas minoritários, já que não é produtivo dedicar investimentos a informações de tomada correta de decisões e ao exercício dos direitos de voto, considerando que não haverá retorno positivo sobre esse investimento[17].

De acordo com essa abordagem, é mais produtivo delegar o poder à Diretoria do que mantê-lo com acionistas na Assembleia Geral[18].

Diante dessa estrutura de poder na empresa, cria-se um segundo conflito, dessa vez não entre acionistas, mas entre acionistas e diretores. Os sistemas de delegação quase total à Diretoria, e onde o poder de decisão dos acionistas é

---

[15] Delaware General Corporation Law, 170.

[16] Brudney, Victor A., *Dividens, Discretion, and Disclosure*, 66 Virginia Law Review, 1980.

[17] Henderson, Todd M. *Current Issues in the Law & Economics of Corporate Law*, pág. 5.

[18] Esse sistema é normalmente chamado de "gerencialismo", e tem como base essencial a eficiência, colocando a razão como simetria de informação e autoridade do gerente. Bainbridge, S.M., Corporation and economics, New York, 2002, pág. 192.

praticamente inexistente, um problema de agência é criado entre acionistas e administradores.

A divisão entre propriedade e controle incentiva aqueles que estão no controle da empresa a favorecer seus próprios interesses em detrimento dos detentores de capital.

Em troca dessa divisão de poder, os acionistas são protegidos por uma obrigação de lealdade da Diretoria com a empresa, com a possibilidade de se nomear uma nova Diretoria sempre que houver discordância de políticas introduzidas pela Diretoria em exercício[19].

Portanto, a melhor opção para os acionistas no sistema de Direito Comum é substituir a Diretoria sempre que discordarem de suas ações. Esse mecanismo de substituição é considerado fundamento básico da estrutura corporativa[20].

Consequentemente, se os administradores não adotam as preferências dos acionistas, eles também são substituídos. Essa regra faz com que os gestores busquem cumprir, tanto quanto possível, as preferências dos acionistas, a fim de evitar a sua própria demissão da Diretoria[21].

Problemas de agência em empresas de capital concentrado

Nas empresas de capital concentrado, não há problemas de agência entre acionistas e a Diretoria, já que com a concentração da maioria do capital nas mãos de uma ou mais pessoas, são os acionistas que nomeiam e destituem os Diretores quando esses não correspondem aos mesmos membros a cargo da administração.

Nesse sistema de estrutura de capital, os problemas de agência aumentam entre acionistas majoritários e minoritários, uma vez que a distinção entre propriedade e controle é puramente formal.

---

[19] Desse modo, podemos afirmar que a única obrigação da Diretoria é aumentar os lucros das empresas para seus acionistas. Friedman, Milton, *The Social Responsibility of Business is to Increase its Profits, New York Time Magazine.* Setembro, 1970.

[20] Delaware General Corporate Law, Seções 211-212.

[21] Um estudo mais aprofundado revela que no contexto jurídico dos Estados Unidos a máquina eleitoral é controlada pelos próprios administradores, que estão no comando, havendo espaço mínimo para os acionistas insatisfeitos removerem a Direitoria. Bedchuk, Lucian, *The case for shareholders access to ballot*, 59 Bus Law, pág. 43.

Como muito bem colocado pelo Professor Aguila Real: "se cada contrato estiver incompleto, o contrato social é 'o contrato incompleto' por excelência"[22].

Se o contrato corporativo é de longo prazo, ele tem como objetivo perdurar através do tempo. Sendo assim, é ineficiente que as partes, mesmo que assim possam decidir, cheguem a um acordo sobre a totalidade do contrato, uma vez que dificilmente possuirão entendimento do cenário no qual tomarão decisões no futuro.

Uma solução eficaz para esse inconveniente é chegar a um acordo sobre a forma como serão feitas as decisões futuras, na medida em que forem necessárias, ou seja, quem vai tomar a decisão e de que maneira[23].

É assim que os acionistas eliminam custos antecipadamente, uma vez que diminuem custos através da regulação de prováveis cenários futuros, chegando a um acordo apenas sobre quem vai tomar decisões, produzindo custos subsequentes.

É nesse contexto que surgem os problemas de agência entre acionistas majoritários e minoritários, já que os primeiros podem alterar a distribuição inicial visando seu próprio benefício.

Devido ao pacto de governança por maioria, os acionistas com poder de controle decidem sobre a totalidade dos ativos da empresa, ou seja, sobre os ativos nos quais investirão e também em quais ativos os acionistas minoritários poderão investir.

Esse diagrama claramente cria incentivos para que a maioria aja de forma oportunista e tenha chance de expropriar os ativos dos minoritários, os quais não foram inicialmente atribuídos. Um comportamento oportunista é entendido aqui como um comportamento por meio do qual uma fração de excedentes corporativos é destruída e em seu lugar garante-se à maioria uma porção maior dos resultados[24].

Partindo do pressuposto de que os acionistas atuam de forma racional em busca de maximização da sua riqueza pessoal, a tentativa da maioria em

---

[22] Jesús Alfaro Aguila-Real, *Los problemas contractuales en las sociedades cerradas*, Indret, Barcelona, 2005, pág. 3.

[23] Jesús Alfaro Aguila-Real, ob. Cit. pág. 3.

[24] Cooter, R. D., *The Theory of Market Modernization of Law*. Int. Rev. L. & Econ. 16, 1996, pág. 141.

expropriar parte dos lucros dos acionistas minoritários fundamenta-se em incentivos.

Pode-se afirmar que a maioria procura a maximização dos lucros das empresas a fim de aumentar seu próprio lucro. Então, uma vez que essa maximização dos lucros corporativos é atingida, o comportamento racional leva a maioria a buscar os lucros das minorias para si.

Consequentemente, o comportamento desapropriador termina por continuar a ser exercido, dependendo do incentivo.

Por exemplo, se o titular da minoria sabe de antemão que a maioria irá se apropriar dos seus lucros, então seu comportamento racional será não investir naquela empresa. Se a maioria precisa desse investimento, seu comportamento racional seria fornecer-lhes ferramentas para impedir a expropriação.

Da mesma forma, se um acionista minoritário é vital para elevar o padrão de lucro das empresas, ou seja, se majoritário necessita da minoria para criar mais lucro, ele não terá incentivo racional para apropriação dos lucros minoritários.

No final, tudo se resume a uma questão de incentivo. O ponto central é que as ferramentas dadas por lei são restritas, ainda que desencorajem a apropriação da maioria em um curto prazo, ou permitam o controle do comportamento oportunista da maioria para com acionistas minoritários[25].

No direito continental, a Assembleia de Acionistas é um mecanismo de tomada de decisões que visa concluir o contrato corporativo incompleto e, ao fazer isso, preserva as diretrizes da distribuição de excedentes[26].

A afirmação de que dentro da assembleia as decisões empresariais são tomadas igualmente entre todos é bastante irreal. Na verdade, o papel da assembleia não é universal e depende da estrutura de capital de cada empresa.

Deliberação e tomada de decisões na Assembleia Geral

"A assembleia geral é a maneira pela qual um grupo de acionistas se organiza para deliberar e chegar a acordos, e é aberta a todos os acionistas, para que

---

[25]   Aguila – Real, Jesús Alfaro. Ob. cit. p. 6.

[26]   Sáez Lacave, María Isabel. *Las bases económicas del derecho de la junta de socios*. www.indret.com. Barcelona. Abril, 2008, pág. 4.

assim possam constituir uma meta geral e, finalmente, delinear os objetivos da empresa"[27].

Nesse parágrafo, o professor espanhol Sánchez Calero inicia seu livro sobre a Assembleia Geral em empresas de capital. Não é coincidência que ele comece seu livro dessa forma, considerando-se que essa citação reflete claramente o pensamento orientador pelo qual a Assembleia de Acionistas foi criada nas legislações jurídicas continentais.

Essas legislações dão poder soberano à Assembleia de Acionistas, a fim de que ela seja o cenário em que ocorram a deliberação e as futuras decisões corporativas, por meio do direito de exercício de voto.

Nos sistemas jurídicos continentais, a ideia da participação de acionistas nas decisões corporativas é essencial. Também é fundamental a ideia de que essas decisões constituem uma base, básica e inalienável, sobre a qual se estabelece o sistema operacional da empresa[28].

No âmbito desse diagrama de assembleia, a legislação incorpora normas legais sobre colegialidade, em sua maioria dentro da própria assembleia. Essas expressões nos permitem determinar as fases procedimentais para aprovação de cada decisão e a regra a que estão sujeitas, de modo a evitar paralisações corporativas, o que pode resultar em regime de unanimidade.

Na assembleia ocorrem a deliberação e a votação, e a decisão aprovada pela maioria é mantida. Essa é a ideia, havendo também a obrigação de se incluir na ata a deliberação anterior à votação – cada acionista decide o voto e o resultado da votação é estabelecido[29].

A assembleia seria o equivalente à "Ágora", expressão fundamental da democracia grega. Em vez de os cidadãos se reunirem na praça principal a fim de discutir e decidir questões relacionadas às cidades gregas, na assembleia os acionistas se reúnem nas sedes das empresas para discutir e decidir assuntos relacionados à vida corporativa.

---

[27] Sánchez Calero, Fernando. *La junta general en las sociedades de capital*. Ed. Thomson Civitas, Pamplona, 2007, pág. 37.

[28] Sáez Lacave, Ma. Isabel, ob. cit. pág. 6.

[29] Lei Argentina de Sociedades Comerciais, art. 249: A ata escrita de acordo com o artigo 73 deve resumir as manifestações expressas no momento das deliberações, além de diagrama de votação e seus resultados detalhados completos quanto às decisões tomadas.

Obviamente essa passagem do sufrágio universal, característica dos sistemas democráticos, para as empresas comerciais[30], é claramente mais compatível com a plutocracia, uma vez que o direito de voto em empresas de capital é dado em concordância com a posse de capital líquido e não por pessoa.

Esse pacto de tomada de decisão respeita e reflete a ideia de que os proprietários de capital podem decidir o futuro do seu dinheiro. Quem investe mais dinheiro tem mais riscos; no entanto, também tem mais poder de decisão sobre seus investimentos.

Assim, e com base no pressuposto de que nessas empresas as decisões são tomadas na Assembleia Geral, os acionistas participam de forma ativa e colegiada nos processos de tomada de decisão, ao exercerem seus direitos de voto, sendo essa a finalidade da assembleia tal como criada pelos legisladores.

O verdadeiro papel dos acionistas minoritários na Assembleia

Estando agora no desenvolvimento da teoria considerada acima, pode-se afirmar que o papel dos acionistas minoritários na assembleia de empresas com estrutura de capital concentrado não é a participação em processos de tomada decisões corporativas, mas o controle do bom exercício do direito de voto dos acionistas majoritários, com o objetivo de satisfazer os interesses corporativos.

Quando nos deparamos com uma empresa com capital concentrado em uma maioria estável, as decisões são tomadas no núcleo controlador de poder da maioria, fora da Assembleia Geral. Na assembleia celebra-se a decisão apenas para realizar o procedimento estabelecido por lei de modo que tal decisão seja válida.

Nesses casos, a assembleia é uma mera ficção jurídica, na qual os acionistas minoritários têm a possibilidade de documentar sua posição no que diz respeito aos itens da pauta. Devido ao fato de que as decisões são tomadas anteriormente à assembleia, os acionistas minoritários não são ouvidos nesse processo, mas estão autorizados a se expressar a respeito, de modo a depositarem seus votos no percurso previamente acordado. Em tais casos, mais do que deliberações entre acionistas, há uma declaração unilateral de vontade, sem resposta.

---

[30] Molina Sandoval, Carlos. *Tratado de las Asambleas*. Abeledo Perrot, Buenos Aires, 2009, pág. 5.

Assim, a proteção tradicional aos acionistas minoritários nesse contexto, por meio do exercício do direito de voto, é bastante insatisfatória. Acionistas minoritários não estão interessados em controlar a empresa, pois sabem que isso não está dentro de suas atribuições. Além disso, é ineficiente para eles investir em controle, já que seu voto é inútil para alcançar maioria. Seu interesse é impedir que a maioria lucre à custa da empresa[31].

Embora a maioria deva dispor de votos suficientes para adotar qualquer decisão independentemente dos votos minoritários, os acionistas devem aplicar seu direito de voto com fidelidade e em conformidade com a empresa[32].

Isso quer dizer que os acionistas devem colocar o interesse corporativo acima dos seus próprios no momento da apresentação de sua votação. Na prática, isso se dá pela contestação daquela decisão, pelas minorias, caso os interesses corporativos não tenham sido considerados.

Ainda que na legislação argentina o dever de lealdade dos acionistas em relação à empresa não seja especificamente mencionado da forma que é regulamentado para administradores[33], não podemos deixar de mencionar que esse dever de lealdade é estipulado pelo artigo 248 da LGS (Lei das Sociedades Comerciais), que obriga o acionista a se abster de votar em questões que possam ter interesse oposto à empresa, quer por conta própria ou em nome de outros; sendo esse acionista responsável pelos danos, em caso de, na ausência de seu voto, a maioria necessária para adotar a decisão não possa ser alcançada.

A questão é: mesmo que não seja especificamente considerada, a legislação penaliza o comportamento oportunista por parte dos acionistas que detêm controle, quando suas ações se opõem ao interesse corporativo.

O interesse corporativo funciona como um princípio de proteção jurídica do objeto da sociedade e, ao mesmo tempo, impõe um limite ao comportamento da maioria[34], associando-se assim ao excesso de exercício dos direitos quando esse comportamento (da maioria) mostra-se em desacordo com a busca e a satisfação dos interesses corporativos.

---

[31] Saez Lacave, Ma. Isabel. Ob. cit. pág. 5.
[32] Dobson, Juan Ignacio. *Interés Societario*. Ed. Astrea, Buenos Aires, 2010, pág. 313.
[33] Lei Argentina de Sociedades Comerciais, art. 59.
[34] Verly, Hernán. *Interés social: ¿interés mayoritario?*, JA, 1995-I-846.

Aguila Real afirma que "em muitas ocasiões, o legislador não apelará a regras concretas ou a uma regulamentação detalhada para organizar o comportamento adequado das partes. Ao aprovar uma regulamentação detalhada sobre a maneira pela qual os administradores ou maiorias devem comportar-se em cada caso muitos custos são gerados, e o legislador recorre a cláusulas gerais para fornecer aos juízes regulamentações concretas sobre certos comportamentos que, por exemplo, poderiam ser úteis a fim de guiá-los quanto à observação da cláusula geral (a manifestação do dever de lealdade)"[35].

Essa é a maneira pela qual o legislador recorre a regras com hipótese específica, ao tentar fornecer um regulamento anterior, enquanto recorre a cláusulas gerais quando a regulação fatos deve ser determinada posteriormente pelo juiz.

Como consequência, o comportamento dos acionistas que podem impor sua vontade por meio de voto deve ser monitorado pelos acionistas minoritários, no momento da Assembleia.

Em empresas de capital concentrado, a assembleia não deve especificamente ter uma função governamental produtiva, mas sim uma função distributiva, que serve como um limite para o controle do poder. A minoria delega o poder de decisão à maioria, no entanto, mantém para si o poder de supervisionar o comportamento da maioria.

Assim, o direito de voto é dado aos acionistas minoritários não porque eles sejam os mais preparados para tomar decisões corporativas, mas porque são os que estão na melhor posição para defender seus interesses de investimento[36].

Conclusão

Nas seções anteriores, procurei refletir sobre os conflitos de interesses no âmbito das mudanças em leis corporativas, de acordo com a estrutura de capital e de controle de cada empresa.

---

[35] Aguila Real, Jesús Alfaro. *Interés Social y Derecho de Suscripción Preferente. Una aproximación económica*. Ed. Civitas S.A., Madrid, 1995, pág. 25.
[36] Sáez Lacave, Ma. Isabel, ob. cit. pág. 22.

Em empresas de capital disperso, o papel dos acionistas na Assembleia Geral é, além de disciplinar os administradores corporativos, contribuir para se alcançar uma decisão corporativa por meio do exercício do direito de voto.

Por outro lado, na Assembleia Geral em empresas de capital concentrado, o papel dos acionistas (especificamente dos acionistas minoritários) não é aceitar a decisão corporativa, mas verificar se há conformidade dos interesses corporativos por parte dos acionistas majoritários, os quais são encarregados de tomar decisões quanto ao desenvolvimento da empresa. Essa última obrigação não ocorre na Assembleia Geral, mas sim no seio do controle do grupo majoritário, a ser formalizado na Assembleia Geral.

Portanto, mesmo que a Assembleia de Acionistas tenha sido pensada pelo legislador como um órgão de decisão soberana, sua função varia de acordo com a estrutura de capital em cada empresa, assim como também variam os papéis dos acionistas nessas mesmas organizações.

Referências

- Aguila-Real, Jesús Alfaro. Los problemas contractuales en las sociedades cerradas, Indret, Barcelona, 2005.
- Aguila Real, Jesús Alfaro. Interés Social y Derecho de Suscripción Preferente. Una aproximación económica. Ed. Civitas S.A., Madrid, 1995.
- Bainbridge, S.M., Corporation and economics, New York, 2002.
- Bedchuk, Lucian Ayre. The Case for Increasing Shareholder Power. Forthcoming, Harvard Law Review, (December 2004), Working Draft. 2/03.
- Bedchuk, Lucian, The case for shareholders access to ballot, 59 Bus Law.
- Brudney, Victor A., Dividends, Discretion, and Disclosure, 66 Virginia Law Review, 1980.
- Cabanellas de las Cuevas, Guillermo. Derecho Societario, parte general, Los órganos societarios. Ed. Heliasta S.R.L., Buenos Aires, 1996.
- Cooter, R. D., The Theory of Market Modernization of Law. Int. Rev. L. & Econ. 16, 1996.
- Dobson, Juan Ignacio. Interés Societario. Ed. Astrea, Buenos Aires, 2010.
- Friedman, Milton, The Social Responsibility of Business is to Increase its Profits, New York Time Magazine, September, 1970.
- Henderson, Todd M. Current Issues in the Law & Economics of Corporate Law.
- Molina Sandoval, Carlos. Tratado de las Asambleas. Abeledo Perrot, Buenos Aires, 2009.
- Otaegui, Julio. Administración Societaria. Buenos Aires, 1979.
- Sáez Lacave, María Isabel. Las bases económicas del derecho de la junta de socios. www.indret.com. Barcelona, abril del 2008.
- Sánchez Calero, Fernando. La junta general en las sociedades de capital. Ed. Thomson Civitas, Pamplona, 2007.
- Verly, Hernán. Interés social: ¿interés mayoritario?, JA, 1995-I-846.

"Eu posso te expulsar?"
Repensando o "abuso por parte de acionistas majoritários": um caso italiano

Matteo Smacchi[1]

1. A relação entre acionistas majoritários e minoritários sob a abordagem da Análise Econômica do Direito

A relação entre acionistas majoritários e minoritários, além de ser vista a partir dos cânones corporativos e legais tradicionais, também deve ser entendida pela perspectiva de uma análise econômica do direito.

As razões para essa nova abordagem podem ser justificadas quanto à eficiência, entendida aqui como "uma redução de custos individuais e sociais". Às vezes, para que uma resolução de acionistas seja corretamente analisada, bem como para qualquer outra ação realizada por acionistas majoritários, não é suficiente fazer referência às regras do código civil ou às recentes leis sobre o assunto, fazendo-se necessário reconstruir essa ação em termos de "custos-benefícios" para o interesse da empresa.

---

[1] Mestre pela Sapienza Università di Rima, LL.M. pela Temple University e advogado.

2. Empresas "fechadas" que estão "abertas" para o mercado

A análise das relações entre acionistas majoritários e minoritários para o escopo deste artigo incide principalmente sobre as *"empresas fechadas"* e sobre todas as empresas que *"não estão abertas para o mercado"*. Mas como o conceito de "mercado" deve ser entendido aqui? A esse respeito, com base na presença ou ausência de capital de risco, sempre houve distinção entre empresas *"abertas"* e *"fechadas"*; sob essa perspectiva, deve-se buscar proteger os acionistas minoritários, já que no caso de uma empresa "fechada" em particular os incentivos não estariam disponíveis para os acionistas minoritários, que são fornecidos pelo próprio mercado, tendo em vista alcançar-se um alinhamento dos comportamentos daqueles que controlam a empresa em relação aos seus interesses, gerando assim problemas específicos de *agente-principal* e altos *custos de agência*.

No entanto, essas categorias são frequentemente interpretadas de modo amplo e geral. Na verdade, deveria haver outras características que permitissem às empresas serem definidas como *"abertas"* ou *"fechadas"*. Na visão deste autor, a característica da "não abertura ao mercado" não deve ser interpretada em termos *absolutos*, mas em termos *relativos*, no sentido de que a empresa poderia ser definida como *"fechada"* ou *"aberta"* não pela ausência de transações no mercado de bolsa de ações, mas porque *essas negociações podem ser concretizadas apenas no âmbito do grupo de acionistas*, sem uma conexão imediata com o mercado financeiro de modo geral. Sendo assim, nesse sentido, uma empresa, ainda que "fechada" para o mercado externo, pode permanecer "aberta" em seus negócios e transações internas.

Sob um ponto de vista distinto, a atividade empreendedora de qualquer empresa e os elementos "relacionais" da empresa – entre os diferentes órgãos corporativos – exigem, necessariamente, um processo de negociação constante das posições jurídicas ali definidas; se a empresa é *"aberta"*, essa negociação também pode usar as ferramentas decorrentes da participação no mercado financeiro; por outro lado, se a empresa é *"fechada"*, essa possibilidade está efetivamente excluída e, assim, o âmbito em que tais as negociações podem ocorrer tende a coincidir substancialmente com a presença do grupo de acionistas. Essa atividade de negociação, que na verdade é limitada aos acionistas, resulta em uma série de posições monopolistas e tende a levar a um comportamento oportunista.

Desse modo, entendemos aqui o quão importante se torna o nosso tema no que diz respeito à eficiência. As características desse mercado *"aberto/fechado"* devem ser consideradas em termos da restrição de seus atores e de suas respectivas posições, o que cria problemas específicos de funcionalidade; ao considerar tais questões, a atribuição das posições jurídicas pelo sistema não pode ser entendida em um nível de neutralidade quanto aos custos individuais e corporativos relacionados à transação.

Conclui-se que o estabelecimento de uma empresa *"fechada"* – de acordo com o significado resumidamente explicado acima – determina posições de monopólio mútuo nas relações entre acionistas majoritários e minoritários, com um resultado contraditório e com duas vertentes. Por um lado, uma vez que as atividades da empresa exigem uma negociação permanente entre os acionistas, há um "mercado" criado internamente para a própria empresa, no qual basicamente apenas esses acionistas podem participar; por outro lado, outro "mercado" é criado entre empresas e terceiros. Portanto, o conceito de "mercado" é às vezes dilatado, com relação ao seu uso até mesmo em empresas fechadas, e às vezes é estreitado, pois o uso de finanças e da bolsa de valores é impossibilitado.

3. Promovendo o melhor interesse da empresa

Um aspecto diferente das questões referentes à relação entre acionistas majoritários e minoritários pode ser encontrado na definição correta de "interesse corporativo". Em outras palavras, é preciso se perguntar se as assembleias dos acionistas *"expressam" ou "perseguem" o interesse corporativo.* Por um lado, a assembleia é um mecanismo para promover o interesse corporativo, por isso, necessariamente, pré-existe e é expressa como uma finalidade identificável de tempos em tempos; por outro lado, a Assembleia Geral é um mecanismo para a *manifestação do interesse corporativo,* por isso, necessariamente, não pode pré-existir e não pode ser concebida como uma finalidade, mas sim como uma forma de existir da regra da maioria, para a qual uma decisão tomada pela maioria, sem conflitos de interesse, aproxima os ausentes e os dissidentes. Nesse segundo caso, o interesse corporativo adquire o nome e o sentido do artigo 2.373 do Código Civil italiano.

A construção utilizada no artigo 2.373, parágrafo 1, do Código Civil italiano parece incentivar a promoção do interesse corporativo como finalidade. No entanto, para manter a iniciativa econômica privada livre, mesmo quando os negócios corporativos assumem a forma de sociedade anônima, é então necessário permitir que cada acionista expresse seus votos à vontade, de acordo com o que for conveniente para aumentar o valor de suas ações e investimentos. É exatamente por isso que se deve dispensar a possibilidade de identificar um interesse corporativo em termos de finalidade, a ser cumprido pelo voto do acionista ou que é (como já afirmado de modo extensivo) apenas um limite para o exercício desse direito de voto. A renúncia em identificar algum interesse corporativo (expressa pela comunidade de acionistas presentes na assembleia) não significa uma renúncia da aplicação estrita do artigo 2.373 do Código Civil italiano, já que se mantém intacta a possibilidade de se identificar o interesse particular de um acionista pela adoção de uma determinada resolução.

Portanto, no artigo 2.373 do Código Civil italiano, a função do contrato social permanece, segundo a qual é possível – e importante – distinguir entre os interesses do *acionista* que «permanece *fora* da empresa, e cuja satisfação de interesses só pode ser obtida a seu *custo*» e os interesses do *acionista* que são «promovidos *dentro e através da empresa*». Os interesses externos podem ser chamados de *extra-corporativos* porque sua promoção não traz nenhum benefício para a comunidade de acionistas. Ao contrário, os interesses corporativos são aqueles cuja promoção – pelo menos em teoria – pode trazer um benefício para a comunidade de acionistas.

O artigo 2.373 do Código Civil italiano impede que os interesses extra-corporativos sejam promovidos contra as empresas. Em outras palavras, esse artigo evita que os acionistas externos à empresa determinem a aplicação de uma decisão que é potencialmente prejudicial para a mesma. Uma vez que esse interesse particular emerge, protagonizado pelo acionista, nada se ganha com a identificação de *um* determinado interesse *da empresa*, inclusive sob um ponto de vista lógico, considerando que o acionista terá de sucumbir à aplicação da condição do artigo 2.373 do Código Civil, ou seja, ao dano potencial à empresa.

Uma perspectiva diferente, para a qual o artigo 2.373 do Código Civil italiano foi considerado como uma brecha na regulamentação para identificação *positiva* de um interesse corporativo, não consegue explicar por que a

"EU POSSO TE EXPULSAR?" ...

contrariedade da resolução a esse interesse corporativo não constitui motivo para invalidar tal resolução (como pode ser visto na irrelevância de um contraste hipotético, quando o acionista que tem um determinado interesse não foi decisivo para levar a resolução a cabo).

Certamente, algo claro e óbvio emerge de tais questões: o fato de *não ser possível questionar o mérito da resolução tomada na assembleia*.

4. Abuso por Acionistas Majoritários

Nos termos da legislação italiana, o abuso por parte dos acionistas majoritários continua a ser configurado (embora nem sempre claramente se em termos alternativos, competitivos ou mesmo parcialmente cumulativos, e muitas vezes dentro da mesma decisão) de três maneiras diferentes (independentemente da base jurídica colocada como referência específica para a instituição): a) a resolução caracterizada por escopos anticorporativos, portanto contrários ao interesse da empresa; b) o desvio da resolução quanto ao âmbito econômico da Empresa; c) a resolução adotada para o benefício exclusivo da maioria com prejuízo dos direitos da minoria, carecida de um interesse corporativo legítimo.

A primeira maneira se refere à oposição contra a não-negociabilidade do mérito da resolução aprovada pela assembleia, o que na verdade implica a impossibilidade da distribuição da oportunidade da decisão e, portanto, a inadmissibilidade de uma voz que consiste simplesmente em um contraste presumido ou em oposição ao interesse corporativo. A segunda maneira evoca uma ideia de objetivo corporativo muito vaga. Embora muitas vezes isso seja repetido na jurisprudência italiana, essa opção realmente não parece dar lugar a uma situação que é independente, quer da primeira ou da terceira maneiras. Por último, a terceira maneira, se proposta sem um critério para a seleção de interesses relevantes, é arbitrária: a nomeação de conselheiros de confiança somente por um único acionista majoritário estabelece um prejuízo sobre um interesse da minoria, com uma desconsideração substancial dos interesses da empresa (que, ao invés de considerados como finalidade, podem criar situações paradoxais, tal como quando o acionista minoritário, sem grandes custos para a empresa, recomenda profissionais com um perfil

ESTUDOS SOBRE NEGÓCIOS E CONTRATOS

claramente superior em comparação aos propostos pelo acionista majoritário, o qual pode indicar a si mesmo/a ou seus próprios associados inexperientes). Não obstante essas colocações, não há dúvida de que o pedido da maioria para nomear administradores de sua total confiança não constitui abuso.

Apesar de essa afirmação parecer desrespeitosa à jurisprudência tradicional para tais questões, a importância agora deve repousar na dúvida quanto ao *conflito com o interesse corporativo* (uma fórmula que, como visto, tem apenas um valor descritivo) em caso de abuso do poder da assembleia.

Como mencionado acima, a possibilidade de verificar a existência de um conflito e de um dano potencial à empresa existe somente através da brecha aberta pelo interesse particular do acionista minoritário envolvido na decisão específica a ser adotada. Para além dessa hipótese, o parecer do acionista minoritário deve ser considerado irrelevante e inacessível quanto à ponderação de uma determinada decisão e, portanto, à direção em que os acionistas pretendem votar.

5. A vontade do acionista é importante durante a vida da empresa?

Uma visão geral da legislação corporativa italiana demonstra que os direitos de acionistas individuais são pertinentes em um primeiro momento – melhor dizendo, *exclusivamente* – durante os processos de constituição e dissolução da empresa, que são os únicos momentos em que o acionista age de forma *uti singulus*. Mais especificamente, segundo a legislação corporativa italiana, a vontade do acionista individual parece ser *verdadeiramente* importante apenas durante a criação da empresa, na sua constituição e na criação da "vontade corporativa"; e na fase de procedimentos de liquidação, após a aprovação do orçamento final. Por isso, o desejo do acionista se manifesta na forma de créditos intangíveis devidos à empresa.

Em contrapartida, durante a vida da empresa, o acionista individual, mediante consentimento próprio e vontade expressa, contribui para os "interesses sociais" em detrimento de seus próprios, *e.g.,* o arcabouço de interesses pertinentes *não é mais considerado individualmente, mas sim, no âmbito de uma entidade associativa,* a proteção dessa entidade é confiada à maioria obtida na assembleia dos acionistas, que é a expressão máxima de todas as democracias corporativa.

Os problemas oriundos desse "embate de interesses" entre empresa e acionistas individuais têm sido discutidos há muito tempo na jurisprudência italiana e na literatura jurídica, que também destacou que alguns problemas específicos, tais como a preservação do *status socii*, ou seja, o direito de os acionistas se manterem dentro da empresa, estabelecendo, portanto, um limite intangível a partir daquele direito, que a empresa não pode ultrapassar. Porém, a prática diária nos ensina que o resultado desse embate entre entes corporativos (empresa vs. acionista) é diferente: *não há quaisquer direitos absolutos e intangíveis dos acionistas que possibilitem a preservação de seu status durante a vida da empresa.*

A "regra da maioria" é o tema mais importante para defender a *relatividade do direito do acionista*. Na verdade, todo o sistema regulatório da lei corporativa está baseado no "princípio da maioria", segundo o qual as determinações expressas pela maioria dos membros do grupo resultam em um efeito vinculante sobre os membros da minoria, de modo a garantir a velocidade das decisões corporativas e das relações comerciais, que são elementos extremamente necessários na economia moderna.

A supremacia desse princípio jurídico também é confirmada pela jurisprudência da Suprema Corte italiana que considerou *nulas de pleno direito* as cláusulas que apresentavam unanimidade nos estatutos corporativos porque "*a regra da maioria é um princípio obrigatório, uma ferramenta para garantir, mediante a simplicidade dos procedimentos de reunião, uma suposta 'liberdade de movimentação' da empresa.*" Em consonância com esses princípios, a Suprema Corte italiana confirmou a prevalência da vontade da maioria no que tange à unanimidade.

De fato, o Código Civil italiano contém diversas cláusulas que confirmam a preferência do legislador pelo princípio da maioria. Primeiramente, o artigo 2.484, em seu primeiro parágrafo, no número 6, dispõe que a dissolução da empresa deve ocorrer mediante decisão da maioria. Nesse caso, portanto, a maioria dos detentores do capital pode realmente decidir o destino da empresa e – como consequência – o destino dos acionistas minoritários, *confirmando que acionistas individuais não têm o direito inviolável de permanecerem como acionistas da empresa.*

ESTUDOS SOBRE NEGÓCIOS E CONTRATOS

O princípio do poder da maioria fica ainda mais evidente se considerarmos que a decisão de liquidar uma empresa é discricionária e, portanto, os escopos não podem sequer ser discutidos pelas autoridades judiciais, com base no princípio de autonomia contratual e no princípio de liberdade de empreendimento, garantidos pelo artigo 41 da Constituição italiana. O único limite que não pode ser ultrapassado é o que advém do *abuso* ao se negligenciar a minoria, que se configura claramente quando *"fica provado que a escolha de interesses dos acionistas majoritários diverge dos interesses corporativos, além de ser arbitrária e fraudulenta, e tem o intuito de prejudicar acionistas individuais"*.

Por exemplo, a Suprema Corte italiana considerou legítima a incorporação de uma sociedade anônima do setor bancário a uma instituição de crédito regida por leis públicas aprovadas por uma decisão majoritária celebrada pela assembleia dos acionistas da empresa privada incorporada. Esse procedimento desqualifica a função do acionista, mesmo para minorias dissidentes, considerando que a instituição incorporada não era uma empresa e, portanto, não poderia ter sócios.

Segundo a Suprema Corte, *"a posição do acionista reflete uma postura advinda do contrato corporativo. Para alterar o estatuto de constituição não é necessário o consentimento de todos, porém o direito de retirada é garantido somente a acionistas dissidentes. Isso significa que a lei não garante a um acionista individual uma inviolabilidade de sua posição inicial; **a empresa vive, muda e morre porque a maioria dos acionistas assim deseja"**.*

Essa suposição é mais "lógica" que jurídica, de acordo com o fato de que os acionistas majoritários representam melhor os interesses da empresa, que estão acima de quaisquer outros interesses do que os minoritários individualmente, sem prejuízo para o fato de que os interesses da empresa sempre prevalecem em detrimento dos interesses da maioria em si. Em outras palavras, a maioria precisa atuar no âmbito dos interesses da empresa, mas não em interesse próprio. Do contrário, isso constituiria um uso abusivo de poder que não é justificado pelo interesse corporativo.

6. Um estudo de caso italiano

Nessa parte tentaremos confirmar os princípios jurídicos acima mediante sua aplicação prática. Esse estudo de caso nos ajudará a entender melhor que, na advocacia privada, qualquer advogado pode lidar com decisões que "aparentam" constituir um abuso por parte dos acionistas majoritários. Porém, após avaliação meticulosa, conclui-se que as decisões foram econômicas, legítimas e corretas, pois foram tomadas levando em consideração a promoção do interesse corporativo.

O caso que vamos analisar envolve a empresa **"S"** e a **exclusão legítima** de seus acionistas minoritários sem que tenha havido abuso por parte dos acionistas majoritários.

Vamos começar.

A empresa **"S."** é uma corporação multinacional listada nas bolsas de valores. Devido à crise financeira, a Empresa foi submetida a um processo de retirada das bolsas em 2011 e foi removida do comércio de ações. O valor das ações da **"S."**, quando a empresa foi *retirada da lista*, era praticamente igual a zero.

Na sequência de tal retirada da bolsa, a estrutura acionária da "S." era a seguinte:

Acionista Majoritário "F"	**95,71%** do capital social
Acionista Minoritário "Z"	**2,59%** do capital social
Mais de 8.000 acionistas "pulverizados"	**1,7%** do capital social

Desse modo, havia mais de 8.000 acionistas que, como montante global, detinham menos de 2% do capital social da "S.". Esses acionistas minoritários "pulverizados" não tinham direitos econômicos, considerando que o estresse financeiro da empresa não permitia distribuição de quaisquer lucros.

Em conformidade a esse cenário, o acionista majoritário "F." teve que lidar com uma estrutura acionária extremamente fragmentada e com uma série de questões relevantes. Especificamente:

ESTUDOS SOBRE NEGÓCIOS E CONTRATOS

- A existência de mais de 8.000 acionistas com uma porcentagem total de participação inferior a 2% significa a impossibilidade de que todos exerçam, coletivamente, qualquer direito administrativo ligado ao *status socii*; de modo que o acionista individual, neste caso, tanto individualmente como por meio de acordos no âmbito da minoria, não conseguiria intervir na vida da empresa.

- Essa minoria fragmentada se caracteriza por forte apatia e desinteresse; o acionista pulverizado, consciente de que o valor de suas ações é igual a zero e que, portanto, seu investimento está praticamente perdido, não participa das atividades da empresa e perde o interesse até mesmo no processo de votação exigido pela assembleia anual para aprovação do balanço patrimonial.

- A alta pulverização do capital social gera falta de interesse patrimonial e financeiro. Não só o valor da ação torna-se quase nulo, mas o percentual de participação de cada acionista (neste caso, cerca de 0,01%) é tão insignificante que, mesmo em uma possível hipótese de distribuição de lucros, as receitas certamente seriam muito inferiores ao capital investido.

- Com a retirada da "S." da bolsa de valores, as ações, apesar de a empresa já não estar mais listada, foram desmaterializadas na Monte Titoli S.p.A (uma empresa italiana que certificara a participação em caso de desmaterialização) com custos resultantes incorridos periodicamente apenas ao Acionista Majoritário "F.".

A única maneira de solucionar esses problemas seria eliminar a minoria pulverizada a fim de simplificar a governança da Empresa "S.", com uma vantagem evidente para o Acionista Majoritário "F.". No entanto, essa vontade de "F." corria o risco de ser interpretada como abuso dos acionistas majoritários sobre os minoritários. Assim, por um lado, a Empresa "S." tinha de encontrar uma maneira de "eliminar" os limitados – mas numerosos – acionistas minoritários pulverizados, enquanto, por outro lado, tinha que evitar qualquer abuso contra os acionistas minoritários, sem prejuízo a seus direitos de propriedade.

Essa eliminação também permitiria que o Acionista Majoritário "F." gerenciasse a Empresa "S." sem ter de arcar com os custos decorrentes da desmaterialização dos investimentos pulverizados na Monte Titoli S.p.A.

Além disso, e muito mais importante, a eliminação dos acionistas pulverizados evitaria a possibilidade de que esses desenvolvessem um comportamento obstrucionista, talvez em conjunto com o acionista minoritário "Z.", o único acionista minoritário que detinha uma participação relevante.

Os problemas levantados acima são as razões e o contexto para a resolução de uma assembleia de acionistas, tomada pela Empresa "S." em julho 2014, através da qual os acionistas minoritários "pulverizados" foram desligados legitimamente e sem qualquer abuso.

O instrumento escolhido pela maioria "F." para eliminar a minoria pulverizada foi o agrupamento acionário (*reverse stock-split*; *raggruppamento azionario*).

Os principais pontos da resolução foram os seguintes:

a. ***Aumento do capital social nos termos do artigo 2.442 do Código Civil italiano, a fim de atingir o montante total de 63.606.000 Euros.***
Para simplificar a estrutura de acionistas e aplicar o instrumento de desdobramento reverso de ações, primeiro foi necessário atribuir um valor nominal às ações. De forma correta, para evitar que a atribuição do valor nominal pudesse gerar cálculos complicados com números decimais ou frações desproporcionais, decidiu-se aumentar levemente o capital social de modo a chegar a um número interno mais gerenciável.

b. ***Atribuição de um alto valor nominal, equivalente a um mil Euros por ação.***
Para eliminar a minoria de acionistas pulverizados, foi necessário atribuir um valor nominal o mais alto possível para uma única ação. A empresa escolheu uma quantidade muito elevada equivalente a 1.000 Euros por ação, algo incomum entre empresas italianas não listadas.

c. ***Agrupamento acionário.***
O valor tão elevado por papel resultante do agrupamento acionário (reverse stock-split) levou à redução do número de acionistas minoritários de mais de 8.000 para menos de 100.

d. ***Evitando o abuso: (i) Direito de Retirada e Emissão de Títulos.***
A fim de evitar que o acionista minoritário, excluído por lei como consequência do agrupamento acionário, pudesse recorrer da decisão à frente do Tribunal justificando um possível comportamento abusivo da maioria, a Empresa "S." inseriu dois elementos corretivos:

(i) o direito de retirada para o acionista dissidente e (ii) a emissão de títulos de três anos que conferiam o direito a um montante igual ao possível dividendo a ser distribuído.

Por um lado, pelo direito de retirada, os acionistas dissidentes da resolução da assembleia ganharam o direito de se retirar da empresa. Os títulos de três anos, por outro lado, constituíram uma inovação jurídica em comparação a outras operações semelhantes. "Preocupados" com a possibilidade de que os ex acionistas minoritários eliminados como resultado do agrupamento acionário pudessem solicitar dividendos à Empresa "S." e/ou lucros não recebidos que teriam sido atribuídos caso tivessem continuado como acionistas, a Empresa fez a emissão de títulos de três anos sob a forma de uma "carta de crédito", a ser "ativada" somente se a Empresa "S." gerasse lucros e viesse a distribuir dividendos. A duração escolhida para a emissão desse instrumento foi de três anos, equivalente ao tempo de um recurso que visava à declaração de nulidade da resolução dos acionistas, de acordo com o artigo 2.379 do Código Civil italiano.

e. **Evitando o abuso: (ii) a Aquisição de Ações Próprias e o Mercado de Ações Fracionadas**

A fim de limitar o risco de recurso ao Tribunal por abuso por parte da maioria, a Empresa "S." aprovou a compra de suas próprias ações, bem como a aquisição de qualquer participação fracionada resultante da operação de agrupamento acionário, além de ter permitido a venda de qualquer ação fracionada da empresa para os acionistas minoritários, a fim de ajudá-los a alcançar a cota necessária para a emissão de pelo menos um certificado de ações. A Empresa "S." favoreceu e ajudou a criar o chamado "mercado de ações fracionadas" (*mercato dei resti*), ou seja, um mercado secundário que é criado após uma operação de agrupamento acionário dentro de uma empresa não listada.

7. Conclusão

Na visão do autor, quando indivíduos decidem fazer parte de uma empresa, eles não só concordam em contribuir com a promoção do escopo corporativo, mas também com a promoção dos *interesses* da empresa, que normalmente coincidem com seus próprios: na verdade, se a empresa vai bem, todos se beneficiam e aumentam seus ganhos.

Às vezes, porém, a equação "interesses da empresa = interesses dos acionistas" não é equilibrada, no sentido de que pode haver casos em que uma *operação útil para a empresa envolve prejuízo para alguns de seus acionistas*. Nesses casos, o interesse da empresa deve ser promovido de qualquer forma, já que ele é e deve permanecer predominante, naturalmente respeitando-se os princípios da boa fé e da retidão.

Portanto, quando uma transação envolve um benefício para a empresa e, ao mesmo tempo, um prejuízo – ainda que apenas potencial – para alguns acionistas, a operação é legítima e deve ser realizada, se for necessária para a empresa e se o valor atingido no final da operação compensar a desvalorização acarretada para tais acionistas. Se mudarmos nosso ponto de vista e deixarmos de tomar quaisquer decisões que sejam benéficas para a empresa, mas prejudiciais para uma minoria dos acionistas, isso fará com que os interesses da minoria prevaleçam, criando danos para a empresa e colocando-a sob sério risco no longo prazo.

A resolução da reunião da empresa "S.", como resumido acima, prova exatamente isso. Uma gestão mais justa e prudente, a redução dos custos administrativos e uma maior eficiência do ponto de vista da *governança* interna são interesses que devem prevalecer sobre posturas improdutivas e obstrucionismo de um pequeno grupo de acionistas minoritários.

O direito de manter a participação não deve ser considerado algo sagrado e inviolável, especialmente para os casos em que o próprio investimento não permite qualquer demonstração do *status socii*. Em especial nas situações em que deter uma parte das ações – sem direitos administrativos e econômicos, como nesse caso – tem a única finalidade de obstruir o funcionamento normal de uma empresa, o acionista majoritário precisa remediar, até mesmo "forçando" um diálogo que seria natural entre majoritários e minoritários. Forçar esse diálogo, no final das contas, é a melhor maneira de promover o interesse corporativo. O escopo principal de uma corporação é a concretização de lucros, através da realização de atividades com o método econômico: a redução de custos e a criação de governança corporativa mais eficiente são ferramentas para aplicação desse método.

A partir desses pontos de vista, a ideia tradicional do "abuso por parte da maioria" é quebrada em favor de uma interpretação mais dinâmica. Se tivéssemos seguido a abordagem clássica para responder às questões colocadas pela Empresa "S.", provavelmente nós teríamos de ter discutido a impossibilidade de se eliminar acionistas minoritários em uma empresa não listada, porque de outra forma seu direito de deter *ao menos uma ação* seria prejudicado como resultado da operação de agrupamento acionário. Apesar disso, o advogado deu continuidade à operação, manipulando a norma de direito e atuando para *solucionar o problema* colocado sob sua atenção pela Empresa "S.".

Ao fazê-lo, por meio de uma análise jurídico-econômica, ele conseguiu eliminar os acionistas pulverizados e tornar a Empresa "S." mais eficiente, sem que isso incorresse em qualquer comportamento abusivo por parte dos acionistas majoritários.

Teoria da Agência e Política de Dividendos

Gabriel Messina [1]

> *"...... nas sociedades anônimas o direito parte do conceito de que, como conseqüência do número de acionistas e sua variabilidade, o parceiro como tal, não pode ser dado diretamente e pessoalmente para a sociedade"* [2]

Introdução

O presente artigo pretende abordar o problema de agência no Direito Societário e então projetar a questão ao mercado de capitais por meio da análise (parcial) da política de distribuição de dividendos.

A estreita relação do campo do Direito Comercial[3] (e em especial o ordenamento societário[4]) com a Economia justifica a tentativa de explorar este tema com o apoio de alguns conceitos provenientes da dita ciência.

---

[1] Mestre pela Sapienza Università di Rima, LL.M. pela Temple University e advogado.

[2] ASCARELLI, Tullio; "Principios y problemas de las Sociedades Anónimas", Cacheaux Sanabria, René (traductor). Imprenta Universitaria, México, 1951. Pág. 38

[3] "Comprender la profunda relación entre el capitalismo y el Derecho Comercial es una manera de abordar con profundidad filosófica el Derecho Comercial". Ciuro Caldani, Miguel Ángel. "Notas para la comprensión capitalista del Derecho Comercial". (Aportes para la Filosofía del Derecho Comercial)", p. 31. http://www.cartapacio.edu.ar/ojs/index.php/centro/article/viewFile/455/347

[4] Por exemplo, a exposição de motivos da lei 19.550 (Lei Geral de Sociedades Argentina) assinala na introdução reservada às sociedades anônimas "... la creciente trascendencia que esta sociedad tiene para el desarrollo económico del país".

Partindo da conjectura que na América do Sul – ou pelo menos na Argentina[5] – nos encontramos agora em um período anterior ao que Roberta Romano qualificou como a "Revolução do Direito Societário"[6], faremos uma breve menção às causas deste acontecimento, como introdução.

A mudança radical na concepção corporativa dos países do norte resultou de contribuições que vieram de várias fontes.

Primeiramente, encontramos os inovadores desenvolvimentos em finanças corporativas a partir da década de 1960. A autora supracitada enfatiza o pioneiro livro de Victor Brudney e Marvin Chirelestein intitulado *Cases and Materials on Corporate Finance*, a que descreve como "pioneiro em introduzir uma nova metodologia, as finanças corporativas, no currículo do Direito dos Negócios; junto à criação do modelo CAPM e ao trabalho de Modigliani e Miller que abarcaremos brevemente no parágrafo dedicado ao tema da política de dividendos".

Como segunda fonte, encontramos a colaboração, também revolucionária, da literatura econômica sobre a Teoria da Firma. Aqui podemos identificar claramente duas linhas de contribuições[7]. Por um lado, a tentativa de superar a concepção neoclássica que considerava à empresa uma função de produção sem indagar para além dessa afirmação. Deste modo, frequentemente considera-se que esta nova visão constituiu uma aspiração, por abrir a "caixa-preta" que representava a empresa na visão da teoria neoclássica. A teoria dos custos de transação, a partir do artigo precursor de Ronald Coase

---

[5] "En algunos casos, como en Brasil y México, los países incluso aprobaron nuevas leyes, en ocasiones después de que los cambios parciales no lograran una verdadera reforma". LÓPEZ-DE-SILANES, Florencio; Gobierno corporativo y mercados financieros en la OCDE y América Latina: lecciones para los cambios regulatorios después de la crisis financiera en Gobernanza corporativa y desarrollo de mercados de capitales en América Latina Georgina Núñez, Andrés Oneto y Germano Mendes De Paula, Coordinadores. Primera edición. ISBN 978-958-8307-76-3. Mayol Ediciones S.A., Colombia, 2009.

[6] "Corporate law is a field that underwent as thorough a revolution in the 1980s as can be imagined, in scholarship and in practice, methodology, and Organization". ROMANO, Roberta; "After the Revolution in Corporate Law". Faculty Scholarship Series. Paper 1917, p. 342. http://digitalcommons.law.yale.edu/fss_papers/1917 12-9-2014

[7] Especificamente, a segunda linha que se mencionará poderia ter sido excluída da "Teoria da Firma" e agrupada nas teorias sobre "separação entre propriedade e controle".

intitulado *A Natureza da Firma*[8] (1937) e dos posteriores avanços de Oliver Williamson, colaborou em grande parte para o desenvolvimento dessa linha de pensamento. A outra contribuição da ciência econômica proveio da Teoria de Agência, que será objeto de análise mais adiante.

A terceira e última fonte originou-se no mundo da prática corporativa pela incorporação de uma infinidade de formas inovadoras de contratação decorrentes do *boom* de aquisições de empresas listadas[9].

O que se afirma nos parágrafos precedentes não implica julgamento de valor algum, nem pretende sugerir que se adote tal ou qual modelo mediante o "transplante" de instituições jurídicas a nossos ordenamentos[10] (com a alta probabilidade de que tal solução resulte totalmente ineficiente) ou que inexoravelmente nossas legislações tenderão a convergir sob estes princípios[11], senão de tornar manifesta a necessidade de incorporar estes conceitos fundamentais ao estudo do direito societário[12].

---

[8] Se encontrássemos-nos em frente à necessidade de resumir em uma oração o argumento de R. Coase poderíamos enunciar que "Coase's contribution is seminal for several reasons, but certainly for calling attention [...] of the fact that markets do not operate costlessly" DEMSETZ, Harold. "The Theory of the Firm Revisited". Journal of Law, Economics, & Organization, Vol. 4, No. 1 (Spring, 1988); Oxford University Press, p. 141.

[9] "More importantly, lawyers and courts needed new ways to talk and think about, and respond to, these novel transaction...". ROMANO, Roberta; "After the Revolution in Corporate Law". Faculty Scholarship Series. Paper 1917. http://digitalcommons.law.yale.edu/fss_papers/1917 12-9-2014, p. 348.

[10] "Developed country corporate laws also reflect the idiosyncratic history of their country of origin. They are not necessarily efficient at home, let alone when transplanted to foreign soil". KRAAKMAN, Reinier; BLACK, Bernard; "A Self Enforcing Model of Corporate Law" em "Foundations of corporate law" Second Edition. Roberta Romano, editor. Lexis Nexis; 2012. ISBN 978-1422499382; p. 726. Na mesma direção (mas expondo outras razões): "...transplantation of legal and regulatory rules might itself becomes an important source of inefficiency" LA PORTA, Rafael; LOPEZ DE SINALES, Florencio; SHLEIFER; "The economic consequences of legal origins" en "Foundations of corporate law" Second Edition. Roberta Romano, editor. Lexis Nexis; 2012. ISBN: 978-1422499382, p. 723.

[11] "...convergence in most aspects of the law and practice of corporate governance is sure to follow". HANSMANN, Henry; KRAAKMAN, Reinier; "The End of History for Corporate Law"; Discussion Paper No. 280, 3/2000, p. 33/34, http://www.law.harvard.edu/programs/olin_center/papers/pdf/280.pdf e em direção similar os mesmos autores expressaram em "Reflections on the End of History for Corporate Law" Yale Law & Economics Research Paper No. 449 http://papers.ssrn.com/sol3/papers.cfm?abstract_id=2095419##

[12] "...también es relevante la integración externa que vincule debidamente el saber jurídico con el resto de las ciencias". CIURO CALDANI, Miguel Ángel. "Estado del conocimiento

Para além da filosofia do direito que possamos acrescentar, a ciência jurídica deve encontrar substrato na realidade[13]. Embora possa constituir para muitos uma verdade de *la Palice*, ainda é possível verificar entre os juristas nas Faculdades de Direito uma tendência a fazer elaborações partindo de premissas completamente irrealistas[14]. Este problema não só se propõe na ciência jurídica, mas também na econômica: o laureado Ronald Coase já denunciava nos anos 70 os "economistas de quadro-negro"[15], os quais dispunham de toda a informação e impunham os preços, fixavam os impostos e distribuíam os subsídios para promover o bem-estar geral, mas sem ter como contrapartida o sistema econômico real.

Esperamos que o leitor saiba relevar a digressão anterior, já que não é a intenção fazer do presente trabalho um artigo sobre filosofia jurídica. Não obstante, considerou-se necessário expressar algumas ideias que o fundamentem e que sem dúvida extrapolam os limites propostos para o mesmo, pelo que resulta imperioso retomar o caminho traçado no começo.

Para alcançar tal propósito, começaremos revendo um velho dilema que se apresenta nas sociedades modernas: a separação entre a propriedade e o controle.

---

en la investigación jurídica: líneas de investigación e impacto social de la producción científica (investigación, posgrado e impacto social)". http://www.centrodefilosofia.org.ar/IyD/iyd39_7.pdf, p. 49.

[13] "... las realidades económicas constituyen una sólida barrera para los repartidores". GOLDSCHMIDT, Werner. "Introducción filosófica al Derecho". 5ta. Edición ampliada. Ediciones Depalma, Bs. As. 1976, p. 75.

[14] "sería bastante ingenuo creer que es posible cambiar el mundo a golpe de decretos". ALVAREZ GARDIOL, Ariel; "Epistemología jurídica" 1ra. edición. Ediciones AVA SRL. Fundación para el desarrollo de las Ciencias Jurídicas. Rosario, 2010, p. 88.

[15] "Blackboard economics is undoubtedly an exercise requiring great intellectual ability, and it may have a role in developing the skills of an economist, but it misdirects our attention when thinking about economic policy. For this we need to consider the way in which the economic system would work with alternative institutional structures. And this requires a different approach from that used by most modern economists". Coase, Ronald. "The firm, the market and the law". University Of Chicago Press; Reprint edition, p. 19.

1. Sobre a separação entre a propriedade e o controle

É tarefa difícil aproximar-se do estudo dos problemas de agência, sua vinculação com o direito societário[16] e sua projeção ao mercado de capitais, sem dedicar algumas linhas a seus antecedentes.

Poder-se-ia afirmar que é unânime a referência ao livro do professor de direito Adolph Berle e do economista Gardiner Means[17] intitulado *The Modern Corporation and Private Property* como o trabalho que serviu de alicerce para o posterior avanço no estudo da situação que se apresenta nas sociedades de "grande porte", em que se produz a separação entre aqueles que são proprietários do capital e os que dirigem ou administram esse capital.

Outro precedente impossível de ser evitado nesse parágrafo é o artigo de Jensen e Meckling intitulado *Theory of the firm: Behavior, Agency Costs and Ownership Structure,* em que os autores expressaram a inadequação da Teoria da Firma vigente nesse momento e esboçaram uma nova definição para a mesma. Os autores desenvolveram a ideia da estrutura de propriedade, baseando-se nas teorias dos direitos de propriedade, da agência[18] e das finanças. E ainda que tenham afirmado sua aplicabilidade a uma grande variedade de organizações, os mesmos reconheceram que não haviam proposto um enfoque na "grande corporação", em que os administradores dispunham de pouquíssimas (ou mesmo não possuíam quaisquer) ações.

Considerado como problema central a governança corporativa, qualquer modelo de sociedade deverá ser capaz de explicar o porquê da separação (entre propriedade e controle), sua estrutura de governo e as respostas legais

---

[16] "Much of the corporate law is directed at mitigating agency problems, as selection in reader illustrates. The readings also indicate how the economic theory of organization as well as corporate finance clarify different facets of the agency problem and suggest ways of mobilizing the legal system to address this master problem" ROMANO, Roberta; "Founda tions of corporate law" Second Edition. Roberta Romano, editor. Lexis Nexis; 2012. ISBN: 978-1422499382; Prefácio.

[17] HILL, Claire A.; MCDONNELL, Brett. "Introduction: The Evolution of the Economic Analysis of Corporate Law", http://papers.ssrn.com/sol3/papers.cfm?abstract_id=2051133

[18] "Many problems associated with the inadequacy of the current theory of the firm can also be viewed as special cases of the theory of agency relationships...". JENSEN, Michael; MECKLING, William; "Theory of the Firm: Managerial Behavior, Agency Costs and Ownership Structure". Journal of Financial Economics, October, 1976, V. 3, No. 4, p. 4. http://papers.ssrn.com/abstract=94043

que lhe sucederam[19]. O potencial comportamento oportunista[20] surge no cenário societário, já que é justamente esta dissociação que torna possível a corporação moderna.

A existência de acionistas – titulares dos direitos residuais[21] – por um lado, e de administradores pelo outro, traz uma inegável série de vantagens, tais como a especialização nas funções de gestão e na estrutura de decisões[22], mas também implica uma série de inconvenientes entre os quais se destaca o problema da agência.

2. Teoria da Agência

"Quando uma pessoa exerce uma autoridade que afeta a riqueza de outra, seus interesses podem divergir"[23]

---

[19] BAINBRIDGE, Stephen; "The New Corporate Governance in Theory and Practice"; Oxford University Press, New York, First Edition, p 8. Da mesma forma: "The key focus of U.S. corporate law and corporate governance systems is what is referred to as an agency problem, the organizational concern arising when corporate ownership and control are separated". BHAGAT, Sanjai; BOLTON, Brian; ROMANO, Roberta; "The Promise and Peril of Corporate Governance Indices" ECGI – Law Working Paper No. 89/2007 Yale Law & Economics Research Paper No. 367, p. 6.

[20] "El segundo supuesto conductista es que los agentes humanos propenden al oportunismo, que es una condición profunda de la búsqueda del interés propio que contempla la traición". WILLIAMSON, Oliver E; "La lógica de la organización económica" em "La naturaleza de la empresa", Williamson – Winter (compiladores). Editorial Fondo de Cultura Económica. 1996, p. 139.

[21] "The residual risk -the risk of the difference between stochastic inflows of resources and promised payments to agents- is borne by those who contract for the rights to net cash flows.' We call these agents the residual claimants or residual risk bearers". FAMA, Eugene F.; JENSEN, Michael C. "Separation of Ownership and Control". Journal of Law and Economics, Vol. 26, No. 2, Corporations and Private Property: A Conference Sponsored by the Hoover Institution. Jun., 1983, p. 302. http://links.jstor.org/sici?sici=00222186%28198306%2926%3A2%3C301%3ASOOAC%3E 2.0.CO%3B2-A

[22] FAMA, Eugene F.; JENSEN, Michael C.; "Agency Problems and Residual Claims" in "Foundations of organizational strategy", Michael C. Jensen, Harvard University Press, 1998; Journal of Law & Economics, Vol. 26, June 1983, p. 5.

[23] "When one person exercises authority that affects another wealth, interests may diverge". EASTERBROOK, Frank; FISCHEL, Daniel. "The economic structure of corporate law". Harvard University Press. ISBN 0-674-23539-8, p. 91.

TEORIA DA AGÊNCIA E POLÍTICA DE DIVIDENDOS

É possível afirmar que a função fundamental cumprida pelo ordenamento corporativo é a de reduzir os custos de organização[24] de um empreendimento através da estrutura societária[25], já que este facilita a coordenação entre os participantes do negócio e reduz as possibilidades de condutas oportunistas redutoras de valor.

Nesse sentido, sustenta-se que grande parte da lei pode ser entendida como uma resposta a três focos principais de oportunismo: conflitos entre administradores e acionistas, conflitos entre acionistas e conflitos entre acionistas e outras partes interessadas na sociedade, tais como o são os credores e os empregados. Estes conflitos podem ser englobados nos chamados "problemas econômicos de agência"[26].

No presente trabalho, o primeiro conflito de interesse (administradores/acionistas) é abordado por questões de extensão do texto e por considerarmos que este é o único problema que pode ser estritamente qualificado como de agência.

Uma relação de agência nasce nas situações em que uma das partes designada como *o agente* atua por ou em representação de outra, designada como *o principal*, em um cenário específico de tomada de decisões[27]. Em outras

---

[24] ARMOUR, John; HANSMANN, Henry and KRAAKMAN, Reinier; "What is Corporate Law?" in "The Anatomy of Corporate Law. A Comparative and Functional Approach", Oxford University Press, Second Edition, p. 2.

[25] "La función económica de las relaciones societarias reconocidas normativamente, tanto sea concebida en sentido amplio como en sentido estricto (ver § 4), son las de dar seguridad jurídica al vínculo entre los partícipes (usamos esa terminología para la sociedad en sentido amplio) o entre los socios (para la sociedad en sentido estricto), especialmente a los que se contraigan con terceros, así como también al régimen de los bienes afectados a la actividad en interés común, respecto no sólo de las partes, sino de terceros que se vinculen a la actividad, como igualmente los terceros acreedores de los partícipes o de los socios". RICHARD, Efraín H.; MUIÑO, Orlando M.; "Derecho Societario", Editorial Astrea, Buenos Aires, 2000, p. 5/6.

[26] "All three of these generic conflicts may usefully be characterized as what economists call 'agency problems'". ARMOUR, John; HANSMANN, Henry and KRAAKMAN, Reinier; "What is Corporate Law?" in "The Anatomy of Corporate Law. A Comparative and Functional Approach", Oxford University Press, Second Edition, p. 2.

[27] ROSS, Stephen. "The Economic Theory of Agency: The Principal's Problem". American Economic Review, 1973, vol. 63, issue 2, p. 134. No mesmo sentido: "Narrowly defined, an agency relationship is a contract in which one or more persons (the principal(s)) engage another person (the agent) to take actions on behalf of the principal(s) which involves the delegation of some decision-making authority to the agent". JENSEN, Michael C.; SMITH,

ESTUDOS SOBRE NEGÓCIOS E CONTRATOS

palavras, o principal se beneficia quando a outra parte, o agente, realiza a tarefa encomendada[28].

Transportando este conceito ao âmbito societário, os administradores são considerados os agentes dos acionistas (os principais); isto é, o contrato de sociedade converte os administradores em agentes dos acionistas, mas sem especificar os deveres destes agentes[29].

Deste modo, a análise deveria ser focada em encontrar os meios mais eficientes para alinhar (na medida do possível) as funções de utilidade (ou incentivos) dos agentes e dos principais. As principais fontes que motivam tal divergência giram em torno da decisão sobre quanto "esforço"[30] os administradores devem empreender, assim como os diferentes horizontes temporários e o diferencial na exposição ao risco[31].

No entanto, essa concepção sobre a relação existente entre acionistas e administradores não está isenta de críticas e inclusive tem sido considerada como "primeiro passo" no estudo sobre a separação entre propriedade e controle[32]. Nesse sentido, afirma-se que não deve ser tida como ideal a noção de que o acionista possui aptidão para vigiar ou controlar os administradores, destacando que as políticas que alentam o controle por parte dos acionistas podem

Clifford W. Jr.; Stockholders, manager and creditor interests: Applications of agency theory, p. 2, http://papers.ssrn.com/sol3/papers.cfm?abstract_id=173461 06-04-2015

[28] "An agency relationship is a relationship between two people, one of whom (the "principal") benefits when the other (the "agent") performs some task". POSNER, Eric. "Agency Models in Law and Economics". http://www.law.uchicago.edu/files/files/92.EAP.Agency.pdf.

[29] "...the corporate contract makes managers the agents of the equity investors but does not specify the agents' duties". EASTERBROOK, Frank; FISCHEL, Daniel. "The economic structure of corporate law". Harvard University Press. ISBN 0-674-23539-8, p.91.

[30] "He will slack off, or divert revenues to himself, or both". POSNER, Richard; "Are American CEOS Overpaid, and, If So, What If Anything Should Be Done About It?," 58 Duke Law Journal 1013 (2009), p. 1015.

[31] JENSEN, Michael C.; SMITH, Clifford W. Jr.; "Stockholders, manager and creditor interests: Applications of agency theory", p. 11, http://papers.ssrn.com/sol3/papers.cfm?abstract_id=173461 06-04-2015

[32] "Agency analysis was important first step for the study of the separation of ownership and control [...] Ultimately, however, agency analysis proved to be an imperfect fit for the study of the separation of ownership and control". MARKS, Stephen G. "The separation of ownership and control" en Bouckaert, Boudewijn and De Geest, Gerrit (eds.), "Encyclopedia of Law and Economics", Volume III. The Regulation of Contracts, Cheltenham, Edward Elgar. http://encyclo.findlaw.com/tablebib.html

comprometer os benefícios inerentes à separação entre direção e controle. A análise mais moderna focaria em outros atores (anteriores aos acionistas) que poderiam monitorar e impor limites ao comportamento gerencial com mais eficácia (por exemplo, autoridades regulatórias, advogados e participantes do mercado. Embora a afirmação anterior seja compartilhada, não se pode considerar que tal argumentação converta-se em algo inaplicável à Teoria da Agência. Se partimos do pressuposto que os administradores podem perseguir objetivos diferentes daqueles dos acionistas (hipótese não compartilhada pela chamada "stewardship theory"[33], por exemplo), deverão ser estudados para cada organização[34] os meios que resultem mais eficientes em evitar os conflitos de interesses: tanto os advogados (atuando como "gatekeepers") quanto as autoridades regulamentares ou o mercado podem contribuir para essa tarefa, embora isso não invalide o fato de que essas soluções (ou sua combinação) sejam estudadas sob a ótica do problema da agência.

Uma segunda crítica é que ao utilizar os modelos modernos, os administradores poderiam ter obrigações para com os acionistas, mas não exatamente os mesmos deveres que sugere o modelo de agência, já que os mesmos incluiriam questões de justiça social e a exigência de obrigações para outros grupos de interesse. A observação anterior corresponde a um debate mais amplo e que se vincula ao propósito da sociedade (ou corporação); enquadrando-se claramente no modelo denominado do "stakeholder" ou poderíamos dizer, do interessado.

Como todos os interessados no Direito, estimamos que o propósito da lei, neste caso a lei societária, é a de contribuir ao desenvolvimento do bem-estar agregado ("aggregate welfare"). O debate ocorre em torno das vias ou caminhos pelos quais este objetivo pode ser alcançado. Sem que o seguinte possa ser considerado como uma adesão ao modelo de "shareholder primacy"[35] – já

---

[33] "Thus, stewardship theory holds that there is no inherent, general problem of executive motivation [...] Thus, stewardship theory holds that performance variations arise from whether the structural situation in which the executive is located facilitates effective action by the executive". DONALSON, Lex; DAVIS, James; "Stewardship Theory or Agency Theory: CEO Governance and Shareholder Returns"; Australian Journal of Management June 1991 vol. 16 no. 1, p. 51.

[34] Juntamente com outras variáveis tais como as normas, as práticas comerciais,o nível de desenvolvimento do país, o marco institucional, etc.

[35] "Viewing shareholders as 'principals' and managers as their 'agents' is not synonymous with the idea and practice of 'shareholder primacy', but it is linked to it". BUCHANAN, John;

que a posição que expressamos também é aceita por aqueles que defendem o "director primacy model",[36] por exemplo – entendemos que a busca por maximizar os benefícios dos acionistas[37] constitui a melhor maneira pela qual o direito societário pode contribuir ao avanço no bem-estar agregado[38].

Ainda que se admita a existência de um "mercado para o altruísmo"[39] (Henderson, Malani 2009), estima-se que tal aspiração não resulta incompatível com a maximização dos benefícios dos acionistas, se entendemos os benefícios de um modo mais amplo e não apenas como sinônimo de rendimento/utilidade monetária. Inclusive, neste caso os administradores terão o dever (como agentes) de tentar maximizar os interesses dos acionistas (seus principais).

No momento em que os indivíduos se reúnem e decidem criar uma sociedade, é preciso lembrar que os administradores da entidade criada representem seus interesses e persigam os objetivos propostos no ato fundacional[40].

Reconhecemos que a elaboração anterior pode constituir uma simplificação excessiva, uma vez que a mesma requer um maior desenvolvimento e

---

HEESANG CHAI, Dominic; DEAKIN, Simon. "Agency Theory in Practice: a Qualitative Study of Hedge Fund Activism in Japan. Corporate Governance: An International Review", 22(4), 2014; p. 299; D'Angelo Law Library, Chicago University; 14 de Julio de 2015.

[36] BAINBRIDGE, Stephen; "The New Corporate Governance in Theory and Practice"; Oxford University Press, New York, First Edition, p. 21.

[37] "Corporate law, we believe, should have the same principal goal in developed and emerging economies succinctly stated, to provide governance rules that maximize the value of corporate enterprises to investors". KRAAKMAN, Reiner; BLACK, Beranrd; "A Self Enforcing Model of Corporate Law" en "Foundations of corporate law" Second Edition. Roberta Romano, editor. Lexis Nexis; 2012. ISBN: 978-1422499382; p. 725. Na mesma direção: "focusing principally on the maximization of shareholder returns is, in general, the best means by which corporate law can serve the broader goal of advancing overall social welfare". ARMOUR, John; HANSMANN, Henry and Kraakman, Reinier; What is Corporate Law? en "The Anatomy of Corporate Law. A Comparative and Funtional Approach", Oxford University Press, Second Edition, p. 29.

[38] FRIEDMAN, Milton; "The Social Responsibility of Business is to Increase its Profits". The New York Times Magazine, September 13, 1970. http://www.colorado.edu/studentgroups/libertarians/issues/friedman-soc-resp-business.html 8-10-2015

[39] HENDERSON, Todd; MALANI, Anup; "Corporate Philanthropy and the Market for Altruism". http://chicagounbound.uchicago.edu/cgi/viewcontent.cgi?article=8004&context=journal_articles

[40] Objetivos que podem ser modificado no devir societário devido à "vontade fluída" destes entes.

uma extensão da análise a outras situações (por exemplo, que os acionistas resultam em "principais", caso sejam aqueles que revestem essa qualidade ao momento da tomada da decisão ou com vistas ao longo prazo) e a incorporação de possíveis exceções (como poderia constituir o comportamento dos administradores ante uma aquisição hostil que gerasse ineficiência – "dead weight losses" – que por sua vez afetasse o bem-estar agregado).

No entanto, é difícil negar que a relação entre administradores e acionistas não possa ser analisada sob a luz da Teoria de Agência.

3. Projeções da Teoria de Agência para o Mercado de Capitais

"Realmente não é possível um desenvolvimento são *da sociedade anônima sem a tutela eficaz da minoria e do acionista, ou para além do princípio de que as faculdades dos administradores são concedidas em interesse dos acionistas"*[41]

Tentaremos abordar no presente trabalho algumas situações em que se refletem os problemas de agência no mercado de valores, vinculando-as com as características que a estrutura de propriedade das sociedades anônimas[42] apresenta. Cabe esclarecer que estas deverão ser consideradas como simples exemplificações, já que a variedade de situações é muito mais ampla e o estudo daquelas que serão abordadas neste texto ocorrerá de forma dimensionada.

Uma das características do mercado de capitais é a possibilidade de transferência das ações que um ente possui. A transmissibilidade das ações permite que a sociedade conduza a empresa/negócio ininterruptamente, ao mesmo tempo em que os donos (das ações) variam e, deste modo, se evitam os custos associados onerados aos membros que encontramos em outro tipo de organizações. A particularidade mencionada facilita aos acionistas a possibilidade de construir e manter um portfólio diversificado. Consequentemente, as

---

[41] ASCARELLI, Tullio; "Principios y problemas de las Sociedades Anónimas", Cacheaux Sanabria, René (traductor). Imprenta Universitaria, México, 1951, p. 44/45.
[42] "The restriction of residual claims to important decision agents distinguishes the residual claims of proprietorships, partnerships, and closed corporations from the unrestricted residual claims of open corporations". FAMA, Eugene F.; JENSEN, Michael C.; "Agency Problems and Residual Claims" en "Foundations of organizational strategy", Michael C. Jensen, Harvard University Press, 1998; Journal of Law & Economics, Vol. 26, June 1983, p. 9.

regulações dos mercados tentam, em geral, reduzir a chance de comportamentos oportunistas, tratando de facilitar a saída[43] dos acionistas que possam estar em desacordo e, deste modo, aumentar a liquidez do mercado secundário.

Novamente, a natureza e número de acionistas diferem enormemente, inclusive entre as economias que se qualificam como "mais desenvolvidas" e que seguramente deixam sua marca na estrutura do direito societário[44]. No entanto, trata-se de abordar situações que resultam comuns para além das diferenças, já que o problema que se propõe é o de que os acionistas não internalizam todos os custos gerados quando o agente se retira do trabalho (e este último recebe a totalidade dos benefícios por ter escapado a suas obrigações).

Oliver Hart propõe que ante a ausência de problemas de agência, o desenvolvimento de ferramentas de governança corporativa não tem lugar, já que todos os indivíduos relacionados com a organização podem ser instruídos a maximizar o benefício, o valor líquido de mercado, ou a minimizar os custos[45].

As estratégias legais para controlar os custos de agência podem ser divididas em "estratégias de regulação" e "estratégias de governança" – ainda que também possam ser classificadas como mecanismos internos ou externos. Por meio destas, tenta-se minimizar: a) as despesas realizadas pelo principal para o monitoramento das atividades (*monitoring expenditures*); b) os custos de agência do agente para garantir que este não realizará ações danosas para o principal (*bonding expenditures*); c) e as perdas residuais, entendidas como a redução do bem-estar do principal como consequência da divergência entre as decisões do agente e aquelas que maximizariam o bem-estar do principal[46].

Dentro das primeiras estratégias destacam-se as normas (embora os padrões ocupem um lugar de importância). Ao prescrever comportamentos *ex*

---

[43] Tentando diminuir os custos de saída para os acionistas.

[44] "Corporate ownership and governance differ among the world's advanced economies". BEBCHUK, Lucian; ROE, Mark; "A Theory of Path Dependence in Corporate Ownership and Governance"; Stanford Law Review, Vol. 52, p. 127-170, 1999; Columbia Law School, Center for Studies in Law & Economics Paper No. 131, November 1999; http://ssrn.com/abstract=202748

[45] HART, Oliver. "Corporate governance: some theory and implications". The Economic Journal. Volume 105, Issue 430, (May 1995), p. 679.

[46] FAMA, Eugene F.; JENSEN, Michael C.; "Separation of Ownership and Control". Journal of Law and Economics, Vol. 26, No. 2, Corporations and Private Property: A Conference Sponsored by the Hoover Institution. (Jun., 1983), p. 304.

TEORIA DA AGÊNCIA E POLÍTICA DE DIVIDENDOS

ante, as normas são geralmente usadas no âmbito corporativo para proteger os investidores públicos – e também os credores[47].

Uma segunda ferramenta regulamentar envolve os termos pelos quais os principais associam-se ou filiam-se (e retiram-se) sem foco nas ações realizadas durante o processo de vinculação.

Como mencionado anteriormente, as estratégias de saída permitem que os principais possam escapar de comportamentos oportunistas por parte dos agentes. No mercado de valores, o acionista pode terminar facilmente sua vinculação mediante a venda de suas ações, mas não se pode concluir que os acionistas como grupo possuem um reduzido interesse na sociedade, já que incorreríamos em uma falácia de composição[48]: o que resulta disponível para o acionista individual pode não sê-lo para o agregado.

Por outro lado, a livre transmissibilidade das ações será fundamental para que exista a possibilidade de aquisições hostis em virtude da qual uma multidão de acionistas de uma empresa hipoteticamente mal administrada poderá vender suas posses a um acionista que apresente forte interesse em um manejo eficiente da administração.

Em relação às estratégias de governança, poderiam ser mencionadas as faculdades ou direitos de decisão (que outorgam aos principais o poder para ratificar decisões da administração) e as estratégias de incentivo (que se podem subdividir em estratégias de premiação ou estratégias fiduciárias)[49].

Quando a propriedade das ações é mais difusa – como ocorre em muitos mercados de capitais –, os mecanismos de governo resultarão menos

---

[47] Por outro lado, os padrões orientam a regulação das relações intrassocietárias, deixando para determinação *ex pos* o possível não cumprimento dos deveres.

[48] WILLIAMSON, Oliver; "Corporate governance" en "Foundations of corporate law" Second Edition. Roberta Romano, editor. Lexis Nexis; 2012. ISBN: 978-1422499382, p. 281.

[49] "The more common form of reward is a sharing rule that motivate loyalty by tying the agents' monetary returns directly to those of the principal [...] ... the trusteeship strategy-works on a quite different principle. It seeks to remove conflicts of interest ex ante to ensure that an agent will not obtain personal gain from disserving her principal. This strategy assumes that, in the absence of strongly focused – or high powered – monetary incentives to behave opportunistically, agents will respond to the 'low powered' incentives of conscience, pride and reputation, and are thus more likely to manage in the interest of their principals". ARMOUR, John; HANSMANN, Henry and KRAAKMAN, Reinier; "Agency Problems and Legal Strategies" en "The Anatomy of Corporate Law. A Comparative and Functional Approach", Oxford University Press, Second Edition, p. 42/43.

eficientes[50] e surgirá a necessidade de uma maior presença dos instrumentos regulatórios.

De igual modo, a aplicação (ou cumprimento) resultará especialmente relevante para os casos em que se opte por estratégias regulatórias. Normas e padrões operam restringindo o comportamento dos agentes, mas falharam se não forem de fato aplicadas[51]. Serão necessárias, então, instituições conformes que funcionem de maneira correta, tanto cortes como autoridades regulamentares junto a uma apropriada estrutura de incentivos para iniciar ações[52] que diminuam o problema do "free-rider".

Lamentavelmente, em inúmeros países de nosso continente, é no âmbito da aplicação que encontramos os maiores obstáculos para que o direito societário responda a problemas específicos e gere consequências (favoráveis) à economia real.

Neste estado de situação mecanismos de mercado como o "market for corporate control" e a distribuição de dividendos podem contribuir para o alcance de uma condução adequada das sociedades listadas.

4. Política de Dividendos

"Quanto mais olhamos a imagem de dividendos, mais ela se parece com um quebra-cabeça, com peças que simplesmente não se encaixam"[53]

---

[50] "When ownership is widely dispersed, as in the modern publicly held corporation, none of the part owners is likely to have an incentive to expend resources on careful selection and monitoring of the CEO; the gains will be largely reaped by the part owners who free ride on the efforts of any part owner who does invest in selection and monitoring". POSNER, Richard; "Are American CEOS Overpaid, and, If So, What If Anything Should Be Done About It?", 58 Duke Law Journal 1013 (2009), p. 1015.

[51] "Legal protection consists of both the content of the laws and the quality of their enforcement". LA PORTA, Rafael; LOPEZ DE SINALES, Florencio; SHLEIFER, Andrei, VISHNY, Robert. "Agency Problems and Dividend Policies Around the World". Journal of Finance, Vol. 55, no. 1 (February 2000), p. 6. http://www.nber.org/papers/w6594

[52] ARMOUR, John; HANSMANN, Henry and KRAAKMAN, Reinier, Reinier; Agency Problems and Legal Strategies en "The Anatomy of Corporate Law. A Comparative and Funtional Approach", Oxford University Press, Second Edition, p. 45.

[53] "The harder we look at the dividend picture, the more it seems like a puzzle, with pieces that just don't fit together". BLACK, Fischer; "The dividend puzzle". The Journal of Portfolio

O denominado "quebra-cabeça dos dividendos"[54] tem chamado atenção dos economistas especializados em finanças desde o trabalho de Modigliani e Miller (1958), razão pela qual podemos prever que não será resolvido nestas linhas, mas esperamos que este artigo possa contribuir para um melhor entendimento sobre este fenômeno e sobre sua relação com a governança corporativa.

A política de dividendos ocupa um lugar central na forma que a sociedade se financia ou desenha sua estrutura de capital[55].

Deste modo, começaremos assinalando que por estrutura de capital entendemos a proporção (ou composição) do financiamento permanente a longo prazo de uma empresa, representado pela dívida, pelas ações preferentes e pelo capital próprio[56], isto é, que consiste na decisão de quanto se deve financiar com dívidas, e quanto com recursos próprios[57].

Como mencionado anteriormente, a teoria financeira se consolidou nas décadas dos anos de 1960 com o desenvolvimento de princípios como o do "valor total" ou também conhecido como teorema de Modigliani-Miller.

Management, Winter 1976, Vol. 2, No. 2, p. 5. http://www.fsegn.rnu.tn/documents/Dividend%20policy.pdf 14-10-2015.

[54] "... los propios Brealey y Myers en su nueva versión de 2006 de su conocido manual de finanzas corporativas no dudan en incluir este problema en el último capítulo bajo la rúbrica de lo que no sabemos en Finanzas". LÓPEZ-DE-FORONDA, O.; AZOFRA PALENZUELA, V. "Dividendos, estructura de propiedad y endeudamiento de las empresas desde una perspectiva institucional. Evidencia empírica internacional". Cuadernos de Economía y Dirección de la Empresa [en linea] 2007, (diciembre), p. 96, http://www.redalyc.org/articulo.oa?id=80703304 ISSN 1138 5758

[55] Asimismo, al analizar la situación de cada país deberá tenerse presenta el tratamiento impositivo ya que ocupará un lugar de relevancia en la explicación sobre la distribución de dividendos.

[56] VAN HORNE, James; WACHOWICZ, John. "Fundamentos de Administración Financiera" Pearson Eduación. México. 2002, p. 468.

[57] Jensen y Meckling utilizaram o termo estrutura de propriedade por considerá-lo mais conforme ao problema que propunham: "We do not use the term 'capital structure' because that term usually denotes the relative quantities of bonds, equity, warrants, trade credit, etc., which represent the liabilities of a firm. Our theory implies there is another important dimension to this problem—namely the relative amount of ownership claims held by insiders (management) and outsiders (investors with no direct role in the management of the firm)". JENSEN, Michael; MECKLING, William. "Theory of the Firm: Managerial Behavior, Agency Costs and Ownership Structure". Journal of Financial Economics, October, 1976, V. 3, No. 4, p. 5/6 http://papers.ssrn.com/abstract=94043

Esses autores, partindo de uma análise estática de equilíbrio parcial e sob um conjunto de supostos muito restritivos, sustentam que o risco total para detentores de títulos não é alterado pelas mudanças na estrutura de capital da ᵉmpresa[58]. Em consequência, e como o valor total dos investimentos de uma empresa depende de seu risco e rentabilidade, seu valor não será alterado no âmbito das mudanças na estrutura de capital; e, portanto, este é indiferente à combinação de financiamento[59].

Essa visão tradicional supõe a existência de uma estrutura ótima[60] pela qual a administração pode incrementar o valor da assinatura mediante a utilização sensata da alavancagem financeira, isto é, tal perspectiva sugere que as empresas podem inicialmente diminuir seu custo de capital e incrementar seu valor total pelo aumento da alavancagem. O custo de capital, entendido como a taxa de rendimento requerida sobre os diferentes tipos de financiamento, será então a média ponderada de cada uma das taxas de rentabilidade requeridas (custos)[61].

Como podemos observar, é altamente improvável que o modelo de Modigliani-Miller se cumpra na prática[62], pelo que não poderemos aplicar claramente esta lógica sem levarmos em consideração as particularidades das empresas.

---

[58] "the average cost of capital to any firm is independent of its capital structure and it is equal to the capitalization rate of a pure equity stream of its class". "The Cost of Capital, Corporation Finance and the Theory of Investment". MODIGLIANI, Franco; MILLER, Merton H.. The American Economic Review, Vol. 48, No. 3. Pág. 261-297.

[59] "Modigliani and Miller (1958) were the first to landmark the topic of capital structure and they argued that it was irrelevant in determining the firm's value and its future performance". MATIAS GAMA, Ana Paula; MENDES GALVÃO, Jorge. "Performance, Valuation and Capital Structure: A Survey of Family Firms". Departamento de Gestão e Economia da Universidade da Beira Interior. Texto para Discussão #07_2010, p. 10.

[60] Sendo a estrutura ótima de capital aquela "que reduce al mínimo el costo de capital de la empresa y, por lo tanto, aumenta al máximo el valor de la misma". VAN HORNE, James; WACHOWICZ, John. "Fundamentos de Administración Financiera" Pearson Eduación. México. 2002, p. 471.

[61] Este Custo Médio Ponderado do Capital, ou como se conhece por sua sigla WACC (Weighted Average Cost of Capital), pode ser expresso do seguinte modo:
Onde: Cx é o custo após impostos do método x de financiamento, e Px é o peso (ou ponderação) desse método como percentagem do financiamento total.

[62] Como parte de suposições bastante restritivas, tais como a inexistência de custos de transação ou de quebra, assim como a irrelevância dos impostos junto com a possibilidade dos particulares e as empresas tomarem dinheiro emprestado a taxas de juros iguais.

TEORIA DA AGÊNCIA E POLÍTICA DE DIVIDENDOS

A Teoria da Agência – juntamente com a dos Custos de Transação[63] – oferece argumentos para supor que existem diferenças significativas entre este modelo ideal e o que de fato ocorre[64].

Para o caso em que se eleja como modo de obter recursos a emissão de ações em colocações com oferta pública, pode ocorrer que o conflito de interesses se manifeste entre os acionistas majoritários e minoritários – pela existência na sociedade de um grupo controlador – ou apresente-se entre administradores e acionistas.

Os principais problemas advindos dessa estrutura resultam do fato que os proprietários, ou melhor, os titulares de direitos residuais, embora mantenham controle real ao votar, são inúmeros, e suas participações demasiado pequenas para exercer tal controle diário[65]. Por outro lado, estes acionistas possuem estímulos escassos para controlar, mais ainda se levarmos em consideração que o monitoramento é um bem não excludente[66]: Se o controle exercido por um dos acionistas melhora o desempenho da empresa, então todos os sócios se beneficiam (nos encontrando novamente diante do problema do *free-rider*[67]).

---

[63] "El enfoque del costo de transacción para el financiamiento corporativo aconseja así el uso discriminante de la deuda y el capital en función de los atributos de los proyectos de inversión". WILLIAMSON, Oliver. "La lógica de la organización económica" en "La naturaleza de la empresa", Williamson – Winter (compiladores). Editorial Fondo de Cultura Economica. 1996, p. 139.

[64] Por outro lado, as conclusões da teoria da hierarquia das fontes ou *pecking order theory* (Myers e Mycrs c Majluf, 1984) parecem explicar com precisão a realidade financeira das empresas.

[65] "One form of agency cost is the cost of monitoring of managers. This is costly for shareholders and the problem of collective action ensures that shareholders undertake too little of it...". EASTERBROOK, Frank; "Two agency cost explanations of dividends", American Economic Review 74, p. 653.

[66] Hart considera a este tipo de controle como um bem público (pelo que deveríamos acrescentar a característica de não rival), ideia que não compartilhamos. HART, Oliver. "Corporate governance: some theory and implications". The Economic Journal. Volume 105, Issue 430, (May 1995), p. 681.

[67] "De este modo, en la generalidad de los casos, y desde una perspectiva de racionalidad económica, no se justifica que el accionista actúe individualmente, ya que el resultado positivo de su conducta beneficiará por igual a los accionistas "pasivos". PAOLANTONIO, Martín E. "Retribución de los directores y análisis económico del derecho: reflexiones sobre el caso de las sociedades abiertas" em "Revista de Derecho Privado y Comunitario". N° 21. Derecho y Economía. Rubinzal – Culzoni Editores. Santa Fe. 1999, p. 300.

Diante desse pressuposto, o regulamento costuma estabelecer uma série de padrões de conduta ou princípios gerais[68] – tais como o de lealdade e diligência – geralmente acompanhada por uma série de proibições específicas.

A tentativa de complementar as normas legais com previsões contratuais provavelmente se verá frustrada, uma vez que "resultará impossível especificar restrições sobre um ato necessariamente indefinido de delegação de direitos de decisão"[69]. Em virtude disso, um contrato detalhado parece não ser um mecanismo adequado de governança. Deste modo, a existência de princípios gerais provisionados completados pela presença de um mercado de controle[70] ajudaria a reduzir o custo de agência entre os administradores e acionistas. No entanto, esta última ferramenta pressupõe certas circunstâncias que não estão presentes em muitos mercados sul-americanos[71]: particularmente, um grau de dispersão importante nas posses acionárias e um elevado volume de negociação (liquidez)[72]. O estágio descrito também é compartilhado pelo Mercado de Capitais no Brasil ainda que estudos recentes (Gorga, 2014) indiquem uma tendência para uma maior pulverização acionária, especialmente no segmento chamado de "Novo Mercado"[73].

---

[68] "Los deberes fiduciarios genéricos (diligencia y lealtad) existen precisamente para establecer a que intereses deben servir los administradores cuando aparecen intereses en pugna". VILLEGAS, Marcelo. "El 'Corporate governance', los 'deberes fiduciarios' de los administradores y el principio de 'creación de valor para los accionistas'. La regla del 'juicio de los negocios'", p. 775. http://congresods.uade.edu.ar/greenstone/collect/congres1/index/assoc/ HASHf46f/7c27d35f.dir/doc.pdf 5-10-2013

[69] PAOLANTONIO, Martín E. "El análisis económico del derecho y la estructura societaria" in "Análisis económico del Derecho". Kluger, Viviana (compilação). Editorial Heliasta. Buenos Aires, 2006, p. 220.

[70] "attacking managers can circumvent existing managers and the current board to gain control of the decision process, either by a direct offer to purchase stock (a tender offer) or by an appeal for stockholder votes for directors (a proxy fight)". FAMA, Eugene F.; JENSEN, Michael C. "Separation of Ownership and Control". Journal of Law and Economics, Vol. 26, No. 2, Corporations and Private Property: A Conference Sponsored by the Hoover Institution. (Jun., 1983), p. 313, http://links.jstor.org/sici?sici=0022-2186%28198306%2926%3A2%3C3 01%3ASOOAC%3E2.0.CO%3B2-A

[71] E em especial no mercado da República Argentina.

[72] PAOLANTONIO, Martín E. "Retribución de los directores y análisis económico del derecho: reflexiones sobre el caso de las sociedades abiertas" en "Revista de Derecho Privado y Comunitario". N° 21. Derecho y Economía. Rubinzal – Culzoni Editores. Santa Fe. 1999, p. 301.

[73] "The data shows that Brazilian corporations are changing from a purely controlling shareholder model to more dispersed patterns of shareholder ownership". GORGA, Érica;

TEORIA DA AGÊNCIA E POLÍTICA DE DIVIDENDOS

Outra forma habitual de contratação financeira é a emissão de dívida com um número indeterminado de credores, que apresentará também a possibilidade de comportamentos oportunistas em prejuízo dos credores. O caráter difuso destes créditos impedirá (ou dificultará em grande parte) um ajuste pós-contratual eficiente. Uma vez feito o acordo e recebidos os fundos, as necessidades do mutuário encontram-se satisfeitas. No entanto, para os credores, elas apenas começam, já que se baseiam na promessa do devedor de devolver o capital adicionado dos interesses estipulados. A existência de financiamento mediante dívida expõe claramente o conflito de interesse entre acionistas e credores: o financiamento de projetos mediante as utilidades acumuladas – se estas não tiverem sido antecipadas pelos credores – produzirá uma transferência de riqueza dos acionistas aos titulares de dívida. Do mesmo modo que os detentores de títulos desejarão limitar os dividendos para que os acionistas possam se aproveitar uma vez que a taxa de interesse tenha sido fixada, os acionistas tentarão aumentar os dividendos na medida do possível, a fim de evitar ser sobrepujados pelos detentores da dívida[74].

Não é comum encontrar firmas financiadas quase exclusivamente através de instrumentos de dívida, do tipo "non residual claims"[75]. Com esta estrutura, os acionistas teriam grandes incentivos para que se investisse em atividades altamente rentáveis (mas talvez com poucas chances de sucesso) já que se estas dão resultado, também capturarão a maior parte dos benefícios; em caso de fracasso, os credores suportarão a maioria dos custos.

Consequentemente, uma parte da literatura tem manifestado a importância da política de dividendos quando se apresentam conflitos de interesses

---

"Corporate Control & Governance after a Decade from 'Novo Mercado': Changes in Ownership Structures and Shareholder Power in Brazil". Yale Law & Economics Research Paper No. 502, p. 5, http://papers.ssrn.com/sol3/papers.cfm?abstract_id=2473832

[74] EASTERBROOK, Frank; "Two agency cost explanations of dividends", American Economic Review 74, p. 653.

[75] "Since the bondholder has a fixed interest rate (and, for what is worth, the cushion of the equity investment), his concerned is not that the firm be well managed that it not be so mismanaged that it defaults on its interests payments, or is unable to repay the principal when the bond matures, or makes these eventualities likelier than the bondholder thought when he negotiated the interest rate. In contrast, the shareholder's return is directly related both to how scrupulously the managers allot the shareholders an appropriate portion of the firm income". POSNER, Richard. "Economic Analysis of Law". 6th edition; Aspen Publishers, New York, 2003. ISBN 0735594748, p. 427.

no seio das organizações[76], centrando as análises nos potenciais conflitos que surgem entre acionistas e administradores.

Como antecipado, a natureza dos problemas de governança, inclusive a partilha de dividendos, dependerá em grande parte da estrutura de propriedade; fundamentalmente da existência ou não de um acionista controlador.

O mecanismo de mercado pelo controle corporativo, que pode chegar a cumprir um papel de suma importância na ausência de um controlador, não terá condições de constituir uma forma de disciplina autêntica[77]. Na presença desta classe de acionistas, o problema fundamental a controlar não será as condutas dos administradores à custa dos acionistas, mas sim o oportunismo dos controladores à custa dos acionistas minoritários[78].

O direito inalienável aos dividendos[79], consagrado na maioria das legislações, dependerá na prática de inúmeras variáveis. A distribuição de dividendos será o resultado de uma combinação de fatores tais como os benefícios gerados, as expectativas de crescimento, a estrutura financeira da empresa, a liquidez, as limitações estatutárias ou contratuais, a relação de ganhos de capital frente aos dividendos, a evolução histórica dos dividendos e a valoração histórica do mercado das ações[80], para mencionar apenas alguns.

Agora, então, a intenção original deste artigo foi a de explicitar certos mecanismos que sirvam à redução dos custos de agência no mercado de capitais e que possam resultar aplicáveis apesar da heterogeneidade que apresentam

---

[76] LOZANO, María Belén; DE MIGUEL, Alberto; PINDADO, Julio; "Papel de política de dividendos en las empresas reguladas"; Investigaciones económicas. Vol. XXVI (3), 2002, p. 447. http://www.redalyc.org/articulo.oa?id=17326302

[77] "With controlling shareholders, the market for corporate control that plays such an important role in the analysis of companies without a controller, cannot provide a source of discipline". BEBCHUK, Lucian; WEISBACH, A. Michael S.; "The State of Corporate Governance Research". NBER Working Paper No. 15537 http://www.nber.org/papers/w15537

[78] Oportunismo que também pode ser minimizado através da política de dividendos.

[79] "el derecho del accionista al dividendo constituye uno de los elementos caracterizadores de toda relación societaria, y, por ello, comporta un derecho individual inderogable del socio". RICHARD, Efraín H.; MUIÑO, Orlando M.; "Derecho Societario", Editorial Astrea, Buenos Aires, 2000, p. 447.

[80] NÚNEZ NICKEL, Manuel. "Factores influyentes en el reparto de dividendos: análisis de regresión aplicado a la bolsa de Madrid". Revista española de financiación y contabilidad, ISSN 0210-2412, Nº 78, 1994, p. 43-47.

as economias e sistemas legais sul-americanos[81]. E ainda que a orientação seja para o âmbito jurídico e, portanto, nós tenhamos focado mais na engenharia legal, resulta interessante explorar as alternativas de mercado[82] ante a escassa evolução legislativa observada em nossos ordenamentos jurídicos[83]. Inclusive, o mecanismo esboçado da ameaça que representa para os administradores o denominado *market for corporate control* não se apresenta com a mesma assiduidade que podemos encontrar nas economias anglo-saxônicas.

Deste modo, a utilização da política de dividendos pode constituir uma alternativa eficaz para reduzir os custos de agência.

Infelizmente, não existem modelos teóricos plenamente satisfatórios para derivar políticas de dividendos como parte de um contrato ótimo, o que permite uma ampla faixa de instrumentos de financiamento viáveis[84]. Diversos trabalhos, tais como os realizados por Jensen (1986) ou Rozeff (1982), capturam apenas diferentes aspectos deste problema, pelo que bem se assinala como uma das principais fraquezas das teorias de agência em finanças corporativas as mesmas não resultarem operativas. Como consequência, os problemas de agência são geralmente negligenciados, já que não existe um método quantitativo simples para lidar com eles[85].

---

[81] "...there is now a great deal of evidence that legal origins influence legal rules and regulations, which in turn have substantial impact on important economic outcomes..." LA PORTA, Rafael; LOPEZ DE SINALES, Florencio; SHLEIFER, Andrei; "The economic consequences of legal origins". en "Foundations of corporate law" Second Edition. Roberta Romano, editor. Lexis Nexis; 2012. ISBN: 978-1422499382, p. 720.

[82] "we should not overlook private arrangements for aligning manager's self-interest with that of shareholders [...] An older method, which resembles it, is the paying of dividends". POSNER, Richard; "Economic Analysis of Law", Sixth Edition, New York, Aspen Publishers, 2003, p. 428.

[83] Tomando o caso de Argentina, a 27 de dezembro de 2012 sancionou-se lei 26.831 de Mercado de Capitais, que reforma integralmente o regime de oferta pública instituído pela lei 17.811 do ano 1968. Assim mesmo, a sanção do novo código civil e comercial unificado (2015) modificou apenas 22 artigos da anterior Lei de Sociedades Comerciais que, com algumas modificações, data do año 1972 (ainda que, a critério deste autor a reforma legislativa produza involuntariamente uma mudança de paradigma no Direito Societário Argentino ao incluir a Sociedade Anônima Individual).

[84] LA PORTA, Rafael; LOPEZ DE SINALES, Florencio; SHLEIFER, Andrei; VISHNY, Robert. "Agency Problems and Dividend Policies Around the World". Journal of Finance, Vol. 55, no. 1 (February 2000), p. 8, http://www.nber.org/papers/w6594

[85] BOLTON, Patrick; "Corporate Finance, Incomplete Contracts, and Corporate Control". Journal of Law, Economics, and Organization; Volume 30, suppl. 1: Grossman & Hart at 25; ISSN 8756-6222; Oxford University Press; May 2014, p. 177.

Jensen desenvolve o conceito de custo de agência gerado pelos fluxos de caixa livre, ou fluxos em excesso aos requeridos para financiar todos os projetos rentáveis (alfa zero ou positivo).

Aqui o problema de incentivos surge a partir do fato de que o administrador não maximiza o valor da firma, mas sim o tamanho dela, o que se traduz em poder[86]. Aos administradores interessará que a corporação cresça para além do ótimo, com o objetivo de aumentar os recursos sob seu controle e de obter maiores compensações a sua gestão. Por outro lado, o autor destaca o papel motivador que pode cumprir a emissão de dívida, tanto para os administradores como para a empresa[87].

Neste sentido Jensen propõe que tanto o pagamento de dividendos como o aumento do endividamento pode ajudar a mitigar este problema de agência.

No entanto, o aumento da proporção de financiamento com dívida não será gratuito. Deixando de lado as condições de oferta do financiamento do conjunto empresarial da cada país, teremos um claro "trade-off" entre a redução de custos de agência pela distribuição de dividendos e o aumento dos custos de transação pela emissão da dívida.

Rozeff utiliza um modelo de minimização de custos totais, em que se pode obter um nível de distribuição de dividendos ótimo a partir de duas imperfeições de mercado.

O autor parte da suposição de que o pagamento de dividendos constitui um dispositivo para reduzir os custos de agência, já que assume que será acompanhado pela captação de financiamento externo[88]. Mas à medida que

---

[86] "Diversification may benefit managers because of the power and prestige associated with managing a larger firm (Jensen (1986), Stulz (1990)), because managerial compensation is related to firm size (Jensen and Murphy (1990)), because diversification reduces the risk of managers' undiversified personal portfolios (Amihud and Lev (1981)), or because diversification helps make the manager indispensable to the firm (Shleifer and Vishny (1989)). As a result, managers may maintain a diversification strategy even if doing so reduces shareholder wealth". DENIS, David; DENIS, Diane; SARIN, Atulya; "Agency Problems, Equity Ownership, and Corporate Diversification". The Journal of Finance, Vol. 52, No. 1 (Mar., 1997), p. 136, http://www.jstor.org/stable/2329559

[87] JENSEN, Michael; "Agency costs of free cash flow, corporate finance, and takeovers". American Economic Review, May 1986, Vol. 76, No. 2, p. 323-329, http://papers.ssrn.com/abstract=99580

[88] ROZEFF, Michael; "Growth, beta and agency costs as determinants of dividends payout ratios", Journal of Financial Research Vol.5, Nº3. Fall, 1982, p. 250.

se repartem mais dividendos, maior será a percentagem da dívida na estrutura de financiamento da empresa e, portanto, maiores serão os custos de transação associados à emissão de dívida. As relações opostas em torno do pagamento de dividendos serão suficientes para a obtenção de um ótimo: as somas dos custos de transação e de agência determinarão o nível da distribuição de dividendos. Assim mesmo, encontra evidência empírica consistente com a hipótese afirmada junto a um conjunto de proposições complementares como o fato de que o pagamento de dividendos apresenta uma relação inversa com o coeficiente beta[89] e positiva com o número de acionistas "comuns" – os "outsiders". A estrutura de propriedade resulta relevante e, quanto mais for pulverizada, maior será a distribuição de dividendos[90].

Trabalhos empíricos como o de Porta, Lopez-de-Sinales, Shleifer e Vishny (1998) contribuem com evidências que sustentam que o pagamento de dividendos é produto da pressão dos acionistas minoritários para que as empresas efetuem desembolsos[91], circunstância que por sua vez guarda uma relação positiva com a proteção legal efetiva dos acionistas.

Como podemos observar, seguimos traçados na introdução e manifestamos o vínculo estreito entre a política de dividendos, a teoria de agência e a relação acionista – administrador.

---

[89] "Coeficiente beta. Coeficiente de riesgo sistemático. Sirve para medir la sensibilidad de los rendimientos de las acciones a los cambios en los rendimientos del portfolio de mercado". VAN HORNE, James; WACHOWICZ, John. "Fundamentos de Administración Financiera" Pearson Eduación. México. 2002, p. 105.

[90] "Nuestros resultados ponen de manifiesto la existencia de una sustitución entre la deuda y los dividendos para disciplinar la actuación directiva especialmente cuando la empresa carece de oportunidades de crecimiento. Y también se obtiene que la propiedad de los accionistas internos es otro elemento que puede alinear los intereses entre los accionistas y la dirección". LÓPEZ-DE-FORONDA, O.; AZOFRA PALENZUELA, V. "Dividendos, estructura de propiedad y endeudamiento de las empresas desde una perspectiva institucional. Evidencia empírica internacional". Cuadernos de Economía y Dirección de la Empresa [en linea] 2007, (diciembre); p. 121/122, http://www.redalyc.org/articulo.oa?id=80703304 ISSN 1138-5758.

[91] "Despite the possible relevance of alternative theories, firms appear to pay out cash to investors because the opportunities to steal or misinvest it are in part limited by law, and because minority shareholders have enough power to extract it". LA PORTA, Rafael; LOPEZ DE SINALES, Florencio; SHLEIFER, Andrei, VISHNY, Robert. "Agency Problems and Dividend Policies Around the World". Journal of Finance, Vol. 55, no. 1 (February 2000), p. 8, http://www.nber.org/papers/w6594

Considerações Finais

"A economia é uma realidade básica com a que o Direito deve contar, de maneira que dificilmente o Direito pode ser conhecido sem que se leve em conta a Economia; as propostas jurídicas que a desconhecem são utopias que levam ao fracasso."[92]

Em vista da inevitável insuficiência das soluções normativas como contratuais para solução dos conflitos corporativos[93], outros mecanismos para conter o oportunismo resultarão necessários. Entre essas ferramentas alternativas, que de nenhum modo pretendem substituir o marco regulatório[94], destaca-se o "market for corporate control" que tem tido um profuso tratamento na literatura[95]. Um tipo diferente assumiu o estudo da política de distribuição de dividendos e seu possível efeito disciplinador[96].

Ante a escassa utilização do mecanismo mencionado no primeiro termo, a política de dividendos apresenta-se como um caminho que pode ser transitado

---

[92] Ciuro Caldani, Miguel Ángel. "Relaciones entre la economía y el derecho en tres modelos del pensamiento jurídico (Tomismo, teoría pura del Derecho y trialismo)". http://www.cartapacio.edu.ar/ojs/index.php/centro/article/viewFile/560/448 , p. 64.

[93] "More contractual detail is an implausible solution; recall that the need for managerial discretion comes precisely from the high costs of anticipating all problems, contracting about them, and enforcing these contracts through the courts". Easterbrook, Frank; Fischel, Daniel. "The economic structure of corporate law". Harvard University Press. ISBN 0-674-23539-8, p. 92.

[94] "We find that firms can independently improve their investor protection and minority shareholder rights, to a certain degree, but that this adjustment mechanism is a second best solution and does not fully substitute for the absence of a good legal infrastructure". KAPPLER, Leora; LOVE, Inessa; "Corporate Governance, Investor Protection, and Performance in Emerging Market". Policy Research Working Papers 2818, p. 22. The World Bank Development Research Group, April 2002. http://econ.worldbank.org.

[95] "One area that had already begun to evolve significantly in the 1980s as the first wave of economic analysis hit was the market for corporate control". HILL, Claire A.; MCDONNELL, Brett. "Introduction: The Evolution of the Economic Analysis of Corporate Law", p. 4, http://papers.ssrn.com/sol3/papers.cfm?abstract_id=2051133

[96] "...potential exploitation of residual claimants by opportunistic decision agents is reflected in the arguments leading to the establishment of the Securities and Exchange Commission and in the concerns of the modern corporate governance movement. Less well appreciated, however, is the fact that the unrestricted nature of common stock residual claims also allows special market and organizational mechanisms for controlling the agency problems of specialized risk bearing". Fama, Eugene F.; Jensen, Michael C. "Separation of Ownership and Control". Journal of Law and Economics, Vol. 26, No. 2, Corporations and Private Property: A Conference Sponsored by the Hoover Institution. (Jun., 1983), p. 312.

nos diferentes mercados de valores, já que apresenta como principais vantagens a facilidade de implementação (uma vez que não exige reformas legislativas) e à adaptabilidade tanto a diferentes marcos institucionais como a mudanças macroeconômicas dos diferentes países.

Para além do fato de que se compartilhe ou não a afirmação de que a política de dividendos pode disciplinar os administradores[97], ou se duvide sobre a magnitude deste efeito (ambas as questões a ser contrastadas empiricamente), espero que o presente artigo contribua ao debate sobre um tema tradicionalmente abordado pelos juristas como um direito do acionista, mas que, como temos visto, trata-se de um fenômeno complexo e que se relaciona com os principais conflitos gerados no âmbito societário.

A propriedade das ações é o ponto de apoio do governo corporativo e o uso de fontes de financiamento dá origem a outro conjunto de conflitos de interesses.

A combinação mais eficiente de todos os instrumentos permitirá uma redução dos custos de agência (e então totais) do financiamento das empresas no mercado de capitais[98], aumentando consequentemente sua liquidez, facilitando sua expansão e contribuindo em última instância ao crescimento das economias sul-americanas[99].

---

[97] Paying dividends, however, helps keep managers in line, both by forcing the corporation to return more often to the capital market to finance new ventures, as distinct from financing them out of retained earnings, and by making the risk of corporate failure greater because the ratio of debt equity will be higher if not all earnings are retained. POSNER, Richard. "Economic Analysis of Law". 6th edition; Aspen Publishers, New York, 2003. ISBN 0735594748, p. 428.

[98] "... one firm's opportunism or deception in the public trading market imposes negative externalities on other firms and the market as a whole". HERTIG, Gerard; KRAAKMAN, Reinier and ROCK, Edward; "Issuers and Investor Protection" en "The Anatomy of Corporate Law. A Comparative and Funtional Approach", Oxford University Press, Second Edition, p. 275.

[99] "La evidencia empírica de los países de la OCDE, Latinoamérica, y del resto de las economías del mundo sostiene la idea de que las leyes y el buen ejercicio de la ley son elementos claves para el crecimiento de los mercados financieros". LÓPEZ-DE-SILANES, Florencio; Gobierno corporativo y mercados financieros en la OCDE y América Latina: lecciones para los cambios regulatorios después de la crisis financiera en Gobernanza corporativa y desarrollo de mercados de capitales en América Latina Georgina Núñez, Andrés Oneto y Germano Mendes De Paula, Coordinadores. Primera edición. ISBN 978-958-8307-76-3. Mayol Ediciones S.A., Colombia, 2009, p. 93.

Análise Econômica da Responsabilidade (Des)Limitada no Brasil

Bruno Sansão Pala [1] e Lucas Fulanete Gonçalves Bento [2]

A menina não cabia em si de felicidade. Pela primeira vez iria à cidade vender o leite de sua vaquinha. Trajando o seu melhor vestido, ela partiu pela estrada com a lata de leite na cabeça.
Enquanto caminhava, o leite chacoalhava dentro da lata.
E os pensamentos faziam o mesmo dentro da sua cabeça.
"Vou vender o leite e comprar uma dúzia de ovos."
"Depois, choco os ovos e ganho uma dúzia de pintinhos."
"Quando os pintinhos crescerem, terei bonitos galos e galinhas."
"Vendo os galos e crio as frangas, que são ótimas botadeiras de ovos."
"Choco os ovos e terei mais galos e galinhas."
"Vendo tudo e compro uma cabrita e algumas porcas."
"Se cada porca me der três leitõezinhos, vendo dois, fico com um e ..."
A menina estava tão distraída que tropeçou numa pedra, perdeu o equilíbrio e levou um tombo.
Lá se foi o leite branquinho pelo chão.
E os ovos, os pintinhos, os galos, as galinhas, os cabritos, as porcas e os leitõezinhos pelos ares,[3]

---

[1] Bacharel em Direito pela FDRP-USP, Mestre em Direito e Desenvolvimento pela FDRP-USP e empresário

[2] Bacharel em Direito pela FDRP-USP, com período Sanduíche na University of Illinois at Urbana-Champaign, College of Law, Mestrando em Direito Societário e Comercial pela FD-USP e Advogado

[3] Fontaine, Jean de La. Fábulas de Esopo. Scipione, 2010.

1. Introdução

Já nos primeiros estudos de economia repete-se importante corolário pelo qual a dispersão de investimento do capital disponível gera a dispersão do risco sobre o capital e, portanto, maior expetativa de ganho. Para explicar tal afirmativa do ponto de vista matemático-econômico recorre-se a própria comprovação de que a multiplicação de riscos de investimento, por serem via de regra fracionais, gera a diminuição do resultante risco total.

O presente texto se pretende à compreensão da limitação de responsabilidade societária como pressuposto fundamental para viabilizar a possibilidade de conhecimento dos riscos tomados pelos agentes econômicos no momento de suas decisões de investimento societário, bem como da possibilidade de compreensão da correta exposição de risco a que se expõe.

Com esse intuito, revisitaremos os conceitos de capital e patrimônio, explorando sua construção dogmático-jurídica no direito a fim da opção legal comum aos sistemas jurídicos contemporâneos pela criação da limitação de responsabilidade societária.

Em seguida, passaremos a análise econômica da limitação de responsabilidade partindo da própria exploração do corolário econômico sobre a dispersão de riscos na pulverização de investimentos.

Ao fim apresentaremos algumas evidências indutivas de efeitos adversos gerados pela insegurança institucional que os agentes econômicos manifestam sobre a limitação de responsabilidade societária no direito brasileiro.

2. Capital e patrimônio

Logo no início de um de seus estudos sobre o capital em matéria societária[4], Gustavo Saad Diniz nos evidencia a ambiguidade do termo *capital,* algo que nos será muito útil de se analisar também para o intuito do presente artigo. Segundo o autor, essa condição confusa de significado é muito incentivada pela própria falta de uniformidade e criteriosidade praticada pela legislação

---

[4]   Vide nesse sentido os livros (além de diversos outros artigos que cotejaram o tema): DINIZ, Gustavo Saad. *Subcapitalização societária – financiamento e responsabilidade,* Belo Horizonte, Fórum, 2012; e DINIZ, Gustavo Saad. *Instrumentos de capitalização societária,* São Paulo, LiberArs, 2014.

e doutrina[5], ora se referindo ao capital no seu sentido nominal[6], ora para indicar patrimônio[7], ou ainda em contexto de atribuição de direitos aos sócios[8].

De modo eficaz, tal percepção, neste momento, especialmente quando se procura entender as funções do patrimônio no âmbito da atuação empresarial, nos alerta para a necessidade de termos bem definidos o significado de capital, *lato sensu*, e capital social nominal e patrimônio. Bem verdade, como elucida Erasmo Valladão França, esses conceitos não se confundem[9]. Segundo o autor, capital, em sentido amplo, pode ser entendido tal qual instrumento de proteção aos credores[10], dividindo-se precisamente em: i) capital social nominal e ii) patrimônio.

O capital social nominal é "a cifra representativa da soma do valor nominal das participações sociais"[11]. Representa, portanto, a união dos aportes financeiros realizados pelos sócios quando da constituição da sociedade, mas não somente, já que é possível o aumento do capital social nominal sem que novos aportes sejam realizados, como nos casos de aumento por incorporação de reservas[12] ou por reavaliação dos bens da sociedade[13].

---

[5] SCALZILLI, João Pedro. *Confusão Patrimonial no Direito Societário*, São Paulo, Quartier Latin, 2015, pp. 23 e ss.

[6] No Código Civil, o artigo 1059, que trata da reposição dos lucros e das quantias retiradas quando tais lucros ou quantias se distribuírem "com prejuízo do capital", poderia ser melhor interpretado pela substituição da palavra capital pela palavra patrimônio, conforme se verá das diferenças entre os seus significados mais adiante. Como bem aponta Saad Diniz, essa diferenciação entre capital e patrimônio é realizada no artigo 159 da Lei 6404/1976 (Lei das S/A – LSA), referente à cisão (DINIZ, Gustavo Saad. *Instrumentos*, op cit., p. 17).

[7] No Código Civil, Saad Diniz elenca a utilizaçao da palavra "capital" em sentido nominal nos artigos: 968, III; 997, III e IV; 1031, §1º; 1048; 1049; 1052; 1055; e em diversos outros (DINIZ, Gustavo Saad. *Instrumentos*, op cit., p. 17. Também: DINIZ, Gustavo Saad. *Subcapitalização societária...*, op. cit., p. 93).

[8] DINIZ, Gustavo Saad. *Instrumentos...*, op cit., p. 17.

[9] FRANÇA, Erasmo Valladão A. e N. França. *A proteção aos credores e acionistas nos aumentos de capital social*. In: *Temas de Direito Societário, Falimentar e Teoria da Empresa*, São Paulo, Malheiros, 2009, pp. 230-252.

[10] FRANÇA, Erasmo Valladão A. e N. França. *A proteção aos credores e acionistas nos aumentos de capital social*, op. cit., p. 233.

[11] DOMINGUES, Paulo de Tarso. *Variações sobre o capital social*, Coimbra, Almedina, 2009, pp. 45 e ss.

[12] GUERREIRO, José Alexandre Tavares. *Regime jurídico do capital autorizado*, São Paulo, Saraiva, 1984, p. 08.

[13] DOMINGUES, Paulo de Tarso. *Variações sobre o capital...*, op. cit., pp. 45 e ss.

ESTUDOS SOBRE NEGÓCIOS E CONTRATOS

Trata-se de uma cifra que corresponde à quantia que os sócios consideraram suficiente para o início da realização do objeto social, integralizada a fundo perdido, sem prazo de resgate e sendo dotada de maior rigidez[14]. Vem expressa em moeda corrente nacional, declarada no contrato ou estatuto social da sociedade na cláusula destinada ao capital social, e contabilizada na coluna passiva do balanço, nos moldes do §2º do artigo 178 da Lei das S.A..

No ato de constituição da sociedade, capital social nominal e patrimônio podem se confundir, exatamente pois ainda não se iniciou a atividade[15]. Quando a atividade se inicia, o patrimônio estará sujeito à variação decorrente do sucesso ou fracasso da empresa (lucros ou prejuízos), sendo marcado por alta mutabilidade, enquanto o capital social nominal se mantém fixo, podendo ser alterado por deliberação social que vise ao seu aumento ou redução.

O patrimônio, por sua vez, é considerado uma universalidade de direito, isto é, complexo de relações jurídicas, de uma pessoa, dotadas de valor econômico[16]. É, portanto, o conjunto de elementos economicamente relevantes, que têm em comum o fato de pertencerem a uma mesma pessoa, servindo para cumprir às necessidades e interesses do seu titular. Como aponta João Pedro Scalzilli, a nomenclatura "universalidade" não é utilizada para designar "uma simples pluralidade de bens amorfa, não cimentada por um traço unificador"[17]. É necessário um "elemento de coesão"[18] entre os elementos, de onde se retira a existência de uma dualidade: os bens do patrimônio, em sendo parte de uma universalidade, se encontram individualizados e autônomos, mas ao mesmo tempo coesos e unificados.

Tal constatação indica que enquanto o capital social nominal é dotado de fixidez, como dito, o patrimônio é marcado por mutabilidade, e isso está em perfeita consoância com sua natureza jurídica. A mutabilidade, em termos de universalidade de direito, significa que um bem pode sair da universalidade, entenda-se, sair do complexo de relações jurídicas que a compõem, e,

---

[14] SCALZILLI, João Pedro. *Confusão Patrimonial*, op. cit., p. 26.
[15] Neste sentido, vide: DINIZ, Gustavo Saad. *Instrumentos...*, op cit., pp. 18-20.
[16] Artigo 91, Lei 10.406, de 2002 (Código Civil).
[17] SCALZILLI, João Pedro. *Confusão Patrimonial*, op. cit., p. 54.
[18] SCALZILLI, João Pedro. *Confusão Patrimonial*, op. cit., p. 54.

do mesmo modo, um novo bem pode ingressar nela, sujeitando-se às relações jurídicas ali contidas[19].

Em termos de atividade empresária, é precisamente dessas variações (entrada e saída de bens da universalidade de direito) durante a execução do objeto social que surge o denominado capital *efetivo* ou *real* (patrimônio), em oposição ao capital social nominal expresso no contrato ou estatudo social. Isto é, o patrimônio líquido da sociedade empresária, que denota o valor resultante do ativo descontado do passivo, pode ser maior ou menor do que o capital social nominal. Se for maior, a sociedade terá auferido lucro; se menor, terá acumulado prejuízos durante a atividade exercida[20].

No patrimônio, essa dualidade (autonomia de cada bem e ao mesmo tempo unidade conjunta de todos os bens) contitui um equilíbrio, um auto-balanceamento. É nesse sentido que se torna possível a afirmação feita anteriormente, de que o patrimônio, ou seja, a universalidade de bens, encontra-se unificado pela lei para a finalidade de auxiliar na consecução dos objetivos almejados pelo seu titular, e, em algum casos, também da própria coletividade[21]. No caso de uma sociedade empresária, por exemplo, ao seu patrimônio corresponderá, haja vista o seu intuito de lucratividade, uma função de produção com finalidade econômica: o patrimônio será a "base econômica da qual se serve a sociedade para a exploração da empresa"[22].

As funções exercidas pelo patrimônio nas sociedades empresárias serão abordadas logo a seguir. Nesse momento, no entanto, já se pode alcançar, ainda que de forma superficial, uma importante conclusão para os propósitos deste trabalho: os ativos patrimoniais, ao servirem de base econômica para a realização da atividade do seu titular, funcionam como verdadeiro instrumento para a atividade empresarial[23] (no caso de um titular empresário), represen-

---

[19]   OLIVA, Milena Donato. *Patrimônio separado: herança, massa falida, securitização de créditos imobiliários, incorporação imobiliária, fundos de investimentos, trust*, Rio de Janeiro, Renovar, 2009, p. 141.

[20]   SCALZILLI, João Pedro. *Confusão Patrimonial*, op. cit., p. 28.

[21]   COMPARATO, Fábio Konder. *Função social da propriedade dos bens de produção*. **Revista de Direito Mercantil, Industrial, Econômico e Financeiro**, v.63, 1986, p. 75.

[22]   SCALZILLI, João Pedro. *Confusão Patrimonial*, op. cit., p. 32.

[23]   GUERREIRO, José Alexandre Tavares. *Regime jurídico...*, op. cit., p. 02.

ESTUDOS SOBRE NEGÓCIOS E CONTRATOS

tando papel essencial para a existência, em termos de formações societárias, da chamada limitação de responsabilidade[24].

3. Funções do patrimônio e do capital social nominal

Tanto o patrimônio quanto o capital social desenvolvem importantes funções para o sistema de direito societário, relativas à organização da empresa, à organização societária e à tutela de credores[25].

De início, em relação ao capital social nominal, em vista da sua conceituação feita no *item* anterior, percebe-se que tal cifra evidencia logo de imediato: i) o patrimônio transferido à sociedade; ii) a proporção existente entre capital social e patrimônio da empresa[26]. Cumpre, desse modo, duas funções primordiais: i) serve como garantia indireta dos credores sociais[27]; e ii) representa parâmetro de medida dos direitos e deveres dos sócios, já que consubstancia em si o valor nominal da participação societária de cada um[28]. Cumpre destacar, por último, que a sua integralização é condição obrigatória para gerar limitação de responsabilidade[29].

Apesar dessas funções, como salienta Gustavo Saad Diniz, "continua inviável asseverar que é esse realmente o papel preponderante que desempenha o

---

[24] DINIZ, Gustavo Saad. *Subcapitalização societária...*, op. cit., p. 63.

[25] SCALZILLI, João Pedro. *Confusão Patrimonial*, op. cit., p. 31.

[26] DINIZ, Gustavo Saad. *Instrumentos...*, op cit., p. 19.

[27] DINIZ, Gustavo Saad. *Instrumentos...*, op cit., p. 19. O capital social nominal funciona, em relação ao patrimônio da sociedade, como uma "cifra de retenção", na medida em que assegura nos ativos da sociedade bens suficientes para garanti-la (PENTEADO, Mauro Rodrigues. *Aumentos de capital das sociedades anônimas*, São Paulo, Saraiva, 1988, p. 14). No mesmo condão, Paulo de Tarso Domingues afirma que o capital social nominal serve de garantia aos credores de que não será possível a distribuição de bens aos sócios se não houver no ativo da empresa patrimônio suficiente a garantir a cifra contida no capital nominal (DOMINGUES, Paulo de Tarso. *Do capital social: noções, princípios e funções*, Coimbra, Coimbra, 2004, p. 37). João Pedro Scalzilli afirma, resumindo bem esses apontamentos, que o capital social nominal, em sendo uma cifra dotada de rigidez, exerce "função de controle" sobre o patrimônio, já que este representa entidade maleável, dotada de mutabilidade, como já se afirmou (SCALZILLI, João Pedro. *Confusão Patrimonial*, op. cit., p. 31).

[28] Acerca dessa função do capital social nominal, vide: SCALZILLI, João Pedro. *Confusão Patrimonial*, op. cit., pp. 35 e ss.

[29] DINIZ, Gustavo Saad. *Instrumentos...*, op cit., pp. 19-20.

capital social nominal, até porque os credores não se portam mais influenciados por esta referência"[30]. Essa falta de confiança dos credores é facilmente explicada pela forma como se dá a sua utilização no Brasil, isto é, a mensuração da cifra do capital social nominal se dá sem precisão de referência em relação ao tamanho do patrimônio social, ou seja, o capital social nominal acaba sendo meramente ilustrativo e não representativo do real porte do patrimônio da empresa. Desse modo, a garantia dos credores acaba por ficar diretamente ligada ao patrimônio social em si, e não ao capital social nominal[31].

O patrimônio social também exerce funções importantes para o direito societário. Retoma-se neste ponto a conclusão apresentada no último parágrafo do *item* anterior, que àquele momento tomamos como superficial, mas que agora se aprofundará, em relação à função do patrimônio social de servir como base econômica para a realização da atividade empresarial. Mais do que isso, afirmou-se que o patrimônio representa papel fundamental para a limitação da responsabilidade em termos de formação societária.

De fato, nas sociedades personificadas com limitação de responsabilidade, a transferência do patrimônio para a sociedade e a consequente separação em relação ao patrimônio pessoal dos sócios, forma o chamado *patrimônio autônomo da sociedade*[32], que suporta, dentro de seus limites, a ação de credores[33]. É essa a lógica de Mauro Rodrigues Penteado ao afirmar a relação de proximidade existente entre o patrimônio e a limitação de responsabilidade[34]. O surgimento deste patrimônio autônomo, de titularidade da sociedade, se dá em um momento específico: o do registro da sociedade. Aqui, tem-se a entrada em cena da personalidade jurídica e a consequente compreensão de que o momento de sua constituição (registro – artigos 45, 985 e 1.150 do

---

[30] DINIZ, Gustavo Saad. *Instrumentos...*, op cit., p. 20.

[31] Ainda, nesta questão, incide o fato de que as sociedades empresárias estão cada vez mais empreendendo com a ajuda de capital de terceiros, o que traz para a garantia dos credores a capacidade de crédito da empresa, muito mais vinculada aos ativos do patrimônio social (como bens imóveis, por exemplo) do que à cifra representada do capital social nominal (DINIZ, Gustavo Saad. *Instrumentos...*, op cit., p. 20).

[32] Acerca de patrimônio autônomo e suas diferenças em relação ao patrimônio separado ou especial, vide: DINIZ, Gustavo Saad. *Instrumentos...*, op cit., pp. 20-22.

[33] DINIZ, Gustavo Saad. *Instrumentos...*, op cit., p. 21.

[34] PENTEADO, Mauro Rodrigues. *Aumentos de capital...*, op. cit., p. 13.

ESTUDOS SOBRE NEGÓCIOS E CONTRATOS

Código Civil), para fins de sociedades personificadas com limitação de responsabilidade, representa o "marco da disciplina do patrimônio"[35].

Rachel Sztajn afirma, nesta linha, que a personificação das sociedades empresárias "serve, como técnica jurídica, para definir um centro de imputação de efeitos jurídicos, em geral de conteúdo patrimonial..."[36]. Também, Calixto Salomão Filho: "o que não se pode perder de vista é o fato de ser a personalização uma técnica jurídica utilizada para se atingirem determinados objetivos práticos – autonomia patrimonial, limitação ou supressão de responsabilidades individuais..."[37].

Muito importante compreender que, ao menos no direito brasileiro[38], isso não significa dizer que personalidade jurídica é sinônimo de limitação de responsabilidade[39]. Na verdade, a limitação de responsabilidade dos sócios

---

[35] DINIZ, Gustavo Saad. *Instrumentos...*, op cit., p. 21. Caso o contrato de sociedade não seja levado a registro, a sociedade será tratada como sociedade em comum (não personificada), pouco importando se no contrato a opção foi pelo tipo das limitadas, anônimas, ou outra. Sendo assim, em não se realizando o registro, os bens e as dívidas sociais constituirão patrimônio especial (e não autônomo, isto é, o patrimônio não será de titularidade da sociedade e sim continuará sendo dos sócios) de titularidade comum dos sócios, que, resguardado o benefício de ordem, responderão solidária e ilimitadamente pelas obrigações sociais (artigos 986, 988 e 990, Código Civil). Conclui-se, deste modo, que, para as sociedades personificadas com responsabilidade limitada, ao não se efetuar o registro do ato constitutivo não se tem a formação do patrimônio autônomo, pois não há personalidade jurídica para titularizar tal patrimônio, inexistindo, por consequência, limitação de responsabilidade para os sócios.

[36] SZTAJN, Raquel. *Teoria jurídica da empresa*, 2ª ed., São Paulo, Atlas, 2010, p. 145.

[37] COMPARATO, Fábio Konder; SALOMÃO FILHO, Calixto. *O poder de controle na sociedade anônima*, 5ª ed., Rio de Janeiro, Forense, 2008, pp. 344-345.

[38] Existem sistemas onde a limitação de responsabilidade é exclusiva às sociedades com personalidade jurídica, como no direito inglês (PARENTONI, Leonardo Netto. *Reconsideração da personalidade jurídica – estudo dogmático sobre a aplicação abusiva da disregard doctrine com análise empírica da jurisprudência brasileira*, Tese de Doutorado, Universidade de São Paulo, 2012, p. 27). No Brasil, a sociedade em nome coletivo é um exemplo prático de sociedade personificada sem responsabilidade limitada (artigo 1039, Código Civil).

[39] Essa afirmação tem duas interpretações possíveis. Primeiramente, quer dizer que não basta uma sociedade ter personalidade jurídica para ter responsabilidade limitada, veja-se por exemplo o caso das sociedades em nome coletivo, que são personificadas e não têm limitação de responsabilidade (vide, neste sentido, a nota 35 supra). O segundo significado é o de que a personificação não representa a única técnica jurídica apta a fazer surgir a limitação de responsabilidade, algo que os próprios autores citados deixam claro, em especial Calixto Salomão Filho, que traz exemplos de outros institutos aptos à limitação da responsabilidade sem a utilização da técnica da personalidade jurídica (COMPARATO, Fábio Konder;

ANÁLISE ECONÔMICA DA RESPONSABILIDADE (DES)LIMITADA NO BRASIL

não advém da constituição da sociedade ou de seu registro, e sim da "perda do poder de disposição sobre os fundos sociais, os quais passam a ser geridos como centro autônomo de imputação de direitos e deveres"[40]. Em suma, o patrimônio passa a ser de titularidade da sociedade, e é este o motivo da limitação da responsabilidade, o que fica claro ao se verificar o caso das sociedades em nome coletivo. Neste tipo societário (artigo 1039 e seguintes, Código Civil), apesar de ser personificado, não há responsabilidade limitada para os sócios, já que estes, pessoas físicas, têm aptidão para gerir o fundo comum diretamente, tal qual legítimos donos. Verifica-se, nesse caso, segundo Walfrido Jorge Warde Júnior, que "sócios e sociedade organizam, em mão comum, os meios de produção necessários ao exercício da empresa" não se verificando, portanto, o surgimento de um centro autônomo de imputação de direitos e deveres[41].

O que se procurou deixar claro com a exposição acima é que o momento do registro, no qual se inicia a personalidade jurídica, em se tratando das sociedades personificadas com limitação de responsabilidade, é o ponto inicial do surgimento do patrimônio autônomo, apto a concretizar a limitação de responsabilidade do tipo societário escolhido. Em termos práticos, o surgimento do patrimônio autônomo e da limitação da responsabilidade, possibilitados pela técnica da personificação[42], é de suma importância para o desenvolvimento da prática empresarial e se relaciona diretamente com as funções exercidas pelo patrimônio social.

Afinal, dizer responsabilidade limitada significa dizer que quem investe não é responsável por um montante superior ao investido[43]. Desse modo, toda a organização patrimonial societária será pensada em vista dessa limitação

---

SALOMÃO FILHO, Calixto. *O poder de controle...*, op. cit., pp. 344-345; também: PARENTONI, Leonardo Netto. *Reconsideração da personalidade...*, op. cit., pp. 27-32).

[40] PARENTONI, Leonardo Netto. *Reconsideração da personalidade...*, op. cit., p. 31.

[41] WARDE JÚNIOR, Walfrido Jorge. *A crise da limitação de responsabilidade dos sócios e a teoria da desconsideração da personalidade jurídica*, Tese de Doutorado, Universidade de São Paulo, 2004, p. 183. Warde Júnior chama de "poder residual" esta disposição pessoal que os sócios da sociedade em nome coletivo possuem em relação ao capital aportado; também: PARENTONI, Leonardo Netto. *Reconsideração da personalidade...*, op. cit., p. 31. Vide, em sentido similar, as notas 32, 35 e 36 supra.

[42] Não exclusivamente, como já se apontou (vide nota 36, supra).

[43] FORGIONI, Paula A.. *A evolução do direito comercial brasileiro: da mercancia ao mercado*, São Paulo, Revista dos Tribunais, 2009, p. 155.

de riscos[44]. A já mencionada função de produção exercida pelo patrimônio (base econômica para o desenvolvimento da atividade exprimida no objeto social), será totalmente vinculada à limitação da responsabilidade, no sentido de que as relações jurídicas firmadas, como relações dominiais, possessórias, creditícias (incluindo obrigações de dar coisas, dinheiro, prestar serviços) e todas as demais se farão em razão dos limites deste patrimônio de afetação[45].

Será este patrimônio que exercerá a função de garantia geral dos credores. Enquanto afirmou-se que o capital social nominal exerce função indireta de garantia[46], o patrimônio social exerce uma função direta de garantia, recaindo sobre ele o direito de execução dos credores, que não poderão, via de regra, procurar os bens dos sócios para satisfazer seus direitos creditícios[47].

Limitação de riscos, tanto para os sócios, quanto para os terceiros que negociam com a sociedade, essa é a função primordial da limitação da responsabilidade. Em termos históricos, desde o Direito Romano já se conhecia dessa realidade[48]. Ganhou maior relevância com o surgimento das primeiras sociedades anônimas, ainda na Idade Média[49], e se massificou para as empresas de pequena e média proporção ao longo do século XX[50]. Foi em meados de 1950 que se começou a falar na chamada crise da limitação de responsabilidade[51], nomenclatura utilizada para designar uma conjectura na qual este instrumento vinha sendo utilizado de forma irresponsável pelos agentes, em muitos casos se apropriando da vantagem óbvia por ele conferida para fins fraudulentos ou abusivos.

---

[44] Esse tema será mais bem tratado a seguir.

[45] Gustavo Saad Diniz afirma que o patrimônio autônomo "tem relação de adequação com a atividade, sinalizando até mesmo os riscos de terceiros que neegociam com a sociedade" (DINIZ, Gustavo Saad. *Instrumentos...*, op cit., p. 22).

[46] Vide nota 25, supra.

[47] DINIZ, Gustavo Saad. *Instrumentos...*, op cit., p. 22. Também: SCALZILLI, João Pedro. *Confusão Patrimonial*, op. cit., p. 37.

[48] Acerca da limitação de responsabilidade na *societas* romana: WARDE JÚNIOR, Walfrido Jorge. *A crise da limitação de responsabilidade...*, op. cit., pp. 26 e seguintes; RIBEIRO, Renato Ventura. *Societas – a responsabilidade dos sócios no direito romano e seus reflexos no direito moderno*, Tese de Mestrado, Universidade de São Paulo, 1996; ARANGIO-RUIZ, Vincenzo. *La societá in diritto romano*, Napoli, Eugenio Jovene, 1950.

[49] PARENTONI, Leonardo Netto. *Reconsideração da personalidade...*, op. cit., p. 24.

[50] DOMINGUES, Paulo de Tarso. *Variações sobre o capital...*, op. cit., pp. 64-67.

[51] WARDE JÚNIOR, Walfrido Jorge. *A crise da limitação de responsabilidade...*, op. cit., p. 07.

Como resposta da ciência jurídica, elaborou-se a teoria da desconsideração da personalidade jurídica[52], "um dos instrumentos empregados pelo direito para suprimir custos sociais eventualmente externalizados e ordinariamente não compensáveis" pelo uso malicioso da limitação da responsabilidade pelos agentes econômicos[53]. Por essa teoria, desconsidera-se a autonomia da pessoa jurídica em algum caso concreto[54], visando-se ao alcance do patrimônio pessoal dos sócios por meio do afastamento da limitação da responsabilidade.

Ironicamente, o surgimento da teoria da desconsideração da personalidade jurídica desencadeou outra crise, denominada por José Lamartine Corrêa Oliveira como crise de função da pessoa jurídica[55], caracterizada pelo uso assistemático e sem critérios do afastamento provisório do princípio da autonomia subjetiva da pessoa jurídica para responsabilizar diretamente o patrimônio pessoal dos sócios. Esse uso assistemático e sem critérios da teoria da desconsideração da personalidade jurídica é corroborado por diversos outros autores da atualidade[56].

---

[52] Diversos trabalhos nacionais trataram do tema da teoria da desconsideração da personalidade jurídica. Para os propósitos do presente artigo, não se entrará em detalhes acerca desta temática, sobre a qual referimos o leitor a algumas obras específicas: COMPARATO, Fábio Konder; SALOMÃO FILHO, Calixto. *O poder de controle...*, op. cit.; OLIVEIRA, José Lamartine Corrêa de. *A dupla crise da personalidade jurídica*, São Paulo, Saraiva, 1979; WARDE JÚNIOR, Walfrido Jorge. *Responsabilidade dos sócios: a crise da limitação e a teoria da desconsideração da personalidade jurídica*, Belo Horizonte, Del Rey, 2007; por fim, para um resumo substancial sobre a matéria: SALOMÃO FILHO, Calixto. *O novo direito societário*, 4ª ed., São Paulo, Malheiros, 2011, pp. 232-271.

[53] WARDE JÚNIOR, Walfrido Jorge. *A crise da limitação de responsabilidade...*, op. cit., p. 07.

[54] Vide, a este respeito, a diferenciação entre despersonalização e desconsideração da personalidade jurídica. Aquela representa o desaparecimento da pessoa coletiva como sujeito autônomo; esta representa o afastamento provisório do princípio da autonomia subjetiva da pessoa coletiva, tão somente para o caso concreto (COMPARATO, Fábio Konder; SALOMÃO FILHO, Calixto. *O poder de controle...*, op. cit., p. 353).

[55] José Lamartine Corrêa Oliveira, ainda em 1979, advertia que a utilização prática desenfreada da desconsideração da personalidade jurídica acarretou uma crise de função da pessoa jurídica, já que, para o autor, e tratando especificamente das sociedades com responsabilidade limitada, a função principal da personalidade jurídica seria a limitação da responsabilidade (OLIVEIRA, José Lamartine Corrêa de. *A dupla crise...*, op. cit., p. 262).

[56] LOBO, Jorge. Extensão da falência e o grupo de sociedades. Revista da EMERJ, v.12, n.45, pp. 74-86, 2009. Disponível em <<http://www.emerj.tjrj.jus.br/revistaemerj_online/edicoes/revista45/Revista45_74.pdf>>. Acessado em: 03/11/2015. SALOMÃO FILHO, Calixto. *O novo direito...*, op. cit., pp. 238-240. DINIZ, Gustavo Saad. *Falência em grupos societários*, Tese de Livre Docência, Universidade de São Paulo, 2014, pp. 169 e seguintes. Ainda sobre o uso

ESTUDOS SOBRE NEGÓCIOS E CONTRATOS

Tal uso desregrado da desconsideração, vista por este prisma, rompe com a lógica do ordenamento patrimonial societário e traz incertezas significativas para o mercado. É sobre as consequências dessa realidade que passaremos a falar agora.

4. O Corolário dispersão dos riscos por pulverização dos investimentos

Para discutir o tão reiterado corolário nos emprestaremos da fábula transcrita no introito do presente texto a fim de entender como se dá dispersão de riscos pela pulverização dos investimentos, especialmente demarcando os pressupostos de tal afirmativa.

Pense na hipótese da menina que mora no sítio e precisa levar 10 litros de leite de seu sítio para ser vendido na cidade. Todavia, imagine que o único meio de transporte disponível a essa garota é a caminhada e que ao carregar o leite pelas estradas entre o sítio e a cidade a garota tenha sempre uma chance de tropeçar na pedra de 50%. Caso tropece, a garota perderá todo o leite que carrega consigo.

Nessa hipótese, se a garota decidir carregar todo o leite em uma única viagem, assumindo completamente o risco de 50% de perder a totalidade do leite carregado, a garota tem uma expectativa de 50% de ganho multiplicada pela totalidade do leite produzido. Ou ganha tudo ou nada.

Número de Viagens: 1	Risco por Viagem: ½
Total de Leite: 10 l	Expectativa Mínima: $(10) - \frac{1}{2} * 10 = 5\ l$

Contudo, se a garota decidir carregar o leite em duas viagens, carregando metade da quantidade de leite disponível em cada uma delas, notamos que ela passa a assumir o risco de 50% de perder 50% do leite produzido em cada

---

assistemático da desconsideração, Henry Hansmann e Reinier Kraakman afirmam de forma contundente que "a distinção entre desconsideração liberalizada da personalidade jurídica e responsabilidade ilimitada é em grande parte retórica" (HANSMANN, Henry; KRAAKMAN, Reinier. Pela responsabilidade ilimitada do acionista por danos societários. In: ARAÚJO, Danilo Borges dos Santos Gomes de; WARDE JÚNIOR, Walfrido (org.). *Os grupos de sociedades: organização e exercício da empresa*, São Paulo, Saraiva, 2012, p. 324). Além de muitos outros.

uma das viagens, ou seja, dessa forma, ela tem a multiplicação dos riscos de cada viagem multiplicando o total de leite produzido, assim, terá "a metade da metade" de chances de perder todo o leite, aumentando sua expectativa de ganho para três quartos da produção.

Número de Viagens: 2	Risco por viagem: ½
Total de Leite: 10 l	Expectativa Mínima: 10 – (½ * ½ * 10) = 7,5 l

Com esse raciocínio temos que quanto mais dispersar o carregamento do leite produzido, mais a garota multiplicará o percentual de risco assumido sobre a produção total, de forma que diminui o valor de perda máxima provável e aumenta sua expectativa do mínimo provável de leite que conseguirá vender.

Número de Viagens: n	Risco: $r = (r_1 * r_2 * ... * r_n)$
Total de Leite: l	Expectativa Mínima: $R = l - (r * l)$

A partir dessa proposição, temos que quanto maior o número de viagens realizado pela garota, maior será sua expectativa de quantidade mínima de leite que chegará a cidade para obtenção de retorno sobre às vendas.

Importante notar, portanto, que o resultado mais eficiente em busca do menor risco a se assumir é que a garota realize o maior número de viagens carregando a menor quantidade de leite cuja venda remunere o custo (desgaste) da viagem.

O que pretendemos com as elucubrações sobre a fábula acima é entendermos que o fundamento matemático pelo qual se construiu o corolário econômico de que dispersão dos investimentos gera dispersão sobre o risco do capital disponível para investimento.

Nesse sentido, o total de leite disponível se equivale ao total de capital disponível ao agente econômico investidor, cada viagem equivale a cada empreendimento, com seu risco próprio inerente, que se pretende aplicar o capital com expectativa de retorno.

Quando tomada à decisão pelo investimento total do capital disponível em um único empreendimento, acaba por se expor todo capital ao risco inerente ao próprio, já quando divide-se o capital disponível em diversos empreendimentos, temos que o capital total disponível se expõe à multiplicação dos riscos inerentes de todos os investimentos; de forma a diminuir o risco total de perda ao qual o capital total está exposto.

Número de Investimentos: n Expectativa: $r = (r_1 * r_2 * \ldots * r_n)$

Capital Disponível: K   Expectativa Mínima: $R = K - (r * K)$

Vale a compreensão que no presente texto analisamos somente os riscos aos quais os agentes econômicos estão expostos na aplicação de capital, especialmente tomado sob a perspectiva simplista do sucesso absoluto ou fracasso absoluto, não considerando a expectativa de retorno sobre o capital que cada investimento gera no agente econômico.

Reconhecemos a complexidade que a adoção de uma fórmula para o cálculo de risco e retorno assumido em razão dos riscos e retornos individuais de investimentos pode tomar ao se incluir diversas outras variáveis como a quantidade do capital total aportado em cada investimento bem como a própria distribuição de probabilidades dentro do risco e retorno geral do empreendimento.

Todavia, não é o objetivo do presente texto a proposição de uma complexa e abrangente fórmula, mas sim a compreensão de importante fundamento de qualquer que seja a fórmula adotada a fim da indução de uma das razões econômicas da limitação de responsabilidade societária.

5. A (Des)Limitação de Responsabilidade na dispersão dos riscos por pulverização dos investimentos

A lógica da dispersão de risco pela pulverização do investimento do capital total disponível em múltiplos investimentos funciona efetivamente pois, em nossa analogia, o leite não trazido pela menina em sua caminhada está livre do risco daquela viagem, ou seja, a cada viagem realizada pela garota ela só pode perder a totalidade do leite por ela carregado e não mais que o leite por ela carregado.

Assim, nos interessa aqui evidenciar que a limitação de responsabilidade nos parece ser, economicamente, o instrumento jurídico necessário ao estabelecimento de pressuposto da funcionalidade de determinação do risco assumido pelo agente econômico quando toma decisão de investimento. Ou seja, é a limitação de responsabilidade que garante ao agente econômico que cada um de seus investimentos está exposto tão somente aos riscos inerentes do próprio investimento em que foi alocado, e, portanto, os riscos de cada investimento se multiplicam a fim da diminuição da expectativa de perda.

Do contrário, se não fosse verdade que a cada viagem realizada a garota expõe somente o leite carregado na mesma, ou seja, ela pode perder inclusive o leite que não carrega consigo, a garota passa a somar o risco de cada viagem, fazendo que suas chances de perda aumentem.

Em suma, os riscos de cada investimento não mais se multiplicam a fim da compreensão do risco total ao qual o Capital Disponível estaria sujeito, mas sim são somados para formação do risco total de exposição, podendo matematicamente ser inclusive maior que o total de Capital Disponível.

> Número de Investimentos: n Risco: $r = (r_1 + r_2 + ... + r_n)$
> Capital Disponível: K   Expectativa Mínima: $R = K - (r * K)$

Assumindo o pressuposto de que o agente econômico é racional e, portanto, agirá no intuito de maximizar seu interesse, o que por nossa análise sob o viés da exposição de risco, se faz pela busca do menor risco para sujeição do capital; a solução mais eficiente é carregar todo o leite em uma única viagem, assumindo os riscos de perder tudo nesta, porém evitando a soma dos riscos de mais viagens.

6. Estímulos Gerados pela (Des)Limitação de Responsabilidade: o exemplo dos investimentos de capital empreendedor no Brasil.

Bruno Salama na obra "O fim da responsabilidade Limitada no Brasil: História, Direito e Economia", afirma que, no Brasil, a responsabilidade limitada tal qual historicamente concebida não existe mais.[57]

---

[57] SALAMA, Bruno Meyerhof. *O FIM DA RESPONSABILIDADE LIMITADA NO BRASIL: HISTÓRIA, DIREITO E ECONOMIA*. São Paulo: Ed. Malheiros, 2014. P. 08 e 128-132

Para o autor, salvo casos razoavelmente excepcionais como o das empresas com ações listadas em bolsa – e mesmo nessas, há margem para dúvida em certos casos, e há também exceções – com grande frequência é possível estabelecer a responsabilidade de sócios e outros terceiros por dívidas de empresas cuja forma societária preveja responsabilidade limitada.

Nesse sentido, conforme passamos a expor sobre o prisma dos riscos ao capital investido, o "fim da limitação de responsabilidade", conforme afirma o autor, geraria como consequência direta a desconstrução do fundamento necessário a validade do corolário da dispersão de investimentos.[58]

A nosso ver, uma estrutura jurídica sem a segurança e confiança institucional da previsão normativa de limitação de responsabilidade societária permeia no sistema dois estímulos relevantes a concentração de capital nas decisões de investimento, quais sejam, i) afastar a possibilidade de soma dos riscos do investimento, e ii) aumentar a disponibilidade de tempo e parâmetros de fiscalização a fim de dirimir parte dos riscos inerentes ao negócio (ter mais tempo para carregar o leite com maior vagar e cuidado pela estrada).

Tal fato se torna bastante notório quando nos aproximamos dos chamados investimentos de Capital Empreendedor (Private Equity e Venture Capital), especialmente se analisados de forma comparatista. Esses modelos de investimentos foram concebidos com o intuito de aportar capital minoritário em empresas em situação emergente ou com grande potencial de crescimento reprimido justamente em razão de sua baixa disponibilidade de capital por inviabilidade de financiamento da atividade por tradicionais modelos de capitalização societária.

Em pesquisa empírica conduzida no ano de 2015 a fim de compreender a adequação a esses investimentos dos tipos eletivos societários disponíveis no ordenamento jurídico brasileiro, encontrou-se interessante resultado incidental sobre a limitação de responsabilidade nesse sistema.[59]

À partir de questionários sobre preferências manifestas pelos gestores dos fundos de investimento em capital empreendedor, bem como das estruturas societárias das empresas do portfólio das gestoras desses fundos, notou-se que

---

[58] Idem, 485

[59] BENTO, L.F.G. Private Equity e Venture Capital: *Adequação do Ordenamento Jurídico Societário Brasileiros aos Investimentos de Capital Empreendedor*. Monografia de conclusão do curso de Direito da Faculdade de Direito de Ribeirão Preto, 2015.

os maiores fundos de investimento (com maior valor em capital nos fundos, comprometido ou não) auto declarados de capital empreendedor divergem da estrutura desse tipo de investimento que, nas definições mais clássicas, tendem a participação minoritária em empreendimentos emergentes ou com potencial de crescimento reprimido em razão de necessidade capital.

Tais fundos organizados por gestoras como Vinci Partners[60], 3G Capital[61] e GP Investments[62], em sua maioria dos investimentos de portfólio apresentam estruturas de tomada de controle administrativo e por vezes do controle societário, inclusive, muito comumente assumindo 100 % (e.g. InBrands[63]) da participação no capital social ou dividindo essa totalidade entre fundos parceiros (e.g. Burguer King[64]).

Percebe-se nesse "modelo brasileiro" de investimento de capital empreendedor, que dada sua característica diversa de tomada completa da administração, também são explorados potenciais crescimentos da empresa em consequência de inovações de diversas naturezas que tenham produzido.[65] Contudo a injeção de capital necessário para o aproveitamento do potencial de crescimento da empresa emergente, os riscos de responsabilização e custos de agência dessa relação são dirimidos pela própria redução de agentes na transação e acesso direto as informações.

Apesar de autodenominados investimentos na modalidade de Private Equity ou Venture Capital, tais estruturas são reconhecidamente diferentes e em muito vem sendo apreciadas por parte dos mercados do capital empreendedor estrangeiros, especialmente quando se trata em alocação de investimentos no Brasil.[66]

---

[60] http://www.vincipartners.com/?AspxAutoDetectCookieSupport=1

[61] http://3g-capital.com.br/

[62] http://www.gp-investments.com/gp2012/web/default en.asp?conta=44&idioma=1&v=1

[63] http://www.InBrands.com.br/inbrands/web/conteudo_pti.asp?idioma=0&conta=45&tipo=36623

[64] http://www.bk.com/about-bk

[65] *Por que Warren Buffett gosta de Lemann* disponível em: http://www.sbvc.com.br/2014/1913533-por-que-warren-buffett-gosta-de-lemann/

[66] "Terceiro homem mais rico do mundo irá fechar mais negócios com Jorge Paulo Lemann" Época Negócios, disponível em http://epocanegocios.globo.com/Informacao/Visao/noticia/2015/02/terceiro-homem-mais-rico-do-mundo-ira-fechar-mais-negocios-com-jorge-paulo-lemann.html

O maior fluxo de informações e proximidade dos gestores de investimentos com seus investimentos possibilitam melhores transferências de conhecimento, inclusive pela transferência de pessoal formado com técnicas, valores, metodologias administrativas próprias desses veículos de investimento e aperfeiçoadas ao longo de diversos investimentos realizados anteriormente.[67]

Todavia, do ponto de vista de desenvolvimento econômico e social, construiu-se um forte consenso de que uma indústria de capital empreendedor sólida é fundamental para inovação e comercialização nas modernas economias.[68]O mercado capital empreendedor apresentava-se como maior criador de empregos na economia, propulsor de crescimento econômico social com melhor distribuição de renda e inclusive com impactos benéficos no crescimento do que outros mercados de investimentos.[69]

Sob esse aspecto que a opção criada pelo modelo brasileiro, por suas características diversas, acarreta um maior comprometimento de capital financeiro e humano dos veículos de investimento, diminuindo a pulverização de seu portfólio. Há uma escolha pela diminuição dos custos de agência (que existem em quaisquer cadeias de investimentos, mas reforçados na realidade brasileira que não permite adequadas avenças sobre interesses na estruturação desses investimentos) em compensação a maximização do risco por não extensa pulverização da carteira de investimento.

Nos parece relevante demonstrar que o nascimento dessa escolha pode estar umbilicalmente ligado aos estímulos econômicos que a (des)limitação de responsabilidade societária no brasil, conforme vimos, gera na escolha por dispersão de investimentos. As normas jurídicas e a jurisprudência incidentes em matéria de limitação da responsabilidade servem ao mercado como "parâmetro para a tomada de decisões" pelos agentes[70].

---

[67] "3G Capital se concentra em cortes de custos, mas suas marcas perdem mercado" Wall Street Journal, disponível em: http://br.wsj.com/articles/SB12316957713407384506504581 161120732785248?tesla=y

[68] LEVINE, R. (1997) Financial Development and Economics Growth: views and agenda. Journal of economics literature, 35, 688-726

[69] BELKE, A., FEHN, R., FOSTER, N.(2003), Does Venture Capital Investments Spur Employment Growth?, CESIFO Working Paper 930 ; e FEHN, R., FUCHS, T. (2003), Capital Market Institutions and Venture Capital: Do they Affect Unemployment and Labor Demand?, CESIFO Working Paper 898 .

[70] PARENTONI, Leonardo Netto. *Reconsideração da personalidade...*, op. cit., p. 39.

Todavia, por consequência, podemos supor que como resultado econômico, o modelo brasileiro de investimentos de capital empreendedor, atingi muito próximo o grau de risco e benefícios aos modelos do mercado de investimento de capital empreendedor clássico. Há nesses modelos diversos aperfeiçoamentos de estrutura, eficiência produtivas e qualificação de recursos humanos e tecnológicos que tendem a diminuir o risco inerente do investimento concentrado de capital: a garota carrega o leite com mais atenção às pedras da viagem, pois tem mais tempo disponível para viajar.[71]

Contudo, o direcionamento social dos resultados desse modelo, no que fazemos paralelo inclusive ao próprio impacto desse mercado no desenvolvimento econômico social, é diverso. O capital empreendedor por suas características, agrega valor a toda a cadeia de grupos interessados (stakeholders) prévia ao investimento (fornecedores, quadro de funcionários, consumidores de atacado, etc). [72]

O modelo brasileiro tende, em alguma medida, a afastar parte dessa cadeia de grupos interessados da possibilidade de experimentar o crescimento do empreendimento após o investimento. Seus resultados são obtidos justamente pela colocação de novas cadeias à estrutura negocial da investida, compostas, via de regra, por parceiros habituais que já fazem parte das estruturas com resultado positivo de outros investimentos anteriores. Ainda esses resultados são potencializados por integrações de sociedades com mesmo nicho, reduções de custos em consolidação de departamentos, logísticas, agregando administrações, impulsionando a empresa investida a uma estrutura quase que grupal de negócios.[73]

Impulso esse que parece culminar em concentração dos ganhos desse mercado a atores já presentes ou coligados a ele, e afastando-se dos mencionados

---

[71] "Lições de Gestão de Jorge Paulo Lemann" Exame 25/12/2013 disponível em: http://exame.abril.com.br/pme/noticias/6-licoes-de-jorge-paulo-lemann-para-empreendedores

[72] Série de artigos publicadosno "Private EquityEconomicWorld'sImpactForum" disponíveis em: http://www3.weforum.org/docs/WEF_IV_PrivateEquity_Report_2008.pdf http://www3.weforum.org/docs/WEF_IV_PrivateEquity_Report_2009.pdf http://www3.weforum.org/docs/WEF_IV_PrivateEquity_Report_2010.pdf acessados em 07 de agosto de 2014.

[73] "Bilionário Warren Buffett defende laços com fundo brasileiro" Folha Online Acessado em 03/05/2015 http://www1.folha.uol.com.br/mercado/2015/05/1624174-bilionario-warren--buffett-defende-lacos-com-fundo-brasileiro.shtml

benefícios do mercado de capital empreendedor ao desenvolvimento socioeconômico dos países.

Considerações Finais

1. Apresentou-se no presente texto uma construção analógica para explicar o corolário econômico de que a pulverização de investimentos do capital disponível gera a dispersão dos riscos aos quais o capital se expõe.

2. A explicação foi construída a partir da análise do simplório problema hipotético de uma garota carregando leite para venda na cidade, contudo, nos pareceu suficiente a demonstrar que da perspectiva da perseguição pelo mínimo risco ao capital, o modelo mais eficiente de fazer tal transporte era pelas múltiplas viagens a fim da multiplicação do risco inerente a cada uma delas, que por sua grandeza decimal, diminui o risco total.

3. Assim, trouxemos nossa demonstração para o campo do investimento, no qual pudemos notar que para criação de idêntico cenário de percepção do risco, far-se-ia necessário efetiva validade no ambiente econômico que cada empreendimento não represente risco à parcela de capital que não fora nele investido.

4. Verificando a hipótese contrária de ampla exposição de risco do capital total ao risco inerente de cada investimento, podemos notar que a dispersão de investimentos do capital disponível em verdade se torna modelo ineficiente a dispersão de riscos.

5. Ainda, por sua construção dogmática, bem como explorando o exemplo do mercado de capital empreendedor, podemos notar que os benefícios conferidos pela limitação da responsabilidade não se restringem aos sócios (investidores), transcendendo também para o próprio mercado, já que, conforme vimos[74], por meio da limitação os agentes econômicos podem ter uma melhor estimativa dos riscos dos seus empreendimentos, sendo incentivados proporcionar capital a maior número de empreendimentos.

---

[74] Vide nota 40, supra.

Referências

BELKE, A., FEHN, R., FOSTER, N.(2003), Does Venture Capital Investments Spur Employment Growth?, CESIFO Working Paper 930 ;

BENTO, L.F.G. *Private Equity e Venture Capital: Adequação do Ordenamento Jurídico Societário Brasileiros aos Investimentos de Capital Empreendedor.* Monografia de conclusão do curso de Direito da Faculdade de Direito de Ribeirão Preto, 2015

COMPARATO, Fábio Konder. *Função social da propriedade dos bens de produção.* **Revista de Direito Mercantil, Industrial, Econômico e Financeiro,** v.63, 1986

COMPARATO, Fábio Konder; SALOMÃO FILHO, Calixto. *O poder de controle na sociedade anônima,* 5ª ed., Rio de Janeiro, Forense, 2008

DINIZ, Gustavo Saad. *Falência em grupos societários,* Tese de Livre Docência, Universidade de São Paulo, 2014

DINIZ, Gustavo Saad. *Subcapitalização societária – financiamento e responsabilidade,* Belo Horizonte, Fórum, 2012;

DINIZ, Gustavo Saad. *Instrumentos de capitalização societária,* São Paulo, LiberArs, 2014

DOMINGUES, Paulo de Tarso. *Variações sobre o capital social,* Coimbra, Almedina, 2009

DOMINGUES, Paulo de Tarso. *Do capital social: noções, princípios e funções,* Coimbra, Coimbra, 2004

FEHN, R., FUCHS, T. (2003), Capital Market Institutions and Venture Capital: Do they Affect Unemployment and Labor Demand?, CESIFO Working Paper 898

FORGIONI, Paula A.. A evolução do direito comercial brasileiro: da mercancia ao mercado, São Paulo, Revista dos Tribunais, 2009

FRANÇA, Erasmo Valladão A. e N. França. *A proteção aos credores e acionistas nos aumentos de capital social.* In: *Temas de Direito Societário, Falimentar e Teoria da Empresa,* São Paulo, Malheiros, 2009

GUERREIRO, José Alexandre Tavares. *Regime jurídico do capital autorizado,* São Paulo, Saraiva, 1984

HANSMANN, Henry; KRAAKMAN, Reinier. Pela responsabilidade ilimitada do acionista por danos societários. In: ARAÚJO, Danilo Borges dos Santos Gomes de; WARDE JÚNIOR, Walfrldo (org.). *Os grupos de sociedades: organização e exercício da empresa,* São Paulo, Saraiva, 2012.

LEVINE, R. (1997) Financial Development and Economics Growth: views and agenda. Journal of economics literature, 35, 688-726

LOBO, Jorge. Extensão da falência e o grupo de sociedades. Revista da EMERJ, v.12, n.45, pp. 74-86, 2009

OLIVA, Milena Donato. *Patrimônio separado: herança, massa falida, securitização de créditos imobiliários, incorporação imobiliária, fundos de investimentos, trust,* Rio de Janeiro, Renovar, 2009

OLIVEIRA, José Lamartine Corrêa de. *A dupla crise da personalidade jurídica,* São Paulo, Saraiva, 1979

PALA, B.S. *O Tratamento Jurídico do Interesse em Grupos de Sociedades.* Dissertação de Mestrado, Faculdade de Direito de Ribeirão Preto, Universidade de São Paulo, 2016.

ESTUDOS SOBRE NEGÓCIOS E CONTRATOS

PARENTONI, Leonardo Netto. *Reconsideração da personalidade jurídica – estudo dogmático sobre a aplicação abusiva da disregard doctrine com análise empírica da jurisprudência brasileira*, Tese de Doutorado, Universidade de São Paulo, 2012

PENTEADO, Mauro Rodrigues. *Aumentos de capital das sociedades anônimas*, São Paulo, Saraiva, 1988

RIBEIRO, Renato Ventura. *Societas – a responsabilidade dos sócios no direito romano e seus reflexos no direito moderno*, Tese de Mestrado, Universidade de São Paulo, 1996; ARANGIO--RUIZ, Vincenzo. *La societá in diritto romano*, Napoli, Eugenio Jovene, 1950

SALAMA, Bruno Meyerhof. *O FIM DA RESPONSABILIDADE LIMITADA NO BRASIL: HISTÓRIA, DIREITO E ECONOMIA*. São Paulo: Ed. Malheiros, 2014.

SCALZILLI, João Pedro. *Confusão Patrimonial no Direito Societário*, São Paulo, Quartier Latin, 2015

SZTAJN, Raquel. *Teoria jurídica da empresa*, 2ª ed., São Paulo, Atlas, 2010

WARDE JÚNIOR, Walfrido Jorge. *A crise da limitação de responsabilidade dos sócios e a teoria da desconsideração da personalidade jurídica*, Tese de Doutorado, Universidade de São Paulo, 2004

WARDE JÚNIOR, Walfrido Jorge. *Responsabilidade dos sócios: a crise da limitação e a teoria da desconsideração da personalidade jurídica*, Belo Horizonte, Del Rey, 2007

Contratos relacionais, informação e resolução de litígios

Claudia Cristina Cristofani [1]

Introdução

Quando um contrato é criado, existe sempre a possibilidade de que uma das partes não o cumpra[2]. O desenho de obrigações legais, por meio da lei ou dos contratos privados, usualmente antecipa o processo de resolução de eventuais conflitos delas decorrentes, sendo marcado, desde o seu princípio, pelas previsíveis dificuldades que irão cercar eventual etapa litigiosa[3]. Cláusulas contratuais são *instruções*[4], designadas com as aptidões do

---

[1] Desembargadora Federal e Mestre em ciências jurídico-econômicas pela Universidade de Lisboa

[2] SHAVELL, Steven. Medidas de Danos para Quebra de Contrato. In: RODRIGUEZ, José, SALAMA, Bruno (org.). *Para que serve o direito contratual?* Direito Sociedade e Economia. São Paulo: Direito GV, 2014, p. 265.

[3] SANCHIRICO, Chris; TRIANTIS, George. Evidentiary arbitrage: the fabrication of evidence and the verifiability of contract performance. *Journal of Law, Economics, and Organization*, v. 24, 2008, p. 72.

[4] V. SCHWARTZ, Alan. Relational Contracts in the Courts: an Analysis of Incomplete Agreements and Judicial Strategies. *Journal of Legal Studies* v. 21, 1992, p. 271, e SCHWARTZ, Alan. Incomplete Contracts. In: NEWMAN, Peter. *The New Palgrave Dictionary of Economics and the Law*, New York: Stockton Press, 1998, *apud* POSNER, Eric. A Theory of Contract Law

ESTUDOS SOBRE NEGÓCIOS E CONTRATOS

adjudicador[5] em mente, tendo a função de "estruturar as condições de acesso de um terceiro", "como modo de dirimir litígios, disciplinar a relação e incentivar a colaboração – a solução de autoridade".[6]

Como ensina Schwartz,[7] ao elaborar o contrato, as partes possuem objetivos substantivos (*substantive goals*) e instrumentais ou *contratuais* (*contracting goals*), servindo os segundos para atingir, da melhor maneira, as metas substantivas, mesmo em caso de descumprimento.

É possível assumir, especialmente em contratações duradouras – as que não se esgotam em uma comutação instantânea, como a compra de uma revista em uma livraria[8] – que a relação contratual envolve ao menos três protagonistas, sendo as duas partes e o terceiro imparcial, o "juiz", responsável por resolver divergências e assegurar o cumprimento do pacto[9], ainda que este último não se faça explicitamente presente, senão por representar a possibilidade de incidência da regra.

No contrato relacional[10], torna-se relevante o fato de que nenhum desses três envolvidos, simetricamente, detém informação completa, ou sequer

---

Under Conditions of Radical Judicial Error. *Harvard Law School John M. Olin Law & Economics*, n. 80, ago/1999.

[5]   Observe-se que 'juiz' ou 'adjudicador' são termos aqui referidos como o terceiro designado pelas partes ou por lei para solver o conflito, podendo ser magistrado, árbitro, mediador, autoridade pública ou negociador designado pelas partes.

[6]   ARAÚJO, Fernando. *Teoria Econômica do Contrato*. Coimbra: Almedina, 2007, p. 667.

[7]   SCHWARTZ, Alan. *Relational Contracts in the Courts...*, p. 284.

[8]   Como esclarece Timm (TIMM, Luciano Benetti. Análise Econômica dos Contratos. In: TIMM, Luciano (org.). *Direito e Economia no Brasil*. São Paulo: Atlas Editora, 2012, p. 169), no exemplo da compra de uma revista como contrato não relacional, ou *one shot exchange*, inocorrem externalidades a afetar terceiros; a entrega do bem e o pagamento são simultâneos, não havendo necessidade de execução do contrato; a revista é igual a todas as outras da mesma edição, inexistindo vícios ocultos; o preço está estampado na capa e as partes não estão abertas a barganha, o que reduz o custo de negociação; para o vendedor o dinheiro vale mais do que a revista e a e para o comprador ocorre o oposto, o que gera riqueza por excedente econômico – após a compra e a venda, ocorre valorização da posição de cada parte relativamente ao estado anterior.

[9]   HERMELIN, Benjamin; KATZ, Michael. Moral Hazard and Verifiability: The Effects of Renegotiation in Agency. *Econometrics*, v. 59, n. 6, nov./91, p. 1735-1753.

[10]   Como dito, opostamente à compra de uma revista (contrato não relacional ou neoclássico), há relações contratuais duradouras, que se realizam e ao mesmo tempo se reconstroem ao longo do tempo – como o contrato firmado com empresa de construção civil para projetar e construir um prédio – "não governadas por intenções contratuais, mas que refletem uma

suficiente, a respeito dos estados de mundo que circundam o pacto, o que se reflete tanto *ex ante*, por ocasião da adesão e da formulação do contrato (por vezes inibindo a sua realização, quando se antecipa que informações não sejam passíveis de transmissão ao juiz, se inexistentes mecanismos que tornem dispensável essa transmissão[11]); quanto *ex post*, dadas as limitações para que a atividade adjudicatória seja exercida com suficiente grau de acurácia caso sobrevenham conflitos entre as partes.

Em outras palavras, não basta bem estipular as sanções para o inadimplemento contratual se as transformações verificadas ao longo da pactuação duradoura – se a "culpa" e as circunstâncias mesmas do inadimplemento – não puderem ser satisfatoriamente observadas pela parte prejudicada e verificadas pelo juiz.

Trata-se, aqui, portanto, de esboçar, introdutória e exemplificativamente, algumas nuances que exsurgem da correlação entre a criação e o desenvolvimento do contrato e as antecipadas dificuldades, especialmente informacionais, para o seu adequado cumprimento coativo. O tema dá ensejo a um universo infindável de considerações, já em curso na produção jurídico-econômica estrangeira, algumas das quais serão aqui enunciadas, não sem algum

---

variedade de influências, incluindo normas sociais e normas de conduta, desenvolvidas dentro da relação. As partes compreendem seus contratos dentro do contexto de seu relacionamento" (MACNEIL, Ian. **Contracts**: Adjustment of Long-Term Economic Relations Under Classical, Neoclassical, and Relational Contract Law, *apud* POSNER, Eric, obra citada). Tais relações contratuais envolvem elementos de imponderabilidade – são firmadas por partes situadas em localidades distintas; as prestações são diferidas no tempo; há necessidade de inspeção para aferir a qualidade do produto; uma parte está gerindo ou administrando interesses de outra, etc. Estas circunstâncias obrigam o desenvolvimento de métodos diferenciados para garantir a sua execução. V. também MACNEIL, Ian. Restatement (Second) of Contracts and Presentation. *Virginia Law Review*, v. 60, 1974.

[11] Sobre a partilha de informações entre contratantes e mecanismos de revelação, v. ARAÚJO, obra citada, p. 553-562. Salienta o autor que o 'contrato ótimo' seria o que permitisse estabelecer um *mecanismo de revelação* para reduzir assimetrias informativas entre as partes, independentemente do apontamento de soluções de contendas por adjudicador externo, esperando-se que o contrato possa desenhar incentivos ou procedimentos para que as partes partilhem entre si os seus segredos. Não se olvide, é claro, que por vezes conflitos não derivam de problemas informacionais, senão da inexistência de denominador comum entre as partes, que lhes permitam comparar as preferências.

grau de aleatoriedade[12], a fim de ilustrar os caminhos por onde tem trilhado a análise econômica do direito.

1. Resolução de controvérsias decorrentes de contratos relacionais

O contrato como relação é visto pela literatura na dinâmica de três aspectos[13] que se entrecruzam: considera-se que a informação é imperfeita e custosa, que pessoas aderem a ações oportunistas[14] e que juízes nem sempre estarão aptos a apreciar as lides contratuais com suficiente acerto ou precisão[15].

Em relações contratuais cuja troca ou cujas prestações sejam diferidas no tempo, agentes podem ter incentivos para fazer promessas que não cumprirão, principalmente quando ausente a sanção reputacional – em realidade, a parte que primeiro cumprir a sua obrigação está concedendo um crédito à outra, sujeitando-se à sua honestidade ou ao seu oportunismo. Assimetrias informativas serão um incentivo adicional ao oportunismo, abrindo margem para o surgimento de problemas de agência[16], seleção adversa[17], risco mo-

---

[12] Diversos *insights*, apesar de importantes, como a teoria do descumprimento contratual eficiente e a da incompletude contratual não serão aqui estudados, dados os limites do presente artigo. Após a redação do presente artigo, Oliver Hart e Bengt Holmström foram laureados com o Prêmio Nobel de Economia, por suas contribuições à Teoria dos Contratos.

[13] GOLDBERG, Victor. Relational Contract. In: NEWMAN, Peter. *The New Palgrave Dictionary of Economics and the Law*, New York: Palgrave Macmillan, 1998, p. 288), *apud* POSNER, Eric. A Theory of Contract Law...

[14] Ressalta ARAÚJO (obra citada, p. 554) que "qualquer situação de incerteza contextual é susceptível de exploração estratégica".

[15] Sobre a análise econômica da precisão da decisão judicial, v. CRISTOFANI, C. *Aspectos Econômicos da Precisão da Decisão Judicial*. 2016. 215f. Dissertação (Mestrado em Ciências Jurídico-Econômicas) - Faculdade de Direito, Universidade de Lisboa, Lisboa, 2016; CRISTOFANI, Claudia. Ações repetitivas nos juizados cíveis: precisão na quantificação de danos e julgamento por amostragem. *Revista CNJ*, Brasília, Vol. 1, Dez/2015, p. 16-29.

[16] Problemas de agência surgem porque o agente (contratado), se valendo da assimetria informativa, tem incentivos particulares para agir em benefício próprio e em detrimento dos interesses do principal (contratante). Essa possibilidade de que o agente não cuide dos interesses do principal, deixando de entregar bens ou serviços adequados ao cumprimento contratual, induz ao monitoramento e ao controle do principal sobre o agente medidas que ampliam o custo da relação, reduzindo a sua frequência.

[17] A falta de informação sobre a qualidade de um determinado produto acarreta que sejam negociados produtos por preços médios, com qualidade decrescente, ocasionando a seleção

ral[18] ou *holdup*,[19] dentre outros, afetada a observabilidade do cumprimento do contrato pela parte lesada[20] e considerados os custos para a revelação de fatos ao julgador.

Afinal, a resolução da disputa implica que o juiz, terceiro neutro à relação contratual, supere a assimetria informativa que mantém com as partes. Coletar informações, bem como proceder à sua avaliação e à sua classificação, é tarefa que, além de envolver custos, tropeça em limitações inerentes, pois, em geral, apenas porção da realidade se faz acessível e sequer as próprias partes estarão aptas a observar ou a compreender fatos.

Portanto, as previsíveis limitações, especialmente informacionais, que irão afetar a atuação do juiz, influenciam toda a cadeia de formação do contrato, da decisão mesma de contratar à eficiência da pactuação.

Contratantes tentarão conceber mecanismos contratuais que mitiguem ou até dispensem a atuação do juiz, ante o risco de que a contraparte labore buscando atrair para si os benefícios imerecidos de eventual erro na adjudicação. Quando possível, irão antecipar a liquidação de eventuais prejuízos, instituir cláusulas punitivas, exigir depósitos e garantias. A própria forma contratual escrita decorre, em boa parte, da antevisão dos custos e das dificuldades para comprovar, *ex post*, a presença e o conteúdo da manifestação recíproca de vontade ao juiz e da busca de evitar que a contraparte se prevaleça do conhecimento dessas mesmas dificuldades.

---

não dos melhores, mas adversa, a expulsar do mercado agentes com bons produtos, que não conseguem operar com preços médios, reduzindo o número de transações (AKERLOF, George, *apud* TIMM, Luciano, obra citada, p. 167).

[18] Há risco moral de que a própria contratação incentive a alteração prejudicial do comportamento de uma parte em desfavor da outra, que, sem possibilidade de estreito monitoramento, irá adotar cláusulas contratuais para precaução, exigindo compensações e reduzindo a frequência das transações (HOLMSTROM, Bengt. Moral Hazard and Observability. *The Bell Journal of Economics*, vol. 10, n. 1, 1979, p. 74-91, *apud* TIMM, *Análise Econômica dos Contratos...*, p. 167).

[19] A contraparte, oportunisticamente, se apropria "do bem-estar gerado pelo investimento inicial (realizado pela outra parte) sem nada oferecer em contrapartida, tirando partido da eventual irreversibilidade atempada desse investimento inicial", "tomando de assalto esse investimento refém" (ARAÚJO, obra citada, p. 49).

[20] SHAVELL, Steve. *Medidas de Danos para Quebra de Contrato...*, p. 267.

2. Informação e precisão da adjudicação

Dadas a importância do contrato[21] e a sua centralidade na maximização de bem-estar social, o Estado empresta o aparato coativo àquele que é prejudicado pelo descumprimento contratual, de modo que obtenha, por meio do acesso ao Poder Judiciário, a execução forçada do pactuado – ainda que a decisão em execução emane de tribunal arbitral. Ao assegurar o cumprimento do contrato para além da satisfação privada dos contratantes, os tribunais produzem benefícios sociais, reforçando os incentivos sancionatórios previstos em lei, de modo a induzir pessoas ao cumprimento do avençado.

Para que tais objetivos, privados e sociais, sejam atingidos, espera-se que os adjudicadores estejam em condições de endereçar soluções acertadas, bem interpretando intenções e aplicando *standards* jurídicos, de molde a atribuir responsabilidade à parte efetivamente culpada pelo descumprimento.

O grau de *precisão* da decisão judicial, portanto, corresponde à proporção de seu *acerto*, que, em algum limite, terá lugar quando o julgador puder acessar os fatos jurídicos relevantes à solução do litígio e, conjuntamente, puder apreender o sentido de cláusulas vigentes e de normas formais e informais.

Desse modo, o aumento do grau de *precisão da decisão judicial* é percebido como "o movimento que parte de acertar algumas vezes em direção ao de acertar todo o tempo",[22] e o seu antônimo consiste no *erro judicial*, ou seja, na produção de falsas procedências ou improcedências, que sobrebeneficiam

---

[21] O contrato é elemento essencial para a criação e circulação de riqueza e para a alocação de direitos, promovendo o bem-estar social. Permite a divisão do trabalho e a economia de escala, sendo veículo do exercício da autonomia da vontade. Em verdade, diversos autores e escolas de pensamento projetam variados entendimentos acerca da relevância social do contrato, bastando mencionar, a título de exemplo, a visão de Douglas North (NORTH, Douglass. *The Economic Growth of the United States 1790-1860*. New Jersey: Prentice-Hall, 1961; NORTH, Doulgass. *Institutions, institutional change and economic performance*. (Political Economy of Institutions and Decisions), Cambridge: Cambridge University Press, 1990), Prêmio Nobel de 1993 e precursor da Nova Economia Institucional, para quem o ambiente econômico e social é permeado por incertezas, que geram custos de transação, a impactar negativamente as trocas econômicas, sendo que 'instituições', como propriedade privada e contratos, reduzem estes custos de transação e coordenam as atividades humanas.

[22] MCG. BUNDY, Stephen. Valuing Accuracy - Filling out the Framework: Comment on Kaplow. *The Journal of Legal Studies*, v. 23, n. 1, jan/1994, p. 414.

uma parte em prejuízo da outra. Maior precisão importa maiores esforços para eliminação de erros de julgamento[23], correspondentes à emissão de falsos positivos (falsas procedências) ou de falsos negativos (falsas improcedências).

Para Kaplow,[24] a redução de erros de julgamento ocorre quando melhor informação se torna disponível ao adjudicador, ou quando atua um mais capacitado adjudicador. Assim, fatores como a capacidade do julgador e melhor fluxo de informações, dentre outros, se combinam no sentido de prover julgamentos mais acurados.

No campo jurídico, informações colhidas segundo o devido processo legal serão positivadas como provas ou argumentos, a fundamentar decisões judiciais. Lembre-se de que a produção de provas não se faz isenta de custos, de modo que regras procedimentais, ainda que implicitamente, acabam por regular a vazão de informações no processo, a depender da estatura e do relevo do direito em questão[25].

---

[23] Em 1973, Richard Posner (POSNER, Richard. An Economic Approach to Legal Procedure and Judicial Administration. *Journal of Legal Studies*, v. 2, 1973, p. 400) estabelecia que "o propósito do procedimento judicial é o de minimização da soma de dois tipos de custos", os custos do erro judicial e os custos diretos. Para o autor, os custos do erro (*error costs*) são os custos sociais gerados quando o sistema judiciário produz uma decisão falha ou errônea; e custos diretos (*direct costs*) resultam do emprego da máquina judicial, como o tempo dos advogados, juízes e litigantes. Nessa concepção, regras processuais podem ser analisadas como "esforço de maximização de eficiência". Posteriormente, em 1999, Richard Posner (POSNER, Richard. An Economic Approach to the Law of Evidence. *Harvard Law School John M. Olin Law & Economics*, n. 66, 1999, p. 7) torna a tratar especificamente da correlação entre informação e erro judicial, oportunidade em que ressalta a importância da resolução acurada de disputas para um sistema legal eficiente, propondo modelos econômicos para a busca e redução do custo de evidências.

[24] Sobre o tema da precisao na adjudicação, dignos de nota os trabalhos de Kaplow, em especial KAPLOW, Louis. The value of accuracy in adjudication: an economic analysis. *The Journal of Legal Studies*, v. 23, n. 1, jan/1994.

[25] Exemplificativamente, a arquitetura legal do rito que instrumentaliza o julgamento de causas singelas, submetidas ao Juizado Especial, é menos custoso e supõe menores esforços tendentes à exatidão (CF, art. 98, I; Lei 9.099/96, art. 3º), relativamente ao procedimento comum ordinário que apura, *v.g.*, crime sancionado com pena máxima superior a 4 anos de reclusão (CPP, Art. 394. par. 1º, I.), em que estão em jogo valores mais expressivos, como liberdade e dignidade.

3. Assimetrias informativas e contrato relacional

Como refere Araújo, "no seio do contrato tanto como fora dele, 'informação é poder'"[26]. Informações orientam as escolhas, tendo o juiz por função, na resolução de litígios, tomar decisão *informada*. Desse modo, é de todo conveniente a apropriação, pelos juristas, das perspectivas das ciências econômicas, sofisticadas utilizadoras de dados por longo tempo. Afinal, mostra-se de grande relevância prática para todas as ciências sociais o reconhecimento de que a informação é imperfeita e custosa e de que assimetrias informativas, por vezes insuperáveis a custo razoável, determinam o comportamento de agentes.

Difícil de categorizar, a informação, segundo as ciências econômicas, pode guardar feições ora de *commodity*[27] ou bem público[28], quando o seu compartilhamento não gerar perdas ao seu detentor;[29] ora de bem privado, quando há incentivos para que particulares a produzam e a mantenham sigilosa,[30] uma vez que sua detenção permite obter vantagens estratégicas ou competitivas. A informação ostenta, no entanto, características especiais – pode ser produzida com facilidade, porém muitas vezes não é confiável; é de fácil propagação, porém de difícil controle; volátil, torna-se indistinta do ruído. De fato, o *ruído* é o oposto da informação verdadeira, sendo virtualmente produzido em todos os lugares e a todo o tempo, e conduz a erros de medição, avaliação ou de julgamento, não havendo, muitas vezes, formas seguras de distingui-lo a baixo custo.[31]

---

[26] ARAÚJO, obra citada, p. 553/554.

[27] ARROW, Kenneth J. *The Economics of Information*: an exposition. *Empirica*, v. 23, n. 2, p. 120–21, 1996; ALLEN, Beth. Information as an Economic Commodity. *American Economic Review*, n. 80, v. 2, p. 268–273, 1990.

[28] Bens públicos, leciona Freire, por definição, são os de uso não rival e insusceptíveis de exclusão, como a iluminação pública – um número considerável de sujeitos os podem utilizar, "sem se prejudicarem uns aos outros nem poderem ser obrigados a pagar para isso", o que irá implicar colapso dos incentivos para a sua produção privada (FREIRE, Paula Vaz. A produção privada de bens públicos. *RIDB*, ano 2, n. 5, p. 3755-3769, 2013. p. 3755).

[29] A informação como bem público pode ser exemplificada pela previsão meteorológica, produzida pelo particular que dela necessite, sendo, porém, divulgada publicamente.

[30] O uso da informação privada pode ser, contudo, observável, pois as ações e as decisões tomadas pelo agente informado podem revelar a informação aos observadores, como ocorre, *v.g.*, na análise técnica do mercado financeiro e na teoria dos jogos.

[31] FISCHER, Black. Noise. *Journal of Finance*, v. 41, jul/1986, p. 529-543.

CONTRATOS RELACIONAIS, INFORMAÇÃO E RESOLUÇÃO DE LITÍGIOS

Não obstante tais vicissitudes, a informação exerce crucial influência na tomada de decisão,[32] determinando a qualidade da escolha.

A informação é perfeita na situação em que o agente conta com todos os dados relevantes e necessários à tomada de decisão – como no exemplo do jogo de xadrez, em que o jogador detém o domínio das regras estabelecidas, da posição das peças do tabuleiro e das jogadas do adversário. No mundo fenomênico, porém, a informação é imperfeita, pois um agente detém mais ou melhor conhecimento que o outro, desequilibrando o poder de negociação e produzindo falhas de mercado. Esta é a hipótese trazida por Akerlof[33], que, analisando o mercado de carros usados, ressalta que compradores, ao contrário dos vendedores, ignoram a verdadeira condição dos veículos usados que estão à venda, a gerar ineficiência – compradores irão valorizar automóveis pelo preço médio, o que resultará na subvalorização dos exemplares de boa qualidade e sobrevalorização dos de má qualidade. Os vendedores de boa mercadoria tenderão a se afastar desse mercado, já que compradores estão orientados a pagar por qualidade média, ao passo que vendedores de mercadoria de pior qualidade a ele são atraídos, caracterizando-se a seleção adversa[34].

Bens e serviços, públicos ou privados, assim como o comportamento de pessoas, se apresentam de forma não homogênea, ostentando diversos níveis de qualidade e características próprias. Tal condição não consistiria em um problema se toda a informação estivesse disponível a ambas as partes, vale dizer, se todos os envolvidos em relação jurídica detivessem igual conhecimento a respeito das características de bens, serviços e direitos, o que não se verifica.

Nem sempre uma parte pode *observar* como a outra cumpre o contrato – *v.g.*, saber se o construtor de um prédio realmente utilizou material de qualidade e obedeceu às normas técnicas de engenharia – senão mediante o desembolso de custos de monitoramento. Como sintetiza Araújo[35], "a observabilidade e a verificabilidade se reportam ambas à revelação de um estado de coisas

---

[32] ALLEN, obra citada.
[33] AKERLOF, George. *The Market for 'Lemons'*: quality uncertainty and the market mechanism. *The Quarterly Journal of Economics*, Vol. 84, nº. 3, Aug/1970, pp. 488-500. Oxford: Oxford University Press. George Akerlof, Michael Spense e Joseph E. Stieglitz foram laureados, em 2001, com Prêmio Nobel de Economia por suas "análises de mercados com assimetria informativa".
[34] V. nota 16.
[35] ARAÚJO, obra citada, p. 666.

relevante para a execução dos deveres de um contrato, no primeiro caso uma revelação entre as partes, no segundo caso uma revelação perante um terceiro – julgador, árbitro, adjudicador".

A *verificabilidade*, prossegue o autor, será tanto mais importante quanto mais o adjudicador puder desempenhar papel ativo na afetação ou na reafetação de recursos entre litigantes[36], e a impenetrabilidade para terceiros pode ser o escopo das partes, dificultando deliberadamente a verificação, com ou sem objetivo de oportunismo – o objetivo pode ser lícito, como o anonimato. A inverificabilidade, muitas vezes causada tão somente pelo custo da comprovação, impondo barreira intransponível de assimetria informativa, torna o julgador inoperante.

Tome-se como exemplo a *relação de agência*, na qual o *principal* adquire os serviços de um *agente*, como a contratação de um encanador para a reforma de um prédio. O agente está diante de um conflito de interesses, qual seja, dedicar-se amplamente à satisfação da utilidade do principal – que quer receber o encanamento adequadamente reformado – em detrimento de seus próprios interesses – dispêndio de tempo e recursos, esforço do trabalho, sacrifício de interesses próprios e lazer. Supondo-se ausentes as sanções reputacionais, não seria difícil imaginar que o agente se visse tentado a buscar atalhos para ver cumprido o objeto contratual de forma mais célere, maximizando a sua própria utilidade, mesmo que descurando do atendimento de normas técnicas, em detrimento do principal, sabendo que boa parte de seu trabalho ficará oculto e tenderá a apresentar defeitos apenas depois de considerável lapso de tempo, e antecipando que será dificultosa a verificação da qualidade do serviço pelo juiz. Afinal, o agente tem um grande conhecimento da atividade que realizou, ao passo que o principal dela pouco sabe, e, ainda que pudesse, a considerável custo, fiscalizar a prestação do serviço, não deteria a *expertise* para conferir sua correção técnica. Contratações mais intrincadas e complexas, como, *v.g.*, as que têm por objeto a engenharia financeira, irão induzir a exponenciais problemas de agência, tornando impossível observar e verificar, a custo módico, mesmo *ex post*, se ocorreu ou não quebra contratual, especialmente se considerados elementos como a distribuição do risco entre as partes, eventuais influências de concausas externas, etc.

[36] ARAÚJO, obra citada, p. 667.

Rememore-se que a perspectiva do juiz é a da ignorância sobre se está diante de informação ou de ruído, vale dizer, não está totalmente apto a distinguir as evidências verdadeiras das falsas – o desenho de ritos processuais, diga-se, aliados às garantias de ampla defesa, muito se justificam pela necessidade de distinguir as informações dos ruídos. De todo modo, a decisão que resolve a disputa é tomada em cenário de informação incompleta, sendo presidida por regras de distribuição dos ônus probatórios, ou alocatória do risco do erro no processo,[37] regras estas sujeitas à manipulação.[38]

Nesse cenário de informação incompleta, não se pode garantir que o juiz domine todos os fatos essenciais ao julgamento – simplificadamente, quem fez o quê, gerando qual resultado. Incertezas sobre como, ulteriormente, eventuais disputas serão solvidas pelo juiz condicionam a gênese, o desenvolvimento e a extinção da obrigação contratual.

4. Compartilhamento de informações e mecanismos legais de revelação

Kaplow e Shavell[39] sustentam que, *ex post*[40], litigantes têm fortes motivos para compartilhar informações, é verdade. Poderão compartilhar as que lhe sejam favoráveis, para fomentar acordo e aprimorar seus termos – como ocorre quando o requerente demonstra que os danos suportados foram superiores aos imaginados pelo ofensor, buscando incrementar a indenização transacionada, e o

---

[37] STEIN, Alex. *Foudations of Evidence Law...*, p. 264p.

[38] Ônus probatório é um *sucedâneo processual da verdade*, e sua estipulação pode reduzir os custos de revelar informações ao julgador (HAY, Bruce; SPIER, Kathryn. Burdens of Poof in Civil Litigationp: An Economic Perspective, *The Journal of Legal Studies*, n. 26, p. 413, 1997). Sujeita-se à manipulação oportunista das partes (ver, *v.g.*, EEMEREN, Frans; HOUTLOSSER, Peter. Strategic Maneuvering with the Burden of Proof. *OSSA Conference Archive, University of Windsor*, n. 24, may/2001).

[39] KAPLOW, Louis; SHAVELL, Steven. Economic analysis of law. *Harvard Law School John M. Olin Center for Law, Economics and Business*, n. 251, fev/1999, p. 58.

[40] Agentes têm incentivos para partilhar informações, *ex ante*, que irão permitir a negociação e evitar o 'problema dos limões' (AKERLOF, ver II, supra). *Sinais* também podem ser emitidos, buscando atestar a seriedade de propostas (*separating equilibria*). Assim, fornecedores de bens e serviços de alta qualidade, para que se diferenciem dos de baixa qualidade, podem, *v.g.*, oferecer garantias, que sinalizam a boa qualidade do produto (HERMANN, Benjamin; KATZ, Avery; CRASWELL, Richard. Contract Law. In: POLINSKY, Mitchell; SHAVELL, Steve (eds.). *Handbook of Law and Economics*, vol. 1, capítulo 1, Leiden:Elsevier, 2007, p. 83/84).

requerido busca apresentar evidências de que não agiu de forma culposa, de forma a convencer o requerente, confrontado aos riscos de derrota a aceitar oferta menor de indenização. Ainda, a revelação de informações pode *evitar as inferências negativas*, supondo que o ofensor presuma, dado o silêncio, que o requerente suportou danos inferiores aos médios, decorrentes da infração contratual.

Informações não serão partilhadas, contudo, por questões processuais (*v.g.*, informalidade na obtenção da prova), custo (*v.g.*, necessidade de perícia dispendiosa) ou impossibilidade (*v.g.*, prova negativa). Ainda, porque são desfavoráveis e irão interferir negativamente, seja para o julgamento, seja para o acordo, de forma mais acentuada do que as presunções decorrentes do silêncio – notando-se que esta motivação pode ser *dissimulada* pela possibilidade de incidência das anteriores, e o adjudicador, e eventualmente também a outra parte, ignora se a prova existe e está sendo ocultada porque prejudicial, ou se a prova não pode ser apresentada por impossibilidades como custo, anonimato, problemas de comunicação ou de agência, erro, etc.

Poderá haver a imposição, por lei ou determinação judicial, do dever de revelar informações, ou a imposição de ônus decorrentes de sua não apresentação, o que interfere no equilíbrio contratual, impactando "incentivos e disposições contratuais, modificando-os em relação à posição que ocupariam em condições de silêncio do promitente ou do alienante".[41] A par de benefícios, a medida não é isenta de limitações e de custos, muitas vezes superiores às correspondentes vantagens, além de suportados de forma não equitativa[42].

De outra parte, que não se presuma a ilicitude da produção e da utilização de informação privada[43], motor de atividades socialmente positivas como a inovação, nem se obrigue seja ela incondicionalmente compartilhada, o que implicaria suprimir o "retorno necessário do investimento na obtenção

---

[41] ARAÚJO, obra citada, p. 554.

[42] A título de exemplo, sobre os custos (que podem alcançar, provavelmente, mais de 150 bilhões de dólares por ano) e a ineficiência do dever de informar investidores no direito societário americano, v. HENDERSON, Todd. *Current Issues in the Law & Economics of Corporate Law.* P. 21-22. Disponível em <http://www.law.uchicago.edu/files/file/essay.pdf>.

[43] Sobre as nuances econômicas que cercam o dever de revelar informações privadas, *ex ante*, entre contratantes, especialmente em contraponto ao erro de manifestação de vontade, v. KRONMAN, Anthony. Erro, Dever de Revelar a Informação e Direito dos Contratos. In: RODRIGUEZ, José; SALAMA, Bruno (org.). *Para que serve o direito contratual?* Direito Sociedade e Economia. São Paulo: Direito GV, 2014, p. 383-417.

dessa informação"[44], especialmente se se trata de informação adquirida *deliberadamente*,[45] sujeitando a produção de informações às ineficiências que caracterizam a produção de bens públicos.[46] É por isso que a confidencialidade de informações sigilosas da indústria, do comércio ou da prestação de serviços é protegida por lei,[47] bem como as profissionais.[48] Veja-se que, no

---

[44] ARAUJO, obra citada, p. 554. Ou, nos dizeres de Kronman (KRONMAN, Anthony. Erro, Dever de Revelar a Informação e Direito dos Contratos..., p. 389), "Na situação em que a não revelação de informações é permitida... o conhecimento envolvido é, normalmente, produto de uma busca custosa. Uma norma que permita a não revelação de informações é a única maneira efetiva de incentivar o investimento na produção de tal conhecimento". A função econômica do mercado é "um processo pelo qual os negociantes mais bem informados fornecem um meio para a compra e a venda da propriedade pelos 'melhores' preços obtidos, e, por esse serviço público prestado, são recompensados, permitido que lucrem com seu conhecimento especial. O processo de negociação em um 'mercado livre' se tornaria tedioso e instável se o negociador tivesse de contar aos outros todos os motivos que o levaram a estabelecer o seu preço" (PATTERSON, Edwin. *Essentials of Insurance Law*. New York: McGraw-Hill Publishing, 2ª. ed., 1957, p. 447, *apud* KRONMAN, obra citada, p. 431). Observe-se, no entanto, existir o dever de revelar informações em determinadas circunstâncias, sobretudo em virtude dos custos envolvidos, como ocorre para fins de contratação de seguro, em que a seguradora pode negar cobertura a eventos baseados em informações deliberadamente omitidas pelo segurado (art. 766, do CC).

[45] Em oposição à informação adquirida casualmente. Kromnan (KRONMAN, obra citada, p. 431), menciona o caso *Laidlaw vs. Organ*, (15 U. S. (2 Wheat.) 178), julgado pela Suprema Corte Americana, acrescentando que "do ponto de vista social, é desejável que a informação reveladora de uma mudança radical nas circunstâncias que afetam o valor relativo dos bens [no caso, o fim da guerra entre americanos e britânicos em 1812, de conhecimento apenas de uma das partes na compra e venda de tabaco] alcance o mercado o mais rápido possível (ou, dito de outra maneira, que o tempo entre a própria mudança e o entendimento e a avaliação desta seja minimizado)", de modo a permitir que diversos atores econômicos se adaptem desde logo aos novos fatos sobremaneira relevantes, o que fará evitar a dissipação de recursos sem correspondente proveito individual e social, já que "uma alteração dessa natureza quase certamente afeta a alocação dos recursos sociais" - muito embora "o método pelo qual esse conhecimento possa se tornar o mais difundido possível é precisamente o problema para o qual temos de encontrar uma solução" (HAYEK, Friedrich. The Use of Knowledge in Society. *American Economic Review*, v. 35, p. 519-522, 1945, *apud* Kronman, p. 425, nota 35).

[46] FREIRE (obra citada, p. 3755) ressalta que, dada a falta de incentivos privados à provisão voluntária de bens públicos, o comportamento racional orienta os agentes para o efeito carona (*free riding*), resultando na sua subprodução que, como falha de mercado, com frequência reclama a intervenção pública.

[47] V., *v.g.*, Art. 195, XI, da Lei 9.279/96 (crime de concorrência desleal).

[48] V., *v.g.*, art. 154, CP, e art. 25, da Lei 8.906/94 (Código de Ética e Disciplina da OAB), sigilo que prepondera ainda que em depoimento judicial (art. 26).

seio da arbitragem internacional, a depender do rito que se adote, sequer os próprios árbitros acedem à integralidade da informação estrategicamente detida por uma das partes, estando previsto nas regras de produção de provas da *International Bar Association*[49] que o tribunal arbitral, para solver objeção à exibição de documento, poderá nomear perito, mediante compromisso de confidencialidade, para que, examinando o documento ou a evidência, reporte ao adjudicador não o seu conteúdo, mas a existência de relevância teórica para a disputa.

Quando as partes resistem ao compartilhamento, o ordenamento jurídico, especialmente ao tratar dos procedimentos judiciais e das provas, concebe diversos instrumentos para verificação de informações, *coletáveis à revelia da vontade da contraparte*, como declarações dos litigantes ou interrogatório do acusado, oitiva de testemunhas, que comparecerão sob as penas da lei, elaboração de laudos periciais, prova documental, infiltração de agentes, colaboração premiada, uso de informantes (*whistleblower*), interceptação telefônica ou quebra de sigilo bancário.

Em sociedades com forte aparato coativo (*enforcement*), a revelação de fatos, inclusive infracionais, pode partir espontaneamente dos próprios agentes e empresas infratoras, que terão incentivos para exercer a autodenúncia, a fim de fugir dos riscos jurídicos, o que, em última análise, poupa recursos das vítimas e das agências públicas em investigação. Desse modo, a legislação pode instituir mecanismos que *incentivem* a revelação pela própria parte por ela prejudicada, como, *v.g.*, a previsão de acordos de leniência[50] e de mitigação de penas pela instituição de comissões de *compliance*.

---

[49] Art. 3 (8), Bar Association Rules on the Taking of Evidence in International Arbitration, International Bar Association/IBA.The Many Futures of Cont

[50] A Lei 12.846/13, que dispõe sobre a responsabilização administrativa e civil de pessoas jurídicas por atos contra a administração pública (ou Lei Anticorrupção), na trilha das Leis 12.683/12 (Lei de Lavagem de Dinheiro) e Lei 12.592/11 (Lei Antitruste), prevê benefícios, como isenção de determinadas penas e redução da multa, à pessoa jurídica responsável pela prática dos atos ilícitos que empreste efetiva colaboração com as investigações, desde que seja a primeira a cooperar e admita sua participação. Prevê, ainda, sejam consideradas na fixação das sanções a cooperação para apuração da infração e "a existência de mecanismos e procedimentos internos de integridade, auditoria e incentivo à denúncia de irregularidades e a aplicação efetiva de códigos de ética e de conduta" - com a finalidade de internalização de valores éticos e de revelação espontânea às autoridades.

Do que ilustrativamente se mencionou, é possível inferir que a revelação compulsória de informações, especialmente se em prejuízo da parte que as detém, é tema intrincado e permeado por ineficiências e opções legais dilemáticas, não colmatando as assimetrias informativas.

5. Custos do aumento da precisão da adjudicação

Como aqui já se falou, o julgador, para decidir o litígio de forma precisa, deve superar a natural *assimetria informativa* inerente à sua posição de terceiro neutro ao conflito entre as partes. É por isso que tribunais despendem volumosos recursos processando informações, com o objetivo de desvendar e classificar fatos jurídicos relevantes às causas em apreciação – a própria causa que independe de dilação probatória repousa em um contexto fático que deve ser suposto.[51]

Até um determinado limite, quanto melhores, mais qualificadas e fidedignas forem as informações com que puder contar o juiz, mais acertada poderá ser a sua decisão, reduzindo-se a margem de erro de julgamento. Ilustrativamente, a decisão judicial que declara a paternidade, ou que condena alguém à sanção criminal, se qualifica como *mais precisa* ou *acurada* quando lastrada em provas mais confiáveis, como a perícia técnica de DNA[52],

---

[51] Kaplow, Louis. The value of accuracy in adjudication..., p. 323-325.
[52] Não se pretende, aqui, insinuar que os elementos periciais sejam isentos de dúvidas. Tem-se a impressão de que testemunhas descrevem suas percepções sensoriais ao passo em que peritos se valem de conhecimento técnico especializado, o que conferiria maior credibilidade à prova pericial. Contudo, às primeiras somente cabe enunciar fatos de que conhecem em primeira mão, os quais presenciou ela própria, não lhe competindo, em princípio, emitir opinião ou enunciar fatos de ouvir dizer. Contrariamente, peritos emitem laudos com base em informações colhidas de outras testemunhas ou em exames que fez, abrindo margem para o erro pericial. Ainda, avanços no campo da perícia forense evidenciam que teorias científicas que baseiam perícias forenses por vezes vêm a se mostrar incorretas ou obsoletas. De acordo com a Comissão da Califórnia para a Justa Administração da Justiça, "erros em testes da ciência forense constituem a segunda causa mais comum de condenações erradas de pessoas inocentes nos EUA". Ver MELO, João Ozorio. *Revista Consultor Jurídico*, 18/02/2015, disponível em <http://www.conjur.com.br/2015-fev-18/california-aprova-lei--especifica-reparar-erros-pericia-forense>, consulta em 19/02/2015. Como exemplo, no caso Daubert v. Merrell Dow Pharmaceuticals, Inc (1993), a Suprema Corte dos EUA estabeleceu quatro critérios para estabelecer a confiabilidade da evidência científica: a) tenha sido testada

e *menos precisa* quando calcada em elementos com maior aptidão à falibilidade, como a testemunhal[53].

Emons e Fluet[54] elaboram a questão do custo do aumento da precisão em julgamentos, hipotetizando que o juiz deva decidir um litígio que supõe a descoberta de um número exato, como o valor dos danos que um contratante deve a outro. O requerido deseja que este número seja o menor possível e o requerente o quer amplo, caracterizando-se neste ponto um conflito de interesses. Ambas as partes sabem o real valor do dano. Apresentar evidências envolve um dado custo. Além disso, as partes pretendem que a prova se produza na direção de sua tese. Quanto mais a parte forçar que a prova se faça para além da verdade, mais alto o custo a ser despendido – *v.g.*, na captura do perito ou na persuasão de testemunhas. Em contrapartida, quanto mais depoimentos o juiz tomar, mais aperfeiçoado se tornará o seu convencimento no sentido do verdadeiro valor indenizatório. Ademais, tendências, preconceitos ou erros mnemônicos que possam contaminar uma prova pericial ou o depoimento de uma testemunha isolada – tomada, *v.g.*, por piedade ou preconceito em relação a uma das partes – terão menores condições de preponderar se designados peritos mais qualificados, ou se ouvidos vários depoentes. Assim, quanto mais alto o custo para as partes, menor a chance de que a fraude ou o erro preponderem, melhor informando a tomada de decisão. A quantidade ótima de investimento probatório será a que minimizar as perdas derivadas da adjudicação incorreta, mas dentro do limite aceitável do custo do processo, verificando-se escolha dilemática entre os benefícios da busca da verdade e os custos de obter a evidência.

(noção de falseabilidade, de Karl Popper); b) tenha sido publicada ou *peer-reviewed*; c) tenha margens de erro conhecidas; d) seja generalizadamente aceita na comunidade científica relevante (EDMOND, Gary; HAMER, David. Evidence law. In: CANE, Peter; KRITZER, Hebert (edts.). *The Oxford Handbook of Empirical Legal Research*, Oxford: Oxford University Press, 2010). Na mesma obra, Edmond e Hamer inventariam a literatura científica a respeito da confiabilidade de perícias legais, enumerando os achados mais relevantes sobre a questão.

[53] Testes empíricos demostrando a falibilidade da prova testemunhal, inclusive para a identificação de pessoas, estão relacionados em EDMOND, Gary; HAMER, David. Evidence law..., p. 652-678. Os autores referem que não estão os exames laboratoriais, contudo, infensos a erros de manipulação, ou falsos positivos e negativos.

[54] EMONS, Winand; FLUET, Claude. Accuracy Versus Falsification Costs: The Optimal Amount of Evidence Under Different Procedures. *Journal of Law, Economics and Organization*, p. 1-30, Jul/2007.

Assim, conhecendo os limites que o julgador terá para resolver eventuais disputas, e para contornar problemas relativos ao custo, à qualidade e à disponibilidade da informação, contratantes podem especificar previamente o *nível de precisão* com o qual irão demandar que o árbitro resolva a disputa, fixando limites aos dispêndios para a coleta de provas, ou ainda escolher um determinado árbitro, ou um árbitro com *expertise*, conhecido por manter determinado nível de competência a custo compatível.

Recorde-se que a informação excessiva não gera aumento marginal de precisão, podendo até mesmo reduzi-la, dada a presença de ruído. Para Richard Posner, a precisão aumenta, *grosso modo*, à raiz quadrada da coleção de novas evidências[55] se forem elas independentes, ou seja, se não implicar cada nova evidência a descoberta de outra – o que significa que, a partir de um dado instante, mais e melhor informação não irá alterar substancialmente a qualidade decisória. Há, porém, mínimos probatórios para aquém dos quais não será produzida uma decisão acurada.

Carrear para o processo mais e melhores informações esbarra em dispêndio de recursos e inexoráveis limites da realidade (como direitos contrapostos, finitude da estrutura judicial, ou naturais constrangimentos na capacidade administrativa e cognitiva do adjudicador), cuja superação não se faz a baixo custo – e por isso, no processo judicial, a lei estabelece o *quanto* de informação será vertido para cada espécie de litígio, atendida a importância dos valores em disputa.[56] Quanto mais numerosos e complexos os atos processuais prévios à tomada de decisão (audiências, elaboração de perícias judiciais intrincadas, compreensão de regulamentos ou contratos complexos), maiores os custos econômicos,[57] justificados na proporção da relevância dos valores e direitos em litígio.

Não somente regras processuais, mas também específicas exigências probatórias, podem ser visualizadas sob a perspectiva da segurança da informação,

---

[55] POSNER, Richard. An economic approach to the law of evidence..., p. 7.

[56] V. nota 24.

[57] Quanto aos processos que tramitam perante o Poder Judiciário, boa parte destes custos *não* é suportada pelas partes privadas envolvidas no litígio, porém pela sociedade, primordialmente mediante recursos obtidos por meio da interferência do Estado na liberdade e na propriedade individuais, via cobrança de impostos. Por isso que os custos podem ser privados, quando desembolsados pelas partes que integram a relação processual, ou sociais, quando cobertos pela sociedade.

preservada a finalidade de certificação de verdades e de proteção de direitos relevantes contra erros de adjudicação e equívocos de terceiros. O contrato de compra e venda de imóvel é instrumentalizado perante notário, envolvendo procedimento mais complexo e seguro que a assinatura de instrumento particular ou a mera tradição. Cooter e Ulen[58]asseveram que a segurança dos contratos mais relevantes é fortalecida por *"testemunhas oficiais"* do ato, notários que o registram em documento oficial, reduzindo, assim, as incertezas que oneram os negócios, muito embora a maior custo.[59] A importância do direito de propriedade imobiliária comunica-se à sua prova e ao tratamento jurídico dos títulos e contratos a ela relacionados, já que "a propriedade incerta onera o comércio e causa um desconto elevado do valor que compradores em potencial atribuem a um ativo".

Segundo os autores, "o direito de propriedade precisa desenvolver regras que contrabalancem os impedimentos ao comércio criados pela propriedade incerta e os custos da manutenção de um sistema de controle".[60]

E os custos para o aumento da precisão devem ser computados em seu sentido amplo. No caso da jurisdição oficial, além dos custos *monetários*, despendidos para a manutenção da estrutura material do Poder Judiciário (prédios, equipamentos, veículos) dos tribunais e outros escritórios, públicos ou privados, a ele relacionados em sua atividade fim (departamentos de polícia e de perícia legal, procuradorias, defensorias, Ministério Público) e para a remuneração do trabalho (juízes, advogados, delegados, peritos, servidores e pensionistas), compreendem-se ainda outros *custos econômicos*, não monetários, como os relacionados à duração do processo (custo do tempo), ao erro judicial (custos diretos e indiretos do erro), à congestão dos tribunais e de outros órgãos (custos suportados por outros litigantes, que disputam pela atenção do juiz e de outros atores em um sistema marcado pela rivalidade de uso), à restrição de direitos constitucionais em conflitos (como o custo da privacidade, quando autorizada interceptação telefônica, ou da liberdade de testemunha intimada coercitivamente a depor em juízo) e aos custos de

---

[58] COOTER, Robert; ULEN, Thomas. *Direito & Economia*. 5. ed. São Paulo: Bookman, 2010. p. 167-169.

[59] De modo semelhante, v. comprovação de contratos envolvendo negócios jurídicos cujo valor ultrapasse o décuplo do salário mínimo vigente (art. 227, do CC).

[60] COOTER, Robert; ULEN, Thomas, obra citada, p. 167-169.

oportunidade[61] em geral (como o custo, para a coletividade, de não construir um hospital ou uma estrada, em vez de edificar um tribunal).

Os custos para produção de evidências influenciam o comportamento das partes e dos contratantes. Ilustrativamente, a possibilidade de manipulação de evidência no sistema adversarial pode gerar diversas consequências comportamentais – se é verdade que a decisão de ingressar em juízo ocorre quando o autor puder confiar que o proveito esperado do processo irá superar os seus custos econômicos,[62] o acentuado custo probatório levará um menor número de autores a optar por aforar demandas, especialmente se o serviço público de resolução de disputas for lento ou congestionado. A elevação dos custos probatórios reduz ajuizamentos, que somente ocorrerão se dispêndios totais do litígio forem inferiores ao valor esperado com a demanda – o que pode incentivar o descumprimento contratual "leve" ou parcial por uma das partes do contrato, sabedora de que a parcela de descumprimento se manterá em níveis intermediários, não causando danos suficientes a levar o contratante lesado a formular demanda. Nessa toada, o estudo de Menell,[63] que estabelece que, quando o ofensor tiver controle sobre o nível de dano que irá provocar – como o descumprimento de apenas pequena parcela do objeto contratual – lhe será possível, com larga probabilidade, impedir seja vantajoso o ajuizamento,

---

[61] Cooter e Ullen (obra citada, p. 53) definem custo de oportunidade como "o custo econômico de uma alternative que foi deixada de lado". É a expressão "da relação básica entre escassez e escolha", podendo ser definido como o *'preço'* da renúncia de um bem de modo a se obter outro bem.

[62] Quanto à decisão sobre litigar, autores da análise econômica do direito estabelecem que partes neutras ao risco irão optar por ajuizar demanda quando os custos despendidos forem inferiores à quantificação de suas pretensões jurídicas, ou seja, menores que o valor que o requerente espera receber e maiores dos que o requerido espera ser condenado a pagar (KAPLOW, Louis; SHAVELL, Steven. Economic Analysis of Law..., p. 46). Contrariamente, ações frívolas ou temerárias, com valor negativo esperado (*negative expected value*), podem custar ao requerente mais do que o importe que acredita lhe seja devido, sendo manejadas na expectativa estratégica de ganhos derivados de erro judicial ou da realização de acordo. Ver P'NG, Ivan. Strategic Behaviour in Suit, Settlement, and Trial, *The Bell Journal of Economics*, v. 14, n. 2, p. 539-550, 1983; BEBCHUK, Lucian; KLEMENT, Alon. Negative Expected-Value Suits. In: NEWMAN, Peter. *The New Palgrave Dictionary of Economics and the Law*, New York: Stockton Press, 1998, p. 551-554.

[63] MENELL, Peter. A Note on Private versus Social Incentives to Sue in a Costly Legal. *Journal of Legal Studies*, v. 12, p. 41, Jan/1983. Observe-se que a modelagem considera o desalinhamento entre incentivos privados e sociais para o litígio.

ESTUDOS SOBRE NEGÓCIOS E CONTRATOS

fazendo com que o montante do dano por ele produzido se mantenha abaixo do nível de custos do litígio, limiar este que irá se ampliar caso a questão fático-jurídica subjacente seja truncada ou compreenda intenso debate de questões complexas ou profusa instrução probatória.

Custos informacionais podem dificultar ou impedir a produção de provas e desencorajar a resolução de disputas, sendo fatores que determinam o comportamento de contratantes ao longo da vida negocial.

6. Contratos relacionais e adjudicação – problemas e soluções

A discussão doutrinária dos problemas e das soluções que circundam a solução de disputas em contratos relacionais se coloca em níveis profundos.

Como inventaria Eric Posner[64], nas décadas de 70 e 80[65] o debate já se dava explicitamente a respeito da precisão ou da imprecisão dos tribunais para perceber a lesão contratual, o valor dos danos e o oportunismo. Assumindo-se que pessoas possam se engajar em oportunismo – *v.g.*, quando quebram o contrato em vez de cumpri-lo, caso seus ganhos decorrentes do descumprimento excedam os custos da *performance*, independentemente das perdas que irão impor à contraparte –, a eficácia do contrato irá depender de quão precisamente o juiz possa identificar quem está inadimplente e quantificar os danos ao lesado.

Mais recentemente, com Macneil,[66] o foco do debate na doutrina se voltou para o problema *"intratável"* dos contratos de longo prazo, nos quais as partes são incapazes de, *ex ante*, alocar futuras obrigações e pagamentos de modo a maximizar sua utilidade contratual, sendo previsível a necessidade da renegociação à proporção em que o futuro se revela.

---

[64]   POSNER, Eric. A Theory of Contract Law...

[65]   Em especial, KRONMAN, Anthony. Specific Performance, *The University of Chicago Law Review*, v. 45, 1978, p. 351; SCHWARTZ, Alan. The Case for Specific Performance, *Yale Law Journal*, v. 89, 1979, p. 271.

[66]   MACNEIL, Ian. Economic Analysis of Contractual Relations: Its Shortfalls and the Need for a "Rich Classificatory Apparatus". *Northwestern University Law Review*, v. 75, 1018, p. 1039, 1981.

Stone e Devenney[67] referem que a expressão "contrato relacional" foi cunhada por Macneil[68] para expressar a ideia de que a percepção tradicional de contrato, instantâneo e autocontido, não dava conta de expressar compromissos duradouros no tempo, como o contrato de trabalho. O termo "relacional" foi usado por Macneil de duas maneiras, vinculadas entre si. Primeiramente, referindo-se ao fato de que todos os contratos ocorrem no contexto da sociedade (*social matrix*), que compreende os sistemas compartilhados de comunicação, ordem legal, instâncias de cumprimento coativo (*enforcement*) e monetário. Ao oferecer uma nota de dez dólares em troca de gasolina, o comprador está se valendo de sistemas predeterminados de trocas, dinheiro, linguagem e valor. O segundo uso do termo "relacional" refere-se ao fato de que muitos contratos envolvem uma relação continuada entre as partes, a afetar o modo como esse contrato opera, como o contrato de fornecimento de insumos ao longo do tempo, de construção ou de aluguel. A compra de gasolina em um posto não será puramente instantânea se o pagamento for feito por meio de cheque, a ser compensado posteriormente, ou se o comprador escolheu esse posto porque pretende usar um cartão de fidelização, nesses passos indo ao encontro do contrato mais como relação. Para os contratos relacionais, as obrigações recíprocas se modificarão, por vezes tacitamente, ao longo do tempo, em resposta às mudanças de circunstâncias – um contrato de construção deverá ser moldado para responder às condições meteorológicas, ou de falta de material, assim como o contrato de trabalho será alterado para adaptar horários e tarefas às necessidades da demanda.

Para Macneil, se tribunais forem chamados a resolver contratos relacionais, irão aplicar a teoria clássica, buscando deixar intactos os princípios gerais do contrato inicialmente estabelecido, o que, na realidade, servirá para miná-los, enfraquecendo, em lugar de prestigiar, a manifestação real, atualizada e reedificada, das partes. Há um problema de "apresentação" (*presentation*), gerado pela teoria clássica do contrato, que entende que todos os aspectos do contrato devem ser determinados ao tempo de sua formação, de modo que problemas futuros poderiam ser compreendidos simplesmente desvendando-se o que

---

[67] STONE, Richard; DEVENNEY, James. The Modern law of Contract. 11. ed. New York: Rutledge, 2015, p. 13.

[68] Dentre outros artigos, v. MACNEIL, Ian. The Many Features of Contract. *Southern California Law Review*, v. 47, 1974, p. 691-815.

as partes concordaram inicialmente. Essa "apresentação" funciona de forma mais ou menos eficiente em contratos instantâneos, porém, na proporção em que o concerto entre as partes se torna mais e mais relacional ou protraído no tempo, menor a probabilidade de que a mera consulta aos termos inicialmente grafados possa prover respostas satisfatórias. Cortes buscam preservar o mito da "apresentação" por meio do uso de "termos implícitos", sem cogitar de melhor resposta.

Eric Posner[69] sintetiza as três principais soluções doutrinárias propostas para esses impasses da jurisdição contratual. Macneil desenvolveu originalmente resposta ambiciosa, a de que o juiz deveria desvendar quais seriam as efetivas normas vigentes na relação contratual, as cláusulas que emergiram, ao longo do tempo, do comportamento dos contratantes, para além das inicialmente escritas, aplicando-se-as aos litígios. Goetze e Scott, por sua vez, prossegue Posner, defendem que adjudicadores devem preencher as lacunas com quaisquer termos que possam maximizar o valor da relação contratual para os contratantes, inclusive fixando danos com base no valor de mercado daquela prestação. Porém, nem sempre o mercado poderá prover informações, porque acordos foram modificados pelas partes ao longo do tempo e investimentos específicos foram feitos – e, se uma das partes realizou investimentos que somente atendem àquela específica relação contratual, como os investimentos de um fabricante para a manufatura de item exclusivo, e a contraparte, posteriormente, se recusa a adimplir, o fato de o mercado, nesse período, ter desenvolvido um substituto mais barato, será irrelevante para a estipulação dos danos daquela específica relação.

A terceira proposta para a atuação das cortes, apresentada por Schwartz, é a da aplicação literal e passiva dos termos contratuais pelo juiz. Se um vendedor estiver obrigado contratualmente a prover determinado bem ao comprador ao preço Y, as alterações de mercado desse preço não devem afetar a estipulação inicial, e a obrigação deve ser cumprida nos termos em que estabelecida. Afinal, as partes, apesar de tudo, sabiam que as condições poderiam mudar e, contando com as informações privadas, aceitaram contratar. Nesse contexto, adjudicadores não têm condições de proceder a reavaliações corretas, e a alteração do pactuado irá produzir prováveis erros. É verdade que a aplicação

---

[69] POSNER, Eric. A Theory of Contract Law..., p. 4-5.

literal do clausulado pode produzir os equívocos antes levantados, afastando hipotéticos termos de maximização do valor do compromisso firmado, mas tais erros seriam, ao menos, previsíveis, ao contrário daqueles decorrentes do suprimento da vontade hipotética. Essa previsibilidade provê incentivos, prossegue Schwartz, à *renegociação*, quando finalmente eventos se concretizem. Também, contratantes irão escolher termos baseados em informações que acreditem que o juiz terá condições de verificar – como os preços de mercado – em detrimento daquelas informações que, apesar de mais relevantes, serão de difícil verificação pelo juiz – como o custo efetivo para o vendedor e a real demanda do comprador. Enfim, cláusulas são instruções ao juiz, talhadas com vistas às suas possibilidades de verificação, e tentativas de estabelecer o que posteriormente emergiu serão infrutíferas e mais nocivas. Todavia, a renegociação, como medida *ex post*, poderá não resultar, já que o contratante que teve sua posição vulnerabilizada pelos eventos em sucessão ficará à mercê da parte cuja posição restou favorecida. Aquele que realizou investimentos específicos ficará sujeito ao descumprimento contratual pela contraparte, truncando os termos em que se dará a renegociação.

Não olvidar de outras intrincadas sugestões, que emergem da teoria dos jogos, envolvendo o desenho de *mecanismos de revelação*, no afã de que o instrumento contratual possa desenhar incentivos para que ambas as partes revelem as informações reais que lhe forem desfavoráveis. Neste sentido, apenas para que se ilustre o que consistiriam tais mecanismos, mencione-se o exemplo de Hermann et al.[70] Tenha-se em mente que cláusulas podem determinar que as partes, simultaneamente, enviem a um supervisor externo mensagem sobre as variáveis que elas possam observar, quais sejam, seus respectivos custos para realizar determinada tarefa[71]. Suponha-se que incumbe a realização da tarefa ao contratante que puder desempenhá-la ao menor custo, que uma parte não possa observar os custos da outra, e que ambas objetivem se esquivar da tarefa. Se as duas partes anunciarem, simultaneamente, custo idêntico, decide-se pela sorte quem irá realizar a tarefa; caso anunciem valores distintos, então a parte que revelar menor custo a realizará, mas será remunerada com base

---

[70] HERMANN et al., obra citada p. 34-39.
[71] Até aqui, o mecanismo é semelhante ao da apresentação de lances ou propostas conforme a Lei de Licitações Públicas (v. Lei 8.666/93 e outras).

no custo anunciado pela outra parte, mais vultoso, dividido por dois (já que o financiamento da tarefa será coberto pelos dois contratantes). Desse modo, como o contratante que mais falsear terá que arcar com o *custo excessivo*, ambas as partes terão incentivos para revelar a informação verdadeira, ou seja, os custos reais da tarefa, dadas as regras preestabelecidas pelo mecanismo contratual. Variação do exemplo seria a transformação desse desenho em um contrato de opção, tendo a parte a escolha de assumir a tarefa mediante a paga do custo trazido pela outra, dividido por dois.

Na realidade das interações pactuais, no entanto, soluções complexas e intrincadas como essas acabam por não ser negociadas e adotadas pelas partes. Os termos ótimos de pactuação prevendo mecanismo de jogos podem se apresentar como soluções demasiado complexas para pessoas reais solverem.[72]

Uma quinta vertente advoga que a resolução de controvérsias pelo juiz somente será acertada randomicamente, de forma aleatória, não havendo o que possa torná-la suficientemente precisa. Para Eric Posner, o juiz é radicalmente incapaz de desvendar as intenções iniciais dos contratantes em reação a circunstâncias futuras que redefinam a relação contratual. Para ele, sequer a função de interpretação literal do pacto, como quer Schwartz, lhe pode ser assinalada, dada a *radical incompetência*[73] que exsurge da insuperável assimetria informativa que ronda a relação contratual. Em suma, não se consegue saber qual das partes inadimpliu, e sequer se a quebra contratual efetivamente ocorreu. Contarão as partes, é verdade, com o cumprimento voluntário ou espontâneo do contrato, precedido pela formação de laços negociais baseados na obediência à tradição, à preservação da reputação, à escolha de contratantes conforme fatores étnicos e às conexões familiares, bem como em outros elementos de regulação não legal. A força da adjudicação de conflitos, no entanto, repousa menos no grau de acerto do julgamento do que por constituir o acesso às instâncias de adjudicação uma espécie de "ameaça", um dispositivo de *reforço de compromisso (commitment device)*[74], em que ambas as partes, a que

---

[72] EGGLESTON, Karen; POSNER, Eric; ZECKHAUSER, Richard. Simplicity and Complexity in Contractsalidade do produto (v. HERMANN ahool, de, ensaiando vado das assimetrias informacionaisbalho -. *Harvard Law School John M. Olin Program in Law and Economics*, n. 93, Jan/2000.

[73] POSNER, Eric. A Theory of Contract Law..., p. 7.

[74] POSNER, Eric. A Theory of Contract Law..., p. 13/14.

CONTRATOS RELACIONAIS, INFORMAÇÃO E RESOLUÇÃO DE LITÍGIOS

quebrou o pacto e a que foi vitimada, se lançam a igual perigo, o de se submeter aos custos do litígio, abrangidos os reputacionais e os de incerteza, além dos custos de eventual cumprimento coativo, ainda que equivocadamente determinado. Dessa forma, a "ameaça" de instauração de procedimento de resolução de conflitos provê incentivos para a *performance*, os quais acabam superando os benefícios da quebra contratual, estando nas mãos de uma das partes a decisão – ou *"retaliação"* – de convocar a intervenção do aparato coativo estatal,[75] ainda que o resultado da resolução de disputa seja aleatório, vale dizer, submetendo ambas as partes às custas e aos riscos do litígio.[76]

Por outro lado, não se pode olvidar que o conteúdo do pactuado, a estipulação mesma das contraprestações às partes, é grandemente concebido tendo como escopo não o desejo finalístico das partes em si, ou o bem da vida buscado pelos contratantes, mas sim a melhor divisão de risco. Vale dizer, prestações contratuais são vistas como a possível distribuição de incentivos para o melhor cumprimento, em ambiente de assimetria informativa e incertezas. Como exemplo teríamos os contratos de seguro de automóveis, nos quais a necessidade de pagamento de franquia pelo segurado acaba por ajudar a evitar a condução negligente dos veículos – por motoristas que não irão precisar arcar, eles mesmos, com o pagamento de indenizações, por terem aderido ao seguro – que as seguradoras não têm como monitorar. Neste sentido, Bengt Holmström e Oliver Hart venceram o prêmio Nobel de Economia de 2016 por suas contribuições à Teoria dos Contratos[77].

Para finalizar, como expõe Araújo,[78] a baixa expectativa quanto à precisão do julgamento pode gerar um *esvaziamento* do sistema de heterodisciplina, ou que as partes tentem, a determinado custo, programar a fuga da adjudicação. Se uma das funções da disciplina jurídica do contrato, como salienta o autor, é a de expressar reação à diversidade de motivações psicológicas dos

---

[73] Ainda que seja para prover o cumprimento forçado de decisão arbitral.

[76] Eric Posner, metaforicamente, compara a intervenção judicial à ação parental, em que os pais punem ambas as crianças que estão brigando ao invés de punir somente a que iniciou a disputa; ou à figura histórica do duelo, em que duelistas tinham o 'direito' de solver suas disputas segundo regras pré-determinadas (local, distância entre duelistas, armas utilizadas, existência de um 'árbitro'), cujo resultado independia de quem tivesse sido o culpado pela controvérsia.

[77] V. nota 11.

[78] ARAÚJO, obra citada, p. 122-123.

contratantes e estabelecer uma *grelha de inteligibilidade* que resulte em maior uniformidade e previsibilidade, mitigando-se sobressaltos, os erros no desenho das regras redundarão em "uma ineficiência dinâmica de longo prazo, especificamente no desincentivo à contratação... (não patológica), e assim na redução do volume contratual, na diminuição das trocas, com perdas absolutas de bem-estar". Os erros de adjudicação, ao integrar a heterodisciplina do contrato, estão sujeitos a endereçar tais desincentivos à contratação, portanto – menos contratos serão entabulados por temor do descumprimento impune ocasionado pelas assimetrias informacionais.

Antecipadas as dificuldades e os custos derivados do envolvimento de um terceiro neutro na relação contratual, partes podem procurar se refugiar da própria necessidade de recorrer ao juiz, ou dele reduzir sua dependência, buscando construir antecipadamente tais mecanismos de fuga, como fazem ao estipular a liquidação de valores de danos, antecipando essa liquidação no clausulado.

Por essas sendas, vão-se edificando concepções sobre a competência adjudicatória em contratos, como aqui exemplificado, cabendo frisar que os pontos de vista oscilam dos mais confiantes quanto às aptidões do terceiro neutro (Macneil) às mais incrédulas (Eric Posner). Como se vê, as teorizações apresentadas ainda não solucionam de forma potente os percalços que assomam – porém têm o mérito de postar-se frente à dificuldade, ensaiando soluções em destemido debate.

Mensagem final

Após exemplificativo sobrevoo sobre os múltiplos *insights* que emergem do focar a intersecção entre contrato, adjudicação e informação, mais do que estabelecer conclusões, almeja-se o *despertar* da atenção da comunidade jurídica nacional sobre o tema.

A assimetria informativa, realidade inafastável, exerce fortes influências nas relações jurídicas, abalando as partes e também a atuação do terceiro neutro designado a resolver o litígio. Nuances que dela advêm merecem o debruçar das ciências jurídicas, permitindo concepções e soluções mais realistas para pelos diversos serviços de resolução de conflitos,

CONTRATOS RELACIONAIS, INFORMAÇÃO E RESOLUÇÃO DE LITÍGIOS

fomentando e facilitando as transações contratuais, fontes de riqueza e bem-estar social.

Fique dito que nem por isso se esperam aptidões sobre-humanas de partes, advogados e adjudicadores, mas sim que contribuam para a maximização da utilidade privada e social tanto dos contratos quanto dos julgamentos. Afinal, nos dizeres de Araújo[79], dificuldades inerentes à informação "não significam o colapso da relação contratual", mesmo que lhe possam diminuir a eficiência.

---

[79] ARAÚJO, obra citada, p. 673.

A Teoria do Patrimônio Mínimo Versus o Superendividamento: análise jurídico-econômica sobre o acesso a bens e a serviços no mercado no Brasil

Ivan Guimarães Pompeu [1] e Renata Guimarães Pompeu [2]

Considerações Iniciais

O presente trabalho se propôs a realizar uma abordagem jurídico-econômica da denominada teoria do patrimônio mínimo, contextualizando-a sob a perspectiva do acesso a bens e serviços no mercado de consumo e sua tensão com o *status* de superendividamento em que hoje se encontra uma significativa parcela[3] da população brasileira. A pergunta tema consistiria assim em in-

---

[1] Bacharel em Direito pela Faculdade de Direito da Fundação Mineira de Educação e Cultura e em Administração - habilitação em Comércio Exterior - pela Faculdade de Ciências Gerenciais da UNA. Tem especialização em Direito de Empresa pelo Centro de Atualização em Direito (CAD) em parceria com a Universidade Gama Filho. É mestre e Doutorando em Direito Privado pela Pontifícia Universidade Católica de Minas Gerais

[2] Professora adjunta de Direito Civil da Faculdade de Direito da Universidade Federal de Minas Gerais. Doutora em Direito Privado pela Pontifícia Universidade Católica de Minas Gerais e Mestre em Direito Civil pela Universidade Federal de Minas Gerais

[3] De acordo com pesquisa divulgada pela Confederação Nacional do Comércio (CNC), atualmente, 59,4% de um total de 17,8 mil famílias entrevistadas estão endividadas. Desse percentual, 22% estão com contas em atraso e 7,9% alegam que não terão como quitar suas

vestigar se existe verdadeiramente uma tensão entre as realidades e, em caso positivo, que contribuições podem ser oferecidas em termos de possibilidade de acesso a bens e serviços de maneira eficiente.

A modelagem metodológica a ser apresentada parte, portanto, de um recorte histórico construído a partir do modelo jurídico-econômico liberal, passando pelo modelo social, para desaguar no que se pretende como um Estado Democrático de Direito, sugerindo a releitura das visões liberais e sociais, de modo que a garantia de um patrimônio mínimo ao individuo seja concebida à luz da dignidade humana, reconhecendo que uma das projeções da noção de dignidade está em se evitar a realidade do superendividamento, pois somente assim se realizaria efetivamente a inserção social, política, econômica e cultural dos indivíduos e não uma pseudo possibilidade de acesso a bens com a nefasta consequência de uma eterna dívida que lhe impossibilita a efetiva fruição do que foi conquistado.

Nessa ótica, a estruturação de alguns clássicos institutos de direito privado, em especial o contrato, que sob a percepção liberal se destinavam à satisfação essencial de interesses econômicos do indivíduo, desarticulados de preocupação com qualquer mínimo necessário, estão presentemente obrigados a cumprir o valor constitucional da dignidade, repaginando então a concepção jurídica de patrimônio. E, em razão do obsessivo fomento de uma vida para consumo[4], com os bens transformados em supostos instrumentos de realização da dignidade de seus titulares, parece ter se tornado necessário o reposicionamento da pessoa humana no interior do ordenamento.

A clássica noção do modelo jurídico mais concentrado em premissas patrimoniais teria tido o lugar de prioridade dividido com aspectos de natureza existencial, em uma verdadeira tentativa de defesa do indivíduo enquanto pessoa, no interior de uma sociedade de consumo em que se valoriza essencialmente o crédito.

---

dívidas. (http://www.cnc.org.br/noticias/economia/peic-dividas-caem-mas-inadimplencia--aumenta-em-julho - acesso em 17 de agosto de 2015)

[4] Bauman registra a existência de uma "força propulsora e operativa da sociedade" que desempenha um papel fundamental nos "(...) processos de auto identificação individual e de grupo". O autor destaca a diferença de uma ocupação ou forma de atuação humana que é o consumo para um atributo de toda a sociedade que é o consumismo ou uma vida para o consumo. (BAUMAN, 2008, p. 41)

Essa é a tensão paradoxal que mobilizou o trabalho, já que a dignidade se tornou valor fundamente constitucional em razão, dentre outras, de uma ordem econômica conduzida pela necessidade de circulação de crédito e pela aquisição não refletida de bens, contexto que, ao invés de garantir a inclusão pensada pela teoria do mínimo existencial, tem gerado a realidade opressora do superendividamento.

A noção moderna do valor da dignidade direciona-se ao centro hermenêutico para validar uma leitura jurídica que pretende impulsionar o indivíduo sobre o patrimônio, objeto este que passa à condição de instrumento do desenvolvimento humano. E nessa perspectiva de promoção da dignidade como núcleo central do ordenamento, a existência de um mínimo existencial apresenta-se como a outra face da moeda. A tutela jurídica da dignidade se apresenta como o valor a ser promovido pela construção e preservação de um patrimônio mínimo capaz de torna-la efetiva frente aos anseios sociais.

E nessa compreensão de um patrimônio mínimo garantido aos indivíduos, atendendo às necessidades básicas, parece razoável esperar que esses cidadãos efetivamente tenham acesso a tais bens. Portanto, diante de um cenário jurídico de inversão da ordem de valores, denominado por alguns de despatrimonialização e repersonalização das relações jurídicas em oposição ao cenário econômico da sociedade de consumo que fomenta o crédito irrefletido, a concepção do patrimônio mínimo, como ferramenta de promoção da dignidade, remete à reflexão do papel do Estado na promoção e na proteção de algum patrimônio para permitir a inclusão dos indivíduos e possibilitar a eles algum caminho para a condição efetiva de cidadão.

Porém, a ressalva econômica dessa equação, ainda que se tenha como fim a produção da dignidade do indivíduo, é o fato de não poder desarticular a construção do patrimônio mínimo de uma visão eficiente de operação dos institutos jurídicos, na geração de benefícios e redução de custos coletivos. A promoção da dignidade, ainda que fim, não deve atropelar a funcionalidade do patrimônio. A pretensão de que o "ser" deve ocupar o centro de referencias e preocupações do Direito com a proteção de um patrimônio mínimo não pode negligenciar uma realidade que lhe é inteiramente contrária que é o superendividamento dos indivíduos em nome da realização de um suposto bem-estar sem fim.

E a busca por essa ideologia de bem-estar parece gerar, em contrapartida, não a realização do que se pretende como promoção de dignidade e inserção social, já que mantém indivíduos em condição de dependência em razão do superendividamento. Assim, para que se possa falar em mínimo existencial como forma efetiva de promoção da dignidade humana, e apesar do Estado manter sua relação de dependência com a iniciativa privada, parece ser cada vez mais obrigatória a criação de políticas que possam coibir o superendividamento, caso contrário falar em promoção de dignidade seria apenas mero instrumento de retórica.

1. Contexto Histórico-Econômico da Teoria Sobre o Patrimônio Mínimo

A abordagem proposta inicia-se a partir de um recorte histórico sobre os fundamentos do Direito Privado tradicionalmente considerados sob uma concepção liberal, com o propósito de contextualizar o patrimônio mínimo e possibilitar uma leitura do problema investigado.

O Estado Liberal, cujo marco histórico mais expressivo teria sido da Revolução Francesa[5], se situaria no periodo compreendido entre o fim do século XVIII e a metade do secúlo XIX, representando a ascensão da burguesia que se pretendia livre das "amarras" do Esstado Absolutista, afirmando valores como a liberdade, em respeito à esfera privada.

O panorama jurídico de Direito Privado foi construído a partir do afastamento do dogma estatal absolutista, para se propor à valoração da liberdade, da individualidade, da igualdade formal e do patrimônio, valores estes também afirmados pela Economia. Refletia assim os ideais de um sistema capitalista, essencialmente ilustrado pelo liberalismo econômico proposto por Adam Smith que afirmava a exarcebação do setor privado, onde o patrimônio consistia em um fim econômico, sem inferições mais complexas sobre os seus desdobramentos como forma de realização da identidade dos sujeitos de direito na sociedade.

---

[5] Evidentemente que não se pode precisar os períodos históricos, nem aqui si propõe a isso. Portanto, a indicação de fatos e datas visam tão somente elucidar o contorno histórico proposto, facilitando a compreensão do leitor.

A TEORIA DO PATRIMÔNIO MÍNIMO VERSUS O SUPERENDIVIDAMENTO: ...

Dentre os objetivos estruturados pelo Estado Liberal portanto, amparado por uma burguesia emergente e extenuada pela relação com a monarquia, identificava a proposta do distanciamento do Estado das relações privadas, priorizando o exercício pleno da autonomia da vontade como recurso para o desenvolvimento do patrimonio particular, sem preocupação com aspectos relacionados aos bens jurídicos da personalidade e, em úlitma instância, com a dignidade do indivíduo, já que ela se promoveria pelo acúmulo de patrimônio.

A crença liberal era na expressão livre de vontade das partes que impunha o cumprimento das obrigaões pactuadas (*pacta sunt servanda*), cabendo ao Estado apenas garantir o respeito a esses acordos livrementes formulados. O modelo adotado era avesso a interferência judicial no que fora livremente pactuado, valorizava-se a iniciativa privada e a liberdade jurídico-econômica sem deter-se propriamente sobre a proteção do indivíduo, mas apenas legitimar sua participação nos negócios promovendo a mais eficiente circulação de riquezas.

E como traço marcante desse momento histórico, a codificação representou a possibilidade de validação destes ideais liberais, pois por meio do ordenamento jurídico positivado pretendia-se sacramentar a proteção das relações privadas, especialmente a defesa da construção plena do patrimônio, o exercício da iniciativa privada e da autonomia da vontade, notadamente em sua versão negocial.

A consolidação do pensamento liberal, predominando uma ideologia patrimonialista, sugere como sua herança jurídico-normativa as premissas estabelecidas pelo Código Civil Napoleônico de 1804 cujo "tom (dc tal código) era individualista e patrimonialista: o principal escopo era tutela e proteger os direitos dos proprietários" (FACHIN, 2006, p. 110).

E esse movimento de codificação do século XIX iniciado na Europa no século XVIII, repercutiu no Brasil por meio da elaboração do Código Civil de 1916, que procurou traduzir os valores típicos do Estado Liberal. A aplicação de um Código com esta natureza jurídico-econômica, em pleno século XX, ou seja, com os valores típicos das concepeções do liberalismo, acabou por criar distorções na realidade de desenvolvimento do patrimônio.

O Código Civil de 1916 refletia o pensamento jurídico-econômico liberal ancorando o exercício da autonomia neogocial, da propriedade e da construção da família também por meio da transferência de patrimônio, caracterizando-se como norma exclusiva de regulação das relações privadas, sem problematizar questões de natureza existencial relacionadas a esse cenário patrimonialista.

Parece possível afirmar que o Código Civil de 1916 era, na verdade, um meio legal de garantia apenas daqueles indivíduos detentores da possibilidade de serem efetivamente *players* do jogo jurídico-econômico existente. Os verdadeiros atores do mundo jurídico seriam assim apenas os participantes da circulação de riquezas que se posicionavam contra as intervenções e ingerências estatais para afirmar o livre mercado. Neste contexto então, não havia garantia da ideia de patrimônio mínimo do cidadão voltado à preocupação da promoção da dignidade dos indivíduos, já que o *pacta sunt servanda* e a autonomia da vontade em seu âmbito negocial se apresentavam como as principais diretrizes normativas. A ideologia liberal se dedicava ao patrimônio, fomentando o acúmulo e a transferência de riquezas, "impedindo a efetiva valorização da dignidade humana, o respeito à justiça distributiva e à igualdade material ou substancial" (RAMOS, 1998, p. 5).

Contudo, a partir da revolução industrial, que desencadeou uma ruptura na metodologia de produção manufaturada para passar a construção de uma filosofia de produção em larga escala, teria se implantado, gradativamente, um cenário cada vez mais demarcado de desigualdade entre as classes sociais em razão de bens de produção que pudessem ser por elas adquiridos. O desenvolvimento mercadológico, marcado por políticas econômicas e novas técnicas produtivas, colocou determinadas classes sociais à margem desse processo ou apenas como uma espécie de instrumento para esse processo. A atividade empresária que se estruturava cada vez mais robusta e economicamente estabelecida passou a gerar uma grande quantidade de bens no mercado, ignorando preocupações sobre o consumo consciente dos bens fabricados.

O crescimento do processo industrial marca uma realidade socioeconômica relevantíssima para o Direito, pois a tutela jurídica passa a ter que articular essa produção em massa de bens e a necessidade de inserção dos indivíduos de todas as classes sociais no mercado de acesso a esses bens, desde que a premissa principal fosse o reconhecimento do patrimônio a serviço da construção da "identidade" desse cidadão.

A partir dessa crítica à ideologia operacional do pensamento liberal, pautada por uma suposta insuficiência do Estado em lidar com as questões sociais, ou seja, com "a imensa pobreza e injustiças sociais derivadas do êxodo rural, da concentração populacional das cidades e da revolução industrial" (TIMM, 2008, p. 30), abriu-se caminho para o desenvolvimento de um modelo operacional de Estado denominado de Bem-Estar Social (*Welfare Sate*), com metodologia intervencionista e, por muitas vezes, extremamente paternalista. O Estado, que sob a ética liberal, destinava-se a assegurar o respeito à liberdade e às escolhas individuais passa a desempenhar um papel interventor das relações sociais e mercantis como mecanismo de proteção da qualidade e da dignidade da vida humana, criando algumas possibilidades de inserção das populações excluídas naquela realidade de um patrimônio mínimo.

Em outras palavras, o Estado passou a atuar de modo mais protetor de forma a tentar incluir ou promover melhorias em áreas que dissessem respeito a toda coletividade. O eixo hermenêutico do Direito Privado, que ao longo da existência do Código Civil de 1916 pautava-se na valorização patrimonial, a partir do valor constitucional da dignidade, passou a centrar-se no desenvolvimento da pessoa a partir de bens jurídicos intangíveis como os da personalidade[6]. O paradigma liberal mais concentrado em transferência patrimonial como forma relevante de promoção da identidade se reestruturou para também afirmar a preocupação com "(...) a pessoa humana, o desenvolvimento de sua personalidade, o elemento finalístico da proteção estatal, para cuja realização devem convergir todas as normas de direito positivo" (TEPEDINO, 2001, p. 328).

O Estado Bem Estar Social se propôs a tutelar a dignidade sob uma perspectiva existencial, como centro convergente das normas jurídicas. O indivíduo e a formação de sua identidade a partir dos bens jurídicos da personalidade se reafirmam como a fonte orientadora de todo o arcabouço do sistema jurídico. Vislumbra-se, desse modo, a estruturação de uma ideologia mais

---

[6] Exemplificado, nos termos dos artigos 5º, XXIII, e 170, III, da Constituição Federal (repetida no art. 1.228, § 1º, do Código Civil de 2002), a propriedade deixa de ser um instituto com fim em si mesmo, ícone da valorização patrimonial, para ser concebida a partir de sua *função social*. no sentido de servir como instrumento para satisfação dos interesses da personalidade humana. A título de ilustração, é com fulcro na dignidade da pessoa humana que a Constituição, ao longo do seu corpo, elenca princípios que tutelam a prestação de alimentos (arts. 5º, LXVII, e 229), a saúde (arts 194 e 196), a ciência e tecnologia (art. 218), o patrimônio genético (art. 225, § 1º, II), os deficientes físicos (arts. 203, IV, e 227, § 1º, II), o nascituro, a criança e o adolescente (art. 227) e o idoso (art. 230).

preocupada como valores existenciais que promoveriam a dignidade humana. O Direito tem papel fundamental, pois servirá como instrumento na tutela do valor constitucional moldado pela premissa existencial, que se proporá não apenas garantir a existência do cidadão, mas, especialmente, assegurar-lhe o direito de viver dignamente.

Nessa perspectiva, há um avanço no tratamento do instituto jurídico do *patrimônio*, que deve deixar de ser o núcleo essencial de formação da identidade jurídica do seu titular (vinculação que outrora era feita como forma de estampar a autonomia do indivíduo frente ao Estado) e voltar-se, na verdade, para a implementação das necessidades e interesses existenciais da pessoa humana tornando o patrimônio propriamente dito um instrumento ou meio da realização eficaz destas necessidades, sendo este inclusive o ponto nuclear da teoria do patrimônio mínimo.

2. O Pressuposto do Patrimônio Mínimo a Partir do Valor Constitucional da Dignidade Humana

A concepção e tutela jurídica do patrimônio propriamente dito sofreu significativa alteração, deslocando-se de uma perspectiva tradicionalmente liberal que priorizava essencialmente a proteção da propriedade propriamente dita e sua transferência entre os sujeitos, em especial aqueles com ligações familiares legítimas, do que a proteção aos aspectos de ordem existencial. Nota-se que o patrimônio tratado como instituto em prol de si mesmo, desarticulado de um propósito personalíssimo, passa a ser positivado com uma conotação voltada a promoção da essência humana. O Direito Privado tradicionalmente direcionado para a satisfação dos interesses patrimoniais teve que ser remodelado como proposta para a reconstrução de seus institutos clássicos a partir do indivíduo, em atenção à promoção do valor constitucional da dignidade em razão da forte desigualdade existente, em especial pela ordem econômica que vinha se construindo com a ajuda da Revolução Industrial.

Pretende-se então um Direito Civil que articule bens e o patrimônio em si mesmo como formas instrumentais para realização da dignidade dos seus titulares. Desse modo, o patrimônio deve servir às pessoas e, portanto, as situações subjetivas patrimoniais se propõem a ser funcionalizadas em razão da dignidade.

Todavia, é importante advertir que estabelecer o significado de dignidade constitui tarefa árdua, considerando se tratar de termo complexo, de significados múltiplos que não comporta compartimentação. Não parece existir uma definição objetiva como se gostaria e, acima de tudo, universal para a dignidade da pessoa. Apesar da importância do conceito da dignidade, sua indeterminação e complexidade são traços marcantes. Porém, como ponto provisório de suporte conceitual para a orientação de determinados institutos, como sugere Richard Sennett (SENNETT, 2004) a dignidade de alguém pode ser percebida em razão dos cuidados daquela pessoa consigo mesma, mas também, e igualmente importante, por meio dos cuidados daquela pessoa em relação aos outros. Assim, para se saber se um projeto ou instituto promoveria a dignidade ou não, seria relevante argumentar um ponto de benefício individual, mas também de benefício coletivo.

Portanto, trata-se de uma categoria axiológica complexa e aberta, que não pode ser fixada de modo definitivo, porque precisa ser permanentemente construída pela dinâmica das situações concretas e a partir de uma hermenêutica jurídica consistente. É dinâmica em sua essência. Em seu contorno a dignidade pode ser interpretada como instrumento de inclusão, de consideração das diferenças que envolvem os indivíduos, priorizando-se a perspectiva da solidariedade e do interesse coletivo. E mesmo se houvesse um conceito universal de dignidade, isso não evitaria conflitos práticos, quando da avaliação de um caso concreto. Portanto, a necessidade de segurança jurídica indica a busca de uma definição aberta e, minimamente objetiva, de dignidade da pessoa humana.

Para José Afonso da Silva "(...) a dignidade da pessoa humana é um valor supremo que atrai o conteúdo de todos os direitos fundamentais do homem, desde o direito à vida". (SILVA, 1998, p. 41).

E esse parece ser o desafio de Estado Democrático de Direito, superar certo paternalismo do Estado Social e compreender a dignidade como valor constitucional que deve ser efetivado considerando o interesse individual do sujeito, bem como esse sujeito inserido nos planos econômico ou social nos quais a dignidade também se projeta. É nesse sentido que a Constituição da República descreve as diversas dimensões do princípio da dignidade,

ESTUDOS SOBRE NEGÓCIOS E CONTRATOS

especialmente em seu art. 170, ao determinar que a ordem econômica garanta a todos uma existência digna e, em seu art. 193, ao exigir que a ordem social tenha como objetivos o bem-estar e a justiça social.

O conteúdo jurídico da dignidade, portanto, se relaciona com os direitos fundamentais e da personalidade. Não reconhecer e proteger os direitos fundamentais em todas as suas gerações é negar-lhe a própria dignidade, já que o valor jurídico da dignidade é que o foi ordenado como diretriz para permear os institutos jurídicos e todos os seus desdobramentos.

A dignidade então apresenta- se como valor jurídico que por suas características essenciais impede qualquer ato de disposição, representando também um importante limite à atuação do Estado e da comunidade. Além disso, sugere-se o reconhecimento normativo da dignidade por parte da comunidade e do Estado para que seu titular possa desenvolvê-la conforme os projetos individuais que melhor lhe convierem. Ao Estado cumprirá não somente respeitar a dignidade, diante do limite imposto a sua atuação, mas também proverá as condições para o indivíduo possa desenvolver e construir sua identidade dignamente.

O Estado, nessa concepção, existe em função da pessoa humana e o indivíduo constitui a finalidade precípua e não o meio da atividade estatal. O valor fundamental da dignidade que consagrou a idéia de que todo ser humano – pela simples condição biológica e independentemente de qualquer outra circunstância – deve ser reconhecido como sujeito de direito titular de bens jurídicos a serem respeitados e promovidos pelo Estado. Ao Estado é reservado o papel de adotar políticas públicas inclusivas, que possibilite aos sujeitos de direito serem parte ativa no processo socioeconômico e autores da história política que a coletividade eleja como trajetória humana.

A dignidade descreve, assim, uma realidade complexa, refletida sobre a ordem jurídica, que se inicia pela promoção com atuação efetiva do Estado de condições mínimas para os bens jurídicos relacionados à educação, saúde, moradia e alimentação. Além disso, a dignidade se promoveria pela proteção e pelo desenvolvimento da liberdade em suas variadas manifestações – de iniciativa, de expressão, de associação, de crença, etc. –, permitindo a construção da autonomia individual com a consequente participação política do indivíduo, gerando o reconhecimento da legitimidade de um patrimônio mínimo que possa permitir a efetiva inclusão social. E uma das formas de se

A TEORIA DO PATRIMÔNIO MÍNIMO VERSUS O SUPERENDIVIDAMENTO: ...

evitar a dignidade como um valor constitucional meramente retórico foi a construção de dispositivos legais articulados ao pressuposto teórico do patrimônio mínimo legitimando o reconhecimento de um núcleo mínimo de bens que a concretizariam.

O valor da dignidade da pessoa humana justificaria assim um mínimo necessário ao indivíduo tão somente pelo fato do reconhecimento prévio dos bens jurídicos da personalidade inerentes e absolutos aos sujeitos de direito, os quais devem ter, igualmente assegurada, uma vida patrimonialmente digna.

3. O Acesso a Bens e Serviços como Expressão do Patrimônio Mínimo

A noção de patrimônio, assim como sua funcionalidade, transforma-se a partir da compreensão da dignidade como valor fundamental, justificando a concepção de um patrimônio mínimo, necessário a manutenção e, principalmente, à promoção da dignidade, cabendo ao Estado em parceria com os próprios sujeitos de direito, utilizar-se do ordenamento jurídico e de medidas executivas, para assegurá-lo. O propósito se apresenta na construção e configuração de um patrimônio mínimo que se caracterize essencialmente pela proteção aos bens jurídicos de natureza existencial e por meio da proteção daqueles bens jurídicos de natureza material que outrora configuravam isoladamente a noção de patrimônio.

Este patrimônio essencial corresponde àquela parcela de bens imprescindíveis ao sustento do indivíduo e dos sujeitos sobre sua "guarda", ou seja, seu núcleo familiar. Trata-se de um patrimônio mínimo indispensável a uma vida digna, em relação ao qual não pode ser desapossado. Esta tese fundamenta-se no princípio constitucional da dignidade e de uma hermenêutica crítica e construtiva da codificação civil moderna. A noção de patrimônio mínimo, portanto, diz respeito à posse de bens materiais que garantam a existência da pessoa humana a partir de um projeto de vida digno. Fachin o identifica como um mínimo existencial, cuja função é resguardar e preservar a dignidade, a qual se encontra no núcleo dos direitos fundamentais. (FACHIN, 2002).

Este acervo patrimonial mínimo não deve significar o menor patrimônio possível, assim como não pode ser colocado em situação de igualdade com um critério máximo. Mínimo e máximo, longe de categorias estanques, se manifestam conforme variação fenomênica que se formula cotidianamente.

A teoria jurídica sobre esse "acervo" mínimo parte da noção clássica de patrimônio, e não afasta o caráter material propriamente dito das relações jurídicas privadas, já que não se propõe a atacar a propriedade privada e o direito creditício. Ao proteger um núcleo patrimonial mínimo pretende-se promover a inclusão especialmente de determinado grupo de pessoas que não participavam ativamente do mundo público, no sentido clássico que o Direito concebia. Propor o reconhecimento do um patrimônio mínimo significa apenas a redefinição, releitura ou adaptação dos institutos de Direito Civil de forma a dar conteúdo objetivo ao valor constitucional da dignidade.

Como situações jurídicas já positivas, a teoria A *teoria do estatuto jurídico do patrimônio mínimo* tem como exemplos já positivados a regra da proibição da *doação universal* segundo a qual é nula a doação de todos os bens sem reserva de parte, ou renda suficiente para a subsistência do doador. Muito embora esta regra seja antiga consagrada já no Código Civil de 1916, no seu artigo 1.175, ela passa a ter relevante destaque diante da proposta de promoção da dignidade com a garantia mínima a determinados bens.

> "A nulidade da doação universal dos bens sem reserva de usufruto insere-se no quadro de normas que, a despeito do caráter acentuadamente patrimonialista da doutrina civilista consubstanciada no Código Civil de 1916, já tutelavam, de algum modo, topicamente, direitos fundamentais da pessoa. Em razão do Direito Civil clássico fornecer a estrutura e a legitimação para o modelo liberal, fundado nos princípios da propriedade privada, da autonomia privada e da liberdade formal, essas normas de caráter humanitário permaneceram ofuscadas, podendo renascer, reconstruídas dialeticamente, na tensão contemporânea entre o 'mundo da vida' e a racionalidade excludente do mercado globalizante". (FACHIN, 2002, p. 100).

Em sentido semelhante pode ser analisado o clássico instituto do bem de família já existente no ordenamento desde o Código Civil de 1916, regulado na sua Parte Geral, mais precisamente nos artigos 70 a 73. A referida previsão contemplava apenas o *bem de família convencional*, aquele pactuado entre partes, em geral não muito utilizado, o que não geraria a proteção pretendida conforme a teoria do patrimônio mínimo. A promulgação da Lei nº 8.009/90 estabeleceu assim o conceito de bem de família desvinculado da necessidade do consenso criando a figura do *bem de família legal* e garantindo proteção efetiva ao que se pretendia como patrimônio mínimo. A partir dai, consagra--se a regra legal de que o imóvel residencial próprio do casal, ou da entidade familiar, é *impenhorável*, preservando-se assim um mínimo de patrimônio para o desenvolvimento daqueles bens jurídicos que compõem a personalidade (em sentido objetivo) dos sujeitos de direito.

Outra forma de reserva de patrimônio legalmente prevista além do bem de família é o direito constitucional à moradia que o prevê a proteção de outro mínimo existencial. Além disso, identifica-se a previsão legal de revogação de doação, em caso de recusa de prestação de alimentos, por parte do donatário, que teria o dever e a possibilidade de prestá-los (art. 557, IV do Código Civil de 2002); a incapacidade relativa dos pródigos (art. 4º, IV, do *Codex*); a vedação de contrato que tenha por objeto a herança de pessoa viva (*pacta corvina*, art. 426 do Código atual); a cláusula de inalienabilidade testamentária (artigos 1.848 e 1.911 do Código) e a imposição da legítima (art. 1.789 do Código), sendo estes dois últimos exemplos entendidos como proteção não ao titular do patrimônio, mas sim a terceiros.

No âmbito legislativo, o Estado se propõe a fomentar a edição de leis que promovam o acesso da pessoa natural aos institutos do Direito Civil (dentre eles o patrimônio em si mesmo considerado), tais como as novas formas de família, a redução dos prazos de usucapião, o *uso especial para fins de moradia* e ao *direito real de uso*, ao fornecimento às famílias de baixa renda de assistência técnica pública e gratuita para o projeto e a construção de habitação de interesse social, a criação do *bem de família legal* e à instituição do cônjuge como herdeiro necessário.

Porém, sob a perspectiva jurídico-econômica e considerando o contexto cada vez mais intenso da sociedade de consumo, desenvolveu-se a possibilidade de acesso a bens e serviços nas relações negociais como crença de um mínimo existencial necessário ao desenvolvimento do valor da dignidade e como mecanismo de inclusão social. A construção do patrimônio mínimo modernamente passou a se dar também pelo acesso a bens de consumo, em especial ao crédito que possibilite o acesso a esses bens de consumo.

Os contratos de mútuo sob as mais variadas formas (empréstimo bancário, cartão de crédito) proliferam-se para permitir o acesso ao crédito de maneiras cada vez mais fáceis, já que a Economia nacional é essencialmente sustentada pelo consumo de bens. E a crença em um patrimônio mínio que possibilitasse a inclusão pelo crédito e consequentemente pelo acesso a bens de consumo fez surgir a realidade do superendividamento, em sentido exatamente diverso daquele que se pretendia para a promoção da dignidade.

Este parece ser o paradoxo moderno relacionado à teoria do mínimo existencial, já que uma das formas validadas pelo ordenamento jurídico de acesso a bens e serviços se dá pelos contratos de fornecimento de crédito que conduzem a um número altíssimo de agentes econômicos superendividados na contramão da proteção e da promoção da dignidade. Neste sentido é ilustrativo o conceito cunhado pelo Banco Central do Brasil[7] por meio de cartilha específica sobre o tema do superenvidamento ao defini-lo como um *status* jurídico-econômico em que "(...) uma pessoa de boa-fé se vê impossibilitada de pagar suas dívidas atuais ou futuras com sua atual renda e seu patrimônio". Situação em que "(...) os indivíduos passam a ter dificuldades de suprir suas necessidades básicas, como alimentação, moradia, saúde (...)".

A definição contida em uma cartilha destinada a ajudar o agente econômico a sair do superendividamento é suficientemente sintomática para denunciar a tensão entre esta realidade e a tentativa de proteção da dignidade por meio da promoção do patrimônio mínimo, especialmente pela proteção de bens da personalidade como moradia e saúde.

4. A Tese do Patrimônio Mínimo e o Problema do Superendividamento

E diante de essa discussão sobre a proteção jurídica do patrimônio mínimo, foi possível também evidenciar a íntima relação entre os fenômenos do mercado e do Direito. Pôde-se perceber que os bens jurídicos protegidos para a composição do que seria o patrimônio mínimo fazem parte desse fenômeno socioeconômico de troca e circulação de riquezas denominado mercado. E que o Direito igualmente participa da regulação dessas relações

---

[7] https://www.bcb.gov.br/pre/pef/port/folder_serie_II_%E9_possivel_sair_do_superendividamento.pdf (acesso em 08 de março de 2016)

obrigacionais. Eros Grau chega inclusive a afirmar que o mercado é uma instituição jurídica. (GRAU, 2008). O autor até ressalva que antes de adentrar ao plano de reconhecimento do mundo jurídico o mercado não deixaria de ser uma instituição social "(...) produto da história, uma criação da humanidade (correspondente a determinadas circunstâncias econômicas, sociais, políticas e ideológicas)" (GRAU, 2008, p. 28), mas que o compreende como uma instituição essencialmente jurídica. Reconhecer essa realidade é relevante para o tema do superendividamento, já que se pode perceber que a circulação do crédito e sua administração de forma saudável é um fenômeno que afeta não somente a atuação do Estado (como regulador da Economia), mas igualmente o ordenamento jurídico, impondo uma avaliação conjunta da reiterada tensão entre proteger um patrimônio mínimo e ter que fomentar o consumo em razão da moderna Economia de mercado. Sobre essa relação do Direito e do mercado Eros Grau resumiu:

> *"(...) (i) a sociedade capitalista é essencialmente jurídica e nela o direito atua como mediação específica e necessária das relações de produção que lhe são próprias; (ii) essas relações de produção não poderiam estabelecer-se, nem poderiam reproduzir-se sem a forma do direito positivo, direito posto pelo Estado; (iii) este direito posto pelo Estado surge para disciplinar os mercados, de modo que se pode dizer que ele se presta a permitir a fluência da circulação mercantil, para domesticar os determinismos econômicos."* (GRAU, 2008, p.28)

E neste contexto, a regulação adequada do superendividamento além do exercício de autonomia dos sujeitos, se torna também tarefa deste direito positivo, posto pelo Estado. Ocorre que o superendividamento como já se disse é causado essencialmente pela crescente oferta de crédito circulante aos consumidores e pela mudança de uma Economia de produção para uma Economia de consumo[8]. E conjugando estes fatores, parece desejável mais

---

[8] Sob a perspectiva Econômica, Bauman bem destacou essa mudança do modelo econômico ao afirmar primeiro que "(...) Jurgen Habermas sugeria, num livro intitulado *A crise de legitimação do capitalismo tardio*, que o Estado é "capitalista" à medida que sua função primária (...) é a "remercadorização" do capital e do trabalho". Em seguida o autor afirmou a existência da transição de uma Economia baseada na força produtiva do trabalho para uma economia baseada na força crescente do consumo. "Para manter vivo o capitalismo, não era mais necessário "remercadorizar" o capital e o trabalho, viabilizando assim a transação de compra e venda

crédito para que se tenha mais consumo e assim a atividade econômica esteja em movimento "crescente".

A tensão aqui repetida se apresenta assim sobre como o Direito, por meio de suas normas, poderia regular um mercado de modo a contribuir para a constituição do patrimônio mínimo, se é exatamente por estas normas (antagônicas), que garantem o crédito, que se leva os sujeitos de direito ao superendividamento[9]? Ao garantir o direito de crédito e a regulação mínima ao acesso, as normas jurídicas existentes sobre o tema (limitação e empréstimo consignado, regulamentação de juros) mantêm a situação jurídico-econômica do superendividamento sob o argumento falacioso de acesso a bens e serviços e de inclusão social.

Conforme o Código do Consumidor francês, em seu artigo L.330.1, a situação jurídica do superendividamento se caracteriza pela impossibilidade do devedor de boa-fé, pessoa natural, pagar suas dívidas não profissionais vencidas e vincendas. Nets sentido, não há um critério objetivo em termos de valores para se definir a situação de superendividamento, e a avaliação dependerá do rendimento familiar e da comparação entre ativo e passivo disponível para eventuais pagamentos.

Na situação jurídica do superendividamento o devedor está impossibilitado de forma duradoura e estrutural de proceder ao pagamento das dívidas, ou seja, o inadimplmenento por si só não é um indicaditvo do superendividamento, já que o devedor pode ser inadimplente, mas não se encontrar na situação prolomgada de dificuldade de quitação de suas dividas.

As considerações sobre o conceito jurídico de superendividado se justificam diante da crescente oferta de crédito no mercado gerando, na mesma proporção, famílias com restrição patrimonial em face da impossibilidade de quitar os empréstimos tomados ou os bens adquiridos por meio dos

---

deste último: bastavam subvenções estatais para permitir que o capital vendesse mercadorias e os consumidores as comprassem. O crédito era o dispositivo mágico para desempenhar (...) esta dupla tarefa. E agora podemos dizer que, na fase liquida da modernidade, o Estado é "capitalista" quando garante a disponibilidade continua de crédito e a habilitação contínua dos consumidores para obtê-lo. (BAUMAN, 2009, p.18).

[9] "A atual contração do crédito não é resultado do insucesso dos bancos. Ao contrário, é o fruto plenamente previsível (...) de seu extraordinário sucesso. Sucesso ao transformar uma enorme maioria de homens, mulheres, velhos e jovens numa raça de devedores". (BAUMAN, 2009, p.18).

empréstimos[10]. Se o patrimônio mínimo orienta o ordenamento jurídico de forma a permitir a inclusão social, a oferta de crédito somente fez surgir endividados com o seu patrimônio comprometido.

A expansão do crédito dos últimos anos se ancorou em certa estabilidade econômica aparentemente favorável do país. Porém, a penetração do crédito sem a devida regulamentação e alocação de contingências no mercado parece muito mais perniciosa do que efetivamente contributiva para a inclusão e contribuição para o acesso a bens, uma vez que o hábito de recorrer ao crédito tem acarretado, na verdade outra forma de exclusão que é tornar o consumidor permanentemente inadimplente, alimentando e agravando um problema socioeconômico.

A pretensão da garantia de patrimônio mínimo se mostra ameaçada na medida em que a situação jurídico-econômica de consumidor superendividado leva a exclusão social e a uma existência por certo afastada do valor constitucional da dignidade, além de levar a consequente exclusão do mercado de consumo, à diminuição do seu poder de compra e até mesmo a uma vedação a novos investimentos. Nota-se, portanto, que o superendividamento é um fenômeno não apenas social, mas essencialmente econômico e jurídico.

Heloisa Carpena também definiu o superendividamento como um fenômeno social que atinge o consumidor de crédito, a pessoa física, que contrai dívidas, cujo total, incluindo vencidas e a vencer, compromete o mínimo existencial garantido constitucionalmente. (CARPENA, 2010)

A proteção do consumidor em nome de um capitalismo humanista deve estar ligada ao valor da dignidade como fundamento em um Estado Democrático, nos termos do art.1º, III da Constituição Federal. Em sentido semelhante, deve também estar unida ao objetivo fundamental da República de erradicação da pobreza e da marginalização, com a redução das desigualdades sociais e regionais, conforme estabelecc o art.3º, III da Constituição.

---

[10] Bauman destaca que "Nos Estados Unidos, o endividamento médio das famílias cresceu algo em torno de 22% nos últimos oito anos. (...) A soma total das aquisições com cartões de crédito não ressarcidas cresceu 15%. (...) Em agosto de 2008, a inadimplência dos consumidores superou o total do Produto Interno Bruto da Grã-Bretanha. As famílias britânicas têm dívidas num valor superior a tudo o que suas fábricas, fazendas e escritórios produzem". (BAUMAN, 2009, p. 20)

Nos termos dos dispositivos constitucionais, o valor da dignidade consiste em um bem jurídico de tutela geral da personalidade, a fim de garantir direitos mínimos fundamentais aos cidadãos. Como valor central passa a orientar o sistema jurídico, exigindo uma atuação positiva do Estado a fim de se efetivar e proteger a pessoa humana com a promoção de condições que viabilizem uma vida digna.

E, neste sentido, o crédito consiste em bem patrimonial capaz de promover necessidades primárias do sujeito de direito, de modo que a situação de superendividado é capaz de violar a promoção ao valor da dignidade. Para que possa promover então o valor que orienta o Estado Democrático de Direito deve-se garantir a manutenção da concessão de crédito regulamentada a fim de suprir as necessidades essenciais dos agentes, provendo a inclusão pelo acesso aos bens, mas por meio da concessão responsável do crédito.

Desta forma, modernamente, para que se possa falar em tutela do mínimo existencial, deve-se promover a tutela do superendividado, de forma a se evitar a exclusão social já que a perda do crédito pelo superendividado afeta o orçamento e o equilíbrio familiar, não só diante da impossibilidade da continuidade de consumo, bem como diante dos prejuízos de ordem moral. A regulamentação eficiente do mercado de crédito, de modo a promover o valor da dignidade e seu mínimo existencial é efetivamente promover o Estado Democrático de Direito.

Neste sentido, o art. 4º, caput do Código de Proteção e Defesa do Consumidor dispõe que a Política Nacional das Relações de Consumo tem por objetivo o atendimento das necessidades dos consumidores, o respeito à sua dignidade, saúde e segurança, a proteção de seus interesses econômicos, a melhoria da sua qualidade de vida, bem como a transparência e harmonia das relações de consumo, o que torna a situação jurídica do superendividamento incompatível com o respeito à dignidade.

Embora já exista esse início de proteção, tal fato não exclui a necessidade de uma regulação específica sobre o tema, o se propõe a fazer o Projeto de Lei 283/2012 tratando e prevenindo o problema do superendividamento, por meio da alteração da Lei nº 8.078 para aperfeiçoar a disciplina do crédito e dispor sobre a prevenção do superendividamento. O Projeto de Lei 283/2012 traz algumas medidas, dentre elas a proibição da publicidade de crédito com a utilização de expressões como "crédito gratuito", "sem juros", "sem acréscimos" ou outras parecidas, de modo a coibir a propaganda irresponsável. Além disso, prevê a exigência de que sejam dadas informações claras e completas acerca dos produtos e serviços oferecidos, prevê a criação da figura jurídica do "assédio de consumo" que ocorreria quando o agente econômico que recebe o crédito fosse pressionado a contratar o crédito, além de prever a criação da conciliação com o fim de renegociar as dívidas.

A partir da obrigação de prestar informações sobre a concessão de crédito, da proibição da propaganda irresponsável, pode-se sugerir a premissa da tentativa de se criar o princípio do empréstimo responsável. De acordo com o princípio, as instituições financeiras deveriam avaliar de forma responsável a situação do agente tomador de crédito antes de lhe conceder o empréstimo. Para realizar essa apreciação devem além de informar o tomador, deve requerer informações completas sobre o tomador para verificar se ele terá condições de cumprir as obrigações do contrato de crédito, ou seja, avaliar a sua capacidade de reembolso.

O dever de informação justifica o Princípio do Empréstimo Responsável, consistindo assim no dever de prestar esclarecimentos, de aconselhar e advertir o tomador de crédito desde a fase pré-contratual. O tomador receberia uma informação adequada acerca das condições, do custo do crédito e de suas obrigações antes de celebrado o contrato, criando assim a oportunidade de maior reflexão.

O Projeto de Lei nº 283/2012 pretende assim criar medidas mais rigorosas visando coibir a publicidade agressiva, enganosa e irresponsável, com a criação da figura do mencionado "assédio de consumo", bem como com a exigência de informações claras e completas sobre os produtos e serviços oferecidos no mercado. Certo é que o maior instrumento de prevenção do superendividamento parece ser a informações e a autonomia contratual desenvolvimento, ou ao menos, a promoção, via regulação adequada de um capitalismo menos expropriatório no mercado de crédito.

Retomando ao ponto de partida, para que possa falar em defesa do mínimo existencial, parece necessário assim positivar a regulamentação do mercado de crédito de modo que as instituições financeiras se vejam obrigadas explicar o conteúdo contratual, bem como a aconselhar o tomador, ultrapassando as tradicionais informações já impostas pelo próprio Código de Defesa do Consumidor. A boa-fé objetiva aqui consistiria no comportamento do fornecedor de crédito que deve contribuir com a decisão do tomador, atuando de forma ativa e cooperativa, esclarecendo o tipo e o valor do crédito mais adequado considerando a situação financeira do tomador, a sua capacidade de reembolso e o comprometimento que aquele contrato pode acarretar na sua renda, principalmente se estiver diante de um tomador sem experiência negocial ou conhecimentos técnicos.

5. Considerações Finais

O presente trabalho pretendeu partir do tema da teoria do estatuto jurídico do patrimônio mínimo por meio da qual se afirma o direito dos sujeitos de ver resguardado um patrimônio mínimo como meio de se promover a dignidade, nos termos exigidos pelo art. 1º, III, CF. Todavia, modernamente destacou o trabalho a tensão permanente entre a proteção de um patrimônio mínimo como forma de efetivar o valor constitucional da dignidade e a realidade da concessão de crédito e do acesso irresponsável a bens gerando a situação jurídico-econômica do superendividamento.

A facilitação do acesso ao crédito se revelou salutar já que promove uma forma social de inclusão, porém tem permitido situação mercadológica pouco salutar dada especialmente a ausência de regulamentação efetiva. Com a expansão do fenômeno do superendividamento, novos paradigmas precisam ser discutidos e estruturados para a regulamentação dos contratos que envolvam a outorga de crédito.

Apesar da ausência de legislação específica sobre o tema, a Constituição Federal e o próprio Código de Proteção e Defesa do Consumidor contam com princípios e dispositivos indiretos que permitiriam a tutela dos direitos dos superendividados. O Projeto de Lei em tramitação no Senado (283/2012) pretende criar regulamentação especial para a concessão responsável de crédito com alteração do Código de Defesa do Consumidor exigindo maior informação e aconselhamento por parte da instituição financeira na fase pré--contratual, de forma a permitir a melhor possibilidade de reflexão antes de assumir uma obrigação.

A proteção do superendividado revela-se mais um passo na permanente construção do arcabouço jurídico-econômico para garantir então o patrimônio mínimo como recurso para promover o valor da dignidade humana, já que permite a inclusão social de determinados agentes econômicos, seu acesso responsável aos bens e o seu efetivo pertencimento ao Estado Democrático de Direito.

ESTUDOS SOBRE NEGÓCIOS E CONTRATOS

Referências

AMARAL, Francisco. *Direito Civil:* introdução. 6ª ed. rev., atual. e aum. Rio de Janeiro: Renovar, 2006.

BAUMAN, Zygmunt. Vida para consumo. 1ª ed. Rio de Janeiro: Zahar, 2009.

BAUMAN, Zygmunt. Vida à crédito. 1ª ed. Rio de Janeiro: Zahar, 2010.

CARPENA, H. Contornos Atuais do Superendividamento. In: MARTINS, G. M. (Coord.) Temas de Direito do Consumidor. Rio de Janeiro: Lumen Juris, 2010.

FACHIN, Luiz Édson. *Estatuto Jurídico do Patrimônio Mínimo.* 2ª ed. atual. Rio de Janeiro: Renovar, 2006.

GRAU, Eros. A Ordem econômica na Constituição de 1988. 17ª ed. Saõ Paulo: Malheiros, 2015.

LÔBO, Paulo Luiz Netto. *Entidades familiares constitucionalizadas:* para além do numerus clausus. *In:* JusNavigandi, Teresina, ano 6, n. 53, , jan. 2002, disponível em http://www.jus2.uol.com.br/doutrina/texto/.asp?id=2552, acesso em 27 outb. 2006.

LORENZETTI, Ricardo Luís. *Fundamentos do Direito Privado.* São Paulo: RT, 1998.

LORENZETTI, Ricardo Luís. *A Descodificação e a Possibilidade de Ressistematização do Direito Civil. In:* FIUZA, César; SÁ, Maria de Fátima Freire de; NAVES, Bruno Torquato de Oliveira. *Direito Civil:* atualidades. Belo Horizonte: Del Rey, 2003, p. 219-230.

NUNES, Luiz Antônio Rizzatto. *O princípio constitucional da dignidade da pessoa humana:* doutrina e jurisprudência. São Paulo: Saraiva, 2002.

RAMOS, Carmen Lúcia Silveira. *A constitucionalização do direito privado e a sociedade sem fronteiras. In:* FACHIN, Luiz Edson (coord.). *Repensando Fundamentos do Direito Civil Brasileiro Contemporâneo.* Rio de Janeiro: Renovar, 1998, p. 03-29.

SENETT, Richard. Respeito. Rio de Janeiro: Record, 2004.

SILVA, José Afonso da. Curso de Direito Constitucional Positivo. São Paulo: Malheiros, 1998.

TEPEDINO, Gustavo. *Temas de direito civil.* 2ª ed. rev. atual., Rio de Janeiro: Renovar, 2001.

TIMM, Luciano. Direito e Economia. São Paulo: Atlas, 2014.

ÍNDICE

PRIMEIRA PARTE – Método e Instituições 13

1. Direito e Economia para Todos 15
2. Direito e Economia no Direito Civil – O caso dos Tribunais Brasileiros 39
3. Órgãos Especiais Fazem diferença? Evidência dos tribunais
   de justiça estaduais brasileiros. 75

SEGUNDA PARTE – Contratos e Sociedades 119

4. Direito e Economia na Proteção do Investidor Minoritário 121
5. O Acionista Minoritário em Assembleias de Empresa
   de Capital Concentrado 133
6. Eu Posso te Expulsar? Repensando o abuso por parte de acionistas
   majoritários: um caso italiano. 147
7. Teoria da Agência e a Política de Dividendos 161
8. Análise Econômica da Responsabilidade (Des)limitada no Brasil 187
9. Contratos Relacionais, Informação e Resolução de Litígios 209
10. A Teoria do Patrimônio Mínimo versus o Superendividamento:
    análise jurídico-econômica sobre o acesso a bens e a serviços
    no mercado no Brasil 234